# 国際経済論

秋山誠一

桜井書店

## まえがき

　日本は第2次大戦後，今日までインフレーション政策と輸出によって経済成長をとげてきた。この2つの限界が，2007/08年のサブプライムローン証券問題に端を発する世界経済危機によって明らかになりつつある。

　アメリカの金融危機に始まる世界経済の景気後退は，世界の貿易を縮小させた。日本の輸出は，対米，対東アジア向けで急減し，輸出産業は大きな打撃を受けて，株価を下落させ，日本経済は，貿易面から大きな影響を受けて不況に陥り，派遣切りをまねき，大きな社会的混乱も起こった。日本の貿易収支は，2008年度には1980年度以来28年ぶりに赤字を計上することとなった。アメリカの景気動向はいまだ不安定であり，また対外純債務が増大しているなかで，これまでのようにアメリカへの輸出を梃子として景気を回復し，経済を維持することは難しくなっている。これは過度に外需に依存する日本経済の問題点が現れたといえよう。

　日本は戦後特定部門の生産性を急速に上昇させることで，特化型貿易構造をつくりあげ，輸出主導型の経済成長をとげてきた。国際競争力強化の名のもとで，賃金を抑制し，剰余価値率を高め，労働分配率を下げて，資本の強蓄積を進めてきた。他方で，生産性を上げてきたのではあるが，輸出部門に比べ生産性を上昇させることができなかった農業や繊維産業等は輸入圧力にさらされ，次つぎに貿易自由化されて衰退していった。これがさらに国内需要を縮小させ，このため日本経済は貿易自由化政策を実施することでますます輸出に依存する体質を強めてきた。集中豪雨的輸出といわれる，少数の産業部門と企業で，全輸出の大きな割合を占めている日本の輸出構造をつくりあげてきた。

　他方で，財政赤字にもとづく国債の累積は，バブル崩壊以後の景気対策で膨れあがり，2012年末には普通国債残高が690兆円を超え，国債残高は812兆円に達して，もはやこれ以上放置できるものではなくなり，財政赤字が経済成長に対する制約要因となっている。時あたかもギリシャの財政危機でユーロが動揺し，財政赤字に対する世界の関心が高まっている。財政赤字にもとづく有効

需要創出政策が限界になりつつあるといえる。アメリカにとっても同じ状況が生まれている。アメリカはドル体制のもとで，国際通貨国特権を使い，債務にもとづく過剰な消費を行い，輸入を増大させることで，結果として国際的なケインズ政策，スペンディング政策を遂行し，世界市場を拡大させてきた。その結果，大きな経常収支赤字と，巨額の対外純債務をまねいており，アメリカへの輸出にもとづく経済成長が限界になりつつある。

　本書の課題は，第1に，このような日本の過度に外需に依存する特化型貿易構造を，国際価値論のツールを使って理論的に分析することである。そのなかで国民所得と労賃の国際間での大きな格差，国際競争力の基礎，各国の経済力の変化，直接投資・工程間分業の契機等，グローバル経済の最基底にあるものを考察する。いわばグローバル経済の理論を対象とする。

　第2に，これを前提として，現実の経済問題を日・米・東アジアを中心に見ていく。日本の集中豪雨的な輸出にもとづく貿易摩擦と，それが円高を生むなかで，日本の製造業は，東アジアを中心として，直接投資を開始する。東アジア内で工程間分業を行いつつ，域内貿易を増大させたが，最終市場としては依然アメリカであった。ドル体制のもとでアメリカの結果としての国際的なケインズ政策に依存することの意味と問題を取り扱う。いわばグローバル経済の現実を対象とする。

　本書の構成は以下の通りである。

　第1，2章は，貨幣の価値規定，価格の問題について明らかにし，国際価値論の視点から，貨幣の国民的価値の格差と国民的生産力格差の問題を考察し，これにもとづいて個別商品の国際個別価値，国際価格競争力の問題を分析している。

　第3章は，日米逆転といわれた1970年代から90年まで，製造業1時間当たりの付加価値額を算定し，これと賃銀の推移とを比較検討することで，日本とアメリカの経済力の基礎的な変化を分析した。あわせて国民的生産力格差と国際的な価値生産度，貨幣賃銀格差の関係を論じている。

　第4章は，第2次大戦後の固定相場制から変動相場制への変化を，管理通貨制下のインフレーション政策との関連で検討し，アメリカの経常収支の赤字と途上国の債務危機・通貨危機の関係を貨幣資本の運動との関連で考察し，現在

のドル体制にもとづく世界市場の拡大の特殊性と問題点について明らかにしている。

第5章は，国民的生産力格差と1人当たりの国民所得の格差，賃銀格差の問題を明確にしたうえで，直接投資の契機，とくに比較優位部門における生産工程の途上国への移転の契機を国際価値論にもとづいて考察し，日本の東アジアへの工程間分業の要因を分析している。

第6章は，日・米・東アジアの貿易構造を考察する。日本は1985年以降の円高で東アジアへ直接投資を増大させ，工程間分業を進め，東アジアへの輸出を増加させ，アメリカへの輸出依存度を低下させてきた。東アジアの域内貿易も発展してきた。このドル体制に依存する貿易構造と域内貿易増大の意味と問題点について考察している。

第7章は，アメリカの生産力低下のもとでの需要拡大は，日本を含む東アジアの輸出と域内貿易を増大させ，消費と生産の矛盾を世界的にした点を扱う。そのなかで日本は特化型貿易構造をさらに推し進めようと，国際競争力強化の名のもとで，労働分配率を下げ，国内需要を縮小させ，ますます輸出依存体質を強めてきた。アメリカのサブプライム証券市場崩壊による世界的景気後退が，日本経済にどのように影響を及ぼしたかを明らかにし，日本の過度に輸出に依存する経済の問題点について考察している。

本書によって現在の日本を取り巻くグローバル経済の理論と現実，そしてそれにともなう問題点を明らかにできるであろう。

本書は，書き下ろした部分もあるが，ほとんどがすでに発表したものをもとにしている。必要な加筆と修正を加え，統一性を整えたが，各論文の発表時期と問題関心が異なるため，統計資料の不統一や叙述の重複があることをお許し願いたい。

本書をこのような形でまとめることができたのは，國學院大學大学院で教えを受けて以来の，恩師故山田喜志夫先生からの長年にわたるご指導のおかげである。先生からは，研究に対する基本姿勢から研究方法等あらゆることを学び，家族的雰囲気のなかで，指導を受け，この1月に急逝されるまで公私にわたってお世話になった。本書がその教えに応えていることを願うばかりである。ま

た故酒井一夫先生，故三輪昌男先生には大学院時代に本書の研究テーマの根本に関わる大きな学問的影響を受けた。國學院大學での故酒井一夫先生，故山田喜志夫先生，紺井博則先生を中心とする研究会では，先生方からいろいろなご指導と励ましを受け，またそこでの先輩・後輩との刺激にみちた議論から生まれた成果は本書のなかにも多く見られる。また所属する日本国際経済学会，経済理論学会，とくに国際経済研究会の先生方からは日頃から貴重な助言を賜っている。

　なお，厳しい出版事情にも拘わらず，本書出版にさいし多大の配慮をいただいた桜井書店の桜井香氏に深く感謝したい。

　本書を故山田喜志夫先生に捧げる。

2013年3月　　秋山誠一

目　次

まえがき　3

第1章　金と価値規定……………………………………………………13
　　　　──平均原理，限界原理，「優良」原理──

　　はじめに………………………………………………………………13
　　第1節　金物価論争……………………………………………………14
　　第2節　金の「価格」…………………………………………………20
　　第3節　金の価値………………………………………………………22
　　第4節　金の費用価格…………………………………………………30
　　おわりに………………………………………………………………34

第2章　国際価値と金……………………………………………………39
　　　　──国民的平均生産力および部門別生産性の対外格差──

　　はじめに………………………………………………………………39
　　第1節　社会的必要労働時間──価値規定的労働…………………40
　　第2節　世界市場における国民的労働の国際的な価値生産度……42
　　第3節　金の国民的価値と国民的平均生産力………………………47
　　第4節　価値以上の価格での販売（輸出）…………………………51
　　おわりに………………………………………………………………56

第3章　国民所得と労賃の国際的格差…………………………………61
　　　　──1970年から90年の日・米・英・西独・仏製造業を事例として──

　　はじめに………………………………………………………………61
　　第1節　国際間の経済的格差の基礎…………………………………64
　　第2節　「貨幣の相対的価値」の国民的相違………………………69
　　第3節　アメリカと日本の製造業の価値生産額の推移……………78
　　　　1　名目付加価値額の推移　78

2　実質付加価値額の推移　86
　第4節　1人当たりの国民所得の国際的な格差 …………………………… 94
　第5節　「貨幣の相対的価値」と貨幣賃銀の国際的格差 ………………… 96
　おわりに ……………………………………………………………………… 110

# 第4章　世界市場の拡大とドルの減価 ……………………………………… 127
　はじめに ……………………………………………………………………… 127
　第1節　固定相場制と変動相場制 ………………………………………… 128
　　　1　固定相場制　128
　　　2　変動相場制　131
　第2節　アメリカの債務 …………………………………………………… 132
　　　1　アメリカの国際収支節度の喪失　132
　　　2　経常収支赤字下の資本輸出国　134
　第3節　途上諸国の債務危機 ……………………………………………… 136
　　　1　オイル・マネーと途上諸国の債務危機　136
　　　2　金融自由化と途上諸国　138
　　　3　エマージング・マーケットへの投資拡大　140
　　　4　アジアの通貨・金融危機　142
　第4節　アメリカと途上諸国の債務 ……………………………………… 146
　おわりに ……………………………………………………………………… 149

# 第5章　グローバリゼーションと
　　　　　1人当たりの国民所得の格差，賃銀格差 ……………………… 153
　はじめに ……………………………………………………………………… 153
　第1節　商品の国際競争力の基礎 ………………………………………… 153
　第2節　国際価値生産度格差および国民所得と
　　　　　賃銀の国際格差との関係 ………………………………………… 158
　第3節　変動相場制下の為替相場の変動と国際価値 …………………… 164
　第4節　工程間分業と国際価値 …………………………………………… 168
　おわりに ……………………………………………………………………… 175

## 第6章　ドル体制と日・米・東アジア貿易 …… 183

　　はじめに ………………………………………………………… 183
　　第1節　管理通貨制 …………………………………………… 183
　　第2節　国内均衡と国際均衡 ………………………………… 184
　　第3節　旧IMF固定相場制 …………………………………… 185
　　第4節　変動相場制とアメリカの国際収支の赤字 ………… 187
　　第5節　日本の東アジアへの直接投資 ……………………… 191
　　第6節　東アジアの貿易 ……………………………………… 195
　　おわりに ………………………………………………………… 197

## 第7章　世界金融危機から世界経済危機へ …………………… 203
　　――日本の産業構造と貿易構造の問題点――

　　はじめに ………………………………………………………… 203
　　第1節　国際通貨ドルと過剰生産の処理 …………………… 204
　　第2節　アメリカ経済の衰退と貿易収支の赤字 …………… 206
　　第3節　アメリカの信用膨張と輸入増大 …………………… 208
　　第4節　日本の特化型貿易構造と輸出依存 ………………… 210
　　第5節　日本の輸出と国内需要 ……………………………… 214
　　おわりに ………………………………………………………… 220

あとがき　225

# 国際経済論

# 第1章　金と価値規定
―― 平均原理，限界原理，「優良」原理 ――

## はじめに

　各国の商品は，一定の価格をもって世界市場に現れる。商品の輸出競争力は，価格競争力の強さのみによって決まるものではないとはいえ，逆に，価格競争力を媒介とすることなしに決まるものでもない。価格競争力は輸出競争力の基礎的な要因をなすものとして無視しえない。価格を問題とする以上，その前提として，金の価値，「価格」の問題が前もって明確にされる必要がある。すなわち，産金国での金の価値は，いかにして規定され，世界市場に現れるのか。また，金は非産金国に，いかなる国民的価値あるものとして規定されて入ってくるのか。その場合，金の価値は，一国の生産力構造とどのようなかかわりを持っているのか。これは国際価値論における「貨幣の相対的価値の国民的相違」に関連している。この「貨幣の相対的価値の国民的相違」の問題についての解釈は分かれているのであるが，これを考えるうえでも金の問題は，避けてとおることはできない。輸出商品の価格競争力の最も基礎にあるものは，各国の平均的な生産力格差と同種部門のそれを超える生産性格差であると思われるが，その場合，金はいかなる機構を通じ，これを価格差として示すのかも重要である。この価格差が基礎となり，現実の為替相場の変動（名目的および実質的変動）を媒介として，実際の輸出商品の価格競争力は形成されるのである。

　以上述べたメカニズムが，現代不換制下で，どのように機能しているのかという問題を考えるうえでも，金を無視することはできない。金はすでに廃貨 (Demonetisierung) されたという主張もなされている[1]。しかし，今日の不換制下において，金がいかにして価値尺度機能ならびに世界貨幣の機能を果たしているかは，現代の金の価値，「価格」と物価，輸出商品の価格競争力との関係を明らかにすることによって，解明されると考えている。そのためにも，いちど兌換制下にもどり，金の価値，「価格」と物価との関係を考えることが必要

である。

　本章では，現代不換制下での商品の価格競争力を最終的に解明するための基礎的な作業として，兌換制下における金の価値，「価格」，費用価格について考察する。この点については，過去にヴァルガ（E. C. Bapra〔Varga〕, 1879-1964）を中心として「金物価」論争があったので，これを検討することにより，問題のいとぐちを探ることにしたい。

## 第1節　金物価論争

　ヴァルガは『資本主義経済学の諸問題』のなかで，今日においてもマルクス経済学で十分には研究されておらず，今後の研究に俟っている問題の1つとして，金問題をあげている[2]。ヴァルガ自身は，これに対する十分な解答を与えないまま，その解明は後進の者に委ねている。

　それはともかく，ヴァルガは金をめぐって，1911年に「金と物価」論争の発端となる論文を書いている[3]。そこで，まず，この論争の概観を見ることにし，それによって，金の価値，「価格」，費用価格についての問題点をさぐってみることにする。

　ヴァルガは論争の発端となった論文の冒頭で，その主張をまとめて次のように言っている。「金生産における変化は，物価騰貴になんら影響も及ぼしえない」[4] ことを立証することにあると。

　以下，ヴァルガの主張を見ていこう。

　ヴァルガは，金生産部門は農産物と同様に「生産費」を増すことによって，以前より多量の生産をなすことができる商品部類に属し，最も不利な生産条件のもとで生産される生産物の「生産費」によって，その価値が規定されることを認めている。しかし，金は農産物とは違う。金生産者には「予め，最大限度の生産費が絶対の厳格さで与えられている。即ち1キログラムの金の生産費は，1キログラムの鋳造された金の支出に達してはならぬ」[5] のである。仮に，金生産部門で，金鉱の採掘や精製のために労働を節約する新しい機械が発明され，それが採用されたとする。その結果は，今まで採掘されなかった金鉱に採掘が拡大されるだけである。なぜならば鉱物の精製費が従前より安くなったのであ

るから，1キログラムの金が，今では従前よりも少ない量の金鋳貨を支出して生産出来るわけだからである。価格を規定するところの即ち最も不利なる条件の下で生産されたところの金量の生産費は依然として同一に」[6]とどまることになる。しかも，金生産の場合は一般商品と異なって競争はないという。一般商品の場合は，生産性が上がるのにしたがって，その価値は低下し，また価格も低下せざるをえない。これは買い手と売り手との間の競争がそうさせるのである。ところが，金の価格が下落する場合は，労働生産性が上がることにより，新たに生産された金が過剰になるほど多量に市場に出るときに限られる。その場合は，金の価値が低下し，物価がそれによって上昇するであろう。だがこのようなことはない。「新たにヨリ安く生産された地金のキログラムは，発券銀行に依って以前と同じ枚数の金鋳貨で，若しくはそれに相応した商品で買取られる」[7]。金に関しては，このように過剰ということも「価格」の下落もない。このように，すべての国の発券銀行は，金生産部門の労働生産性が上昇したとしても，以前と同じ「価格」で，金をいくらでも買い入れてくれる。したがって，金生産部門の労働生産性が上昇しても金の「価格の下落ということも亦ありえぬ話である。なるほど，最近の10年間に於いて労働を節約する改良は，取り入れられたのであるが，これは鉱業地代を高めただけで金の価値を低めはしなかった」[8]ことになる。このようにヴァルガは主張する。

　ヴァルガの主張によれば，中央銀行によって金の「価格」（鋳造価格）が与えられていることによって，金の価値，生産費が定まることになる。金の「価格」が一定しているから，金生産部門の労働生産性がどのように上昇しようとも，金の価値は下がらず，地代が上昇するだけだと。これは一般商品の「価格」と金の「価格」とは同じものであるという考えに通ずるものである。一般商品の場合，需給変動による価格の実質的騰落を別とすれば，その価値変化は，直接，価格の変化として表される（この場合，前提となっているのは価値尺度商品金の価値不変である）。ある商品の価値が，労働生産性の上昇によって下がれば，その商品の価格は下落する。なぜならば，その商品の価値が下がったことによって，その商品の金量表現が変化したより少ない金量によって，その商品の価値が表されることになったためである。このように一般商品の場合は，価値の変化を価格の変化として知ることが可能である。

ところが金の「価格」とは，上のような意味での価格ではない。金の「価格」とは，金の一定量に付けられた貨幣名を表しているのであって，これによっては金の価値は少しも表現されていない。たとえば，金75gの「価格」が100円とすれば，一方で重量単位で表されているものが（金75g），他方では，貨幣の単位（100円）で表されているだけの話である。社会的分業と私的所有のもとにある社会では，労働の社会的性格は，商品の価値的性格によって表されるわけであるが，価値とは社会関係をその本質としているので，他商品との関係をとおしてしか表現できない。一商品の価値はそれ自身によっては表現できない。金の価値は，それ自身の量によって表すことができないのであるから，金の「価格」は，金の価値を表してはいない[9]。金の「価格」とは不合理な表現なのである。

　金の「価格」は，金の一定量に付けられた貨幣名が変わらぬかぎり，すなわち価格の度量標準が一定していれば，一定している。金の価値がいかように変化しようとも，この場合は金の「価格」（鋳造価格）は一定している。したがって，金の「価格」が一定していることをもって，金の価値に変化はないということはできない。ヴァルガは，金生産部門の労働生産性が上昇しても，中央銀行が，より安く生産された金を，従来の「価格」で，いくらでも買ってくれるので，金の価値に変化はなく，地代を高めるだけだとしている。これはヴァルガが，金の「価格」と一般商品の価格との相違を見失い，金の「価格」を金の価値表現だと見ていることから起こったことであって，これを根拠に，金の価値が不変ということはできない。

　ヴァルガの所説で注意すべきは，「生産費」（Produktionskosten）という概念である。この用語の使い方に問題がある。「生産費」でもって，あるときには，社会的な生産費（価値）を意味し，別のところでは，資本家的生産費（費用価格）を意味する。

　たとえば「金の生産費の下落が現在の物価騰貴の原因となり得たかどうか」，「金の生産費が……従前より少ない社会的必要労働時間が，含まれている」，「金はその生産費が社会的に必要なる労働時間そのものに依って決定される商品であることを無言裡に前提している」[10] という。このようなときには，生産費とは，社会的な生産費，すなわち価値を表している。他方「新しい金鉱山の

大半は，生産費が売値以上に昇ったために，もう近々その経営を閉鎖しなければならない」，「或人が鉱層を採掘しようと欲するとき，彼には，予め最大限度の生産費が絶対の厳格さで与えられている。即ち，1キログラムの金の生産費は1キログラムの鋳造された金の支出に達してはならぬのである」[11]というようなときには，「生産費」とは資本家的生産費，すなわち費用価格の意味で使用されている。ヴァルガはこのように「生産費」という用語でまったく違う2つの意味，「価値」と「費用価格」を表現している。このために，費用価格と価値との混同が生まれるもとになるのだが，これについては金の費用価格について見るときに考えてみることにする。ヴァルガは，金生産部門の生産性が全般的に上昇すると，生産費が下がる。そして一方では金の「価格」は一定している。すると，これまで採鉱不可能であった鉱山も採鉱可能となり，平均利潤を得ることができる。したがって，平均利潤を得ることが可能であるかぎり，より劣位の金鉱山が採掘される結果，「生産費」は以前と変わらず，同一であり，金の価値に変化はない。一口でいえば，金部門の生産性が上昇しても，金の「価格」は一定しているので「生産費」（費用価格）は変わらず，したがって「生産費」（価値）は変わらないという。

　ヴァルガは，このように「費用価格」が変わらないことをもって金の価値が不変であるとしているが，そういえるかどうか，これも金の「費用価格」とともに後で考えてみることにする。

　ヴァルガにあっては，「金の価値」，「価格」，「費用価格」の概念が不明確なために，金の「価格」が一定であると金の価値は変わることがない，という主張がなされているのである。

　ヨット・フォン・ゲー (J. v. G.) は，金の「価格」とは，金の価値表現であるとのヴァルガの混同を批判して次のようにいう。「ヴァルガは，全く異なる二つの場合を一と丸めに同一主張の証拠だと称している。金の価値が如何に高くとも，1キログラムの金に対しては，常に同じ枚数の鋳貨が与えられるであろう。……『若しくは，それに相応した商品』ということは，これとは全く違ったものである。この基準に従ってのみ金の価値変動は認識できるのである」[12]。金の「価格」は金の価値を表してはいない。金の価値は，ただ他の商品の使用価値量によって相対的にのみ表現される，とこれは正当な批判である。

これに対して，ヒルファディング (R. Hilferding) は，ヴァルガの金の「価格」と金の価値との混同をさらに拡大する。それは，社会的流通価値説の兌換制下への適用と，中央銀行の固定価格での金買入れにもとづく「金に対する無限の需要」および「国立証券発行銀行に依ってなされる貨幣制度の独特なる統制」によって説明されている。

　金に対する「無限の需要」とは，中央銀行は自分に提供された金は，一定の「価格」でもってことごとく買い上げるということを根拠としている。このような考え方は，ヴァルガにも共通し，のちにはボリゾフ (S. M. Borisov) にも見られる[13]。中央銀行の貨幣制度の独特なる統制とは，ヒルファディングが，兌換制下にも社会的流通価値説が妥当するとする考えと深く結びついている。そして，金は一定の価値あるものとして流通に入るということが否定され，金鋳貨の価値が，商品の流通価値によって規定される，とヒルファディングは考える。「いま流通価値が1000～1500に騰った場合を仮定してみる。もし少しの金退蔵もないとしたら，金鋳貨の交換比率は，変化することになろう。即ち，今や1マルクは1.5マルクに値することになろう」[14]。ところが，ここに中央銀行による「貨幣制度の独特なる統制」の考えが入り込む。すなわち，銀行は，流通界に過剰となった「金個片」はすべて引き揚げて，退蔵する。だから，金鋳貨の交換比率は変化することはない，と。ここで，ヒルファディングは，金鋳貨の価値そのものが中央銀行によって与えられるという考えに道を開いてしまう。それのみならず，ヒルファディングにあっては，金鋳貨と商品との交換比率までもが，国家の干渉によって定められるという。それゆえ「金の生産費に於ける変化は，金鋳貨の商品に対する，交換比率に影響するものではなく，単にどの金産地が猶ほ利潤を見込んで着手され得るかの問題を決定するに止まる」[15]という結論となる。ヒルファディングにあっても，ヴァルガと同様に，中央銀行による金の「価格」（鋳造価格）の固定により，金の価値は不変とされると主張していることになる。そこには，ヴァルガと同様に金の「価格」とは，金の価値表現であるとの思い違いがある。

　ヒルファディングに対して，カウツキー (K. J. Kautsky) は次のように批判をする。金に対する「無限の需要」とは，「退蔵形態」の変化を意味するものである，と。銀行は，1キログラムの金と交換に1キログラムの鋳貨，あるいは銀

行券を与える，すなわち，一定価格で無限に金を買い入れてくれる。しかしこの需要とは銀行が「自分のところにやって来る総ての金を，他の貨幣形態に両替してやろうとする無限の務め心に外ならぬ」わけである。また中央銀行の金蓄蔵は，国内の貨幣所有者によって個人的におこなわれていた無限の金蓄蔵を1つに集めたものである。したがってこの金は，銀行券や預金をもっている個人の所有物である。「これが発券銀行が始めて道を開いたように見せかけている『金に対する無限の需要』という秘密の全体である。これは，ただ……銀行が設立される以前から既に発展していた商品生産に於いて独りでにおこなわれていたところの退蔵形成をば幾らか変更したに過ぎぬ」[16]というだけのことである。

　さらにヒルファディングは，金の価値は金の「価格」に影響しないというにとどまらず，「金鋳貨の商品に対する交換比率」に対しても影響しないと述べている。しかし「金鋳貨の商品に対する交換比率は，金の価値ではなくして，商品の価格である。ヒルファディングにして正しいならば，商品の価格は変化しない」[17]ということになるではないか。

　ヒルファディングの誤りは，社会的流通価値説にもとづいて，流通界に現れた貨幣量が「金鋳貨の商品に対する交換比率」，すなわち「価格総額」を決定するとしていることに始まるわけである。しかし，流通貨幣量を決定するものは，商品の価値と，貨幣（金）の価値とを前提する，諸商品の価格総額であることを無視し，これを無用のまわり道としたのは，誤りである。こうすることによって，社会的流通価値が増大あるいは減少したときに，貨幣の価値を決定するのは，中央銀行による「貨幣制度の独特なる統制」によるものであると考えるようになり，中央銀行が，金の価値を，しかも「金鋳貨の商品に対する交換比率」をも定めると考えるようになったと思われる。こうしてヒルファディングは，金の「価格」を金の価値表現だと錯覚することになったのであろう。

　ヴァルガ，ヒルファディングが，金生産部門の労働生産性がどのように変動しようとも中央銀行による金の一定「価格」での買入れがある限り，金の「価格」は変動しないと主張することはうなずける。しかし，金の「価格」が一定していることをもって，逆に金の価値に変化のないことを主張していることは誤りといわねばならない。ここには，金の「価格」と一般商品の「価格」との相

違が忘れ去られている。そこで金の「価格」とは金の価値表現である，との混同が生じ，中央銀行によって与えられた「鋳造価格」によって金の価値が定められるというように考えることになる。その根拠をなしているものは，両者とも，金に対する「無限の需要」である。さらにヒルファディングにあっては，社会的流通価値説にもとづく，中央銀行による「貨幣制度の独特なる統制」が加わり，ヴァルガにあっては，誤った「費用価格」概念が加わる。ヨット・フォン・ゲーとカウツキーが，このヴァルガ，ヒルファディングの金の価値と「価格」との混同を批判したのは正当である。金問題に対する誤りは，この金の価値，「価格」，さらには金の「費用価格」が明確になっていないことにもとづくことが理解できたであろう。そこで次節以下において，この金の「価格」，「価値」，「費用価格」の理論的解明を試みることにしよう。

結局，ヴァルガ，ヒルファディングにあっては，この三者の混同によって，金生産における変化は物価騰貴の原因とはなりえないことになっている。これは，逆の場合にもあてはまることになる。金生産の労働生産性の変化は，一切の物価騰貴の原因になることもないし，金の価値をまったく変化させない，と。ということは，ヒルファディング，ヴァルガの主張は，金には価値法則が貫徹しないということであり，価値論の否定ともいうべきものである。

## 第2節 金の「価格」

金の「価格」も一般商品の価格も，現象的には同じ計算名で表される。このため金の「価格」も一般商品の価格と同じく，金の価値を表現していると思われやすい。そこから，金の「価格」が一定である限り，金の価値に変化はないとする考えも生じてくる。この金の「価格」と一般商品の価格の相違は，兌換制下では，景気循環途上で現れる。好況期，商品に対する需要が増してくると，一般商品の価格は騰貴する。他方，金の「価格」（鋳造価格）は価格の度量標準に変化がなければ，この場合も一定したままである。金は，中央銀行によってあいかわらず一定した「価格」でもって「買い入れ」られる。他方，不況期，商品に対する需要が減退すると，一般商品の価格は下落する。ところが，この場合にも，金の「価格」は一定している。景気循環とともに一般商品の価格が騰

落するのは，商品の価値表現である金量自体が増減するためである。商品の価格とは，その価値を一般的等価物である金の量で表現したものであるからである。ところが金は，それ自体によっては価値を表現することができない。この意味で，金は価格をもたないのである。このような違いが，景気循環途上において，一般商品の価格と金の「価格」との変動の違いとして現れたのである。では，金の「価格」とは何か。

　金本位制下では，地金75gを造幣局に提出すれば，たとえば，100円金鋳貨に鋳造してくれる（手数料をのぞく）。また100円鋳貨を造幣局へもっていけば，地金75gを手に入れることができる。地金75gであっても，金鋳貨100円であっても，それに含まれる金量には変わりがないことになる。一方は，金属の重量単位をもって表し（75g），他方では，貨幣名をもって表している（100円）にすぎない。両方とも金の実体としては相違はないのである。つまり，金の「価格」は，金の一定量に付けられ貨幣名（金0.75g＝1円）であるから，これに変わりがなければ，変化しない。このように金の「価格」とは，金の一定量に付けられた貨幣名によって，ある量の金を表現しているのであって，価格の度量単位を反映しているのである。価格の度量単位は，貨幣名がどれだけの金量に付けられたものかを表現しているのに対して，金の「価格」は，一定量の金量がどれだけの貨幣名で呼ばれるかを表し，「価格標準の逆数」[18]なのである。このように金の「価格」とは，金の一定量に付けられた貨幣名であるから，金の価値変化とは，まったく関係がない。金の価値は，ただ，他の商品の使用価値量によってだけ相対的に表現される[19]。金の価値変化は，この金の相対的な価値表現によって表されるのである。

　したがって，ヴァルガがいうように，金の「価格」すなわち「鋳造価格」が決定されることによって，金の価値が与えられるものでも，まして，ヒルファディングがいうように「金と商品との交換比率」が決められるのでもない。

　金鋳貨が流通していたときには，金の「価格」とは以上のようであったが，金の市場価格は金鋳貨が完全量目のときも，金の「価格」（鋳造価格）から乖離することがあった。これは，金の鋳貨形態と地金形態との相互転換には，鋳造費，鋳潰費という制約があったからである。したがって「地金の価格は，地金から鋳貨へ転換する時は鋳造価格より鋳造費だけ下回り，鋳貨から地金へ転換

する時は鋳造価格より鋳潰費だけ上回る」[20]ことになり，金の市場価格は，需給関係によって，この間だけ変動することになる。

## 第3節　金の価値

　金は，他の鉱業生産物と同様に，その生産に土地の自然的条件による制約が加わる。金鉱山において，自然によって規定される条件とは，鉱脈の豊度，すなわち鉱石の金含有量と鉱脈の深さ等である[21]。したがって金に対する需要が与えられているならば，土地生産物である金の価値は，限界原理によって規定される。すなわち，金の需要をみたすために必要な最劣等地の限界金山によって生産された，最高の個別的価値をもった金の個別的価値によって規定されるといいうる。

　ところが，この金の需要と金の価値との関係はそれほど単純なものでないとして，松本久雄氏は独自な金価値規定を唱えられている。氏の見解を見てみよう。金の価値と金の需要との関係について氏は，次のようにいわれる。金の価値が他の鉱産物と同様に限界鉱山の金の個別的価値によって規定されるとすれば，どこが，その限界金山であるかを決定するものは，金に対する需要しかない。ところが「金にたいする需要のうち貨幣用の金の需要は貨幣の流通速度を所与とすれば，金の生産費に依存するのである。つまり金にたいする需要が決定されなければ，金の限界生産費が決定されないのに，金の生産費が決定されなければ金にたいする需要は決定されないのである」[22]。このように金の価値が限界原理によって規定されるとすれば，この循環論——金の価値が決まる前に，金に対する需要が決まらねばならないのに，その需要こそ，問題となっている金の価値に依存している——に陥るとされる。したがって，金の価値は，限界原理では決まらない，と。では，氏は金の価値はいかにして規定されると考えられているのか。

　松本氏はまず，金は過剰に生産されていると主張される。「正常時，つまり，長期的には，貨幣商品たる金銀は絶えず過剰に生産される傾向をもっている」[23]。「貨幣にたいする社会的需要が，……主として信用制度の発展の結果として，それが相対的に縮小する傾向をもっていることである。このことは逆に

言えば，金生産によって制約されることなしに資本主義が発展することを可能にするわけだが，この過程は，同時に，貨幣としての金が少なくとも正常な社会状態の下にあっては，つねに過剰に供給される傾向があることを意味する」[24]。このように，金は「過剰」に生産されているので，金の価値は，最劣等地の金の個別的価値によってではなく，「優良な鉱山あるいは最も豊かな鉱山での個別的価値によって規定されることにならざるをえない」[25]のであるとされる。

　松本氏によれば，このように金は過剰に生産されているので，金の価値は，金の需要とは独立に優良な鉱山で生産される金の個別的価値によって規定されていることになる。このように考えてこそ，金の価値と金の需要との循環論に陥ることなく，金の価値規定が論証されるといわれるわけである。

　松本氏が，金の価値が限界原理によると，金の価値と金の需要との問題，すなわち金の価値が決まる前に金の需要が決まらねばならないが，金の需要は，金の価値に依存するという問題がある，と指摘したことは注目すべきである。しかし，金の価値が，優良鉱山での金の個別的価値によって規定されるという主張は，事実に反するように思われる。

　まず松本氏は，金は過剰に生産されているといわれるが，これは蓄蔵貨幣をさして，金の過剰部分とみなされているからであると思われる。たしかに，金本位制下現存する貨幣量は，流通する貨幣量と蓄蔵貨幣としての貨幣量とからなっている。松本氏は，この流通必要貨幣量のみが，金の必要量であって，それを超える蓄蔵貨幣形態にある金量は，過剰であるとされて，金は社会の正常な状態にあっては，過剰に生産されていると主張しておられると思われる。はたして，この蓄蔵貨幣は過剰な部分といえるであろうか。

　商品流通は，いろいろな原因によって，絶えず規模や価格や速度において変動する。したがって貨幣の流通量もそれらに応じて変動することになる。流通必要金量が変動するのに応じて金が流通からはじき出され，また流通に入らなければならない。このように「現実に流通する貨幣量がいつでも流通部面の飽和度に適合しているようにするためには一国にある金銀量は，現に鋳貨機能を果たしている金銀量よりも大きくなければならない。この条件は，貨幣の蓄蔵貨幣形態によって満たされる」[26]。この蓄蔵貨幣の「貯水池」的機能によって，

流通貨幣量が調節され，商品流通の円滑さが保たれるのである。この蓄蔵貨幣がなければ，商品流通の円滑さが失われ，商品生産それ自体の存立が成り立たない。このように蓄蔵貨幣は，流通貨幣量を調節するという1つの重要な機能をもっているのであって，決して必要のない過剰なものではない。したがって「蓄蔵貨幣の一部分が摩滅によってなくなってしまうかぎり，それは，他のどの生産物でもそうであるように，年々新たに補塡されなければならない」[27] わけである。

　蓄蔵貨幣はこのように流通必要金量を超える部分であるが，これをもって金が過剰に生産されているとはいえない。商品流通，商品生産からみれば，「貯水池」的機能という，重要な機能を果たしているのである。したがって金が過剰であることをもって，金の価値が優良鉱山の金の個別的価値によって規定されるということはできない。

　また，松本氏のいわれるように，金の価値が優良鉱山で生産される金の個別的価値によって規定されるとすると，次のような問題が生じよう。このような場合には，中位および劣等にある金鉱山は，平均利潤を得ることができなくなり，金生産から排除されることになる[28]。中位および劣等の鉱山にあっては，その生産された金の個別的価値は，社会的価値より大きい，したがってその差額だけ損失をまねくことになる[29]。なぜかといえば，優良鉱山によって金の価値が規定されるということは，優良鉱山が限界地であり，そこのみが平均利潤を得ることができるであろうからである。もし，中位あるいは劣等の鉱山においても，平均利潤を得ることができるのであれば，金の価値は，中位あるいは劣等の鉱山で生産された金の個別的価値によって規定されているといわざるをえない。また，もし，金の価値が優良鉱山の金の個別的価値によって規定されるとすれば，金生産部門は，優良な部門のみが残ることになる。なぜなら，一般の生産部門と違って，自然条件による制約があるために中位および劣等の鉱山の生産は不可能となる。

　このように優良部門だけが残るということは，金の費用価格についても，優良部門の費用価格に収斂することになる。とすれば，金の費用価格は，一般商品と同様かなり平均化されることになるわけだが，実際には南アフリカにおける費用価格は，平均化されていないし，優良鉱山ばかりでなく，中位，劣等な

図1-1 南アフリカの1オンス当たりのコスト別による金生産の分類（1965年）

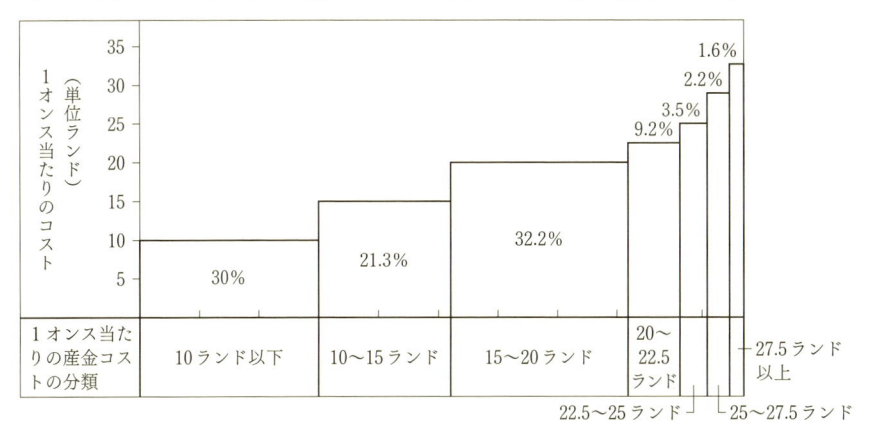

縦軸：1オンス当たりのコスト（単位ランド）
横軸：1オンス当たりの産金コストの分類

| 1オンス当たりの産金コストの分類 | 割合 |
|---|---|
| 10ランド以下 | 30% |
| 10〜15ランド | 21.3% |
| 15〜20ランド | 32.2% |
| 20〜22.5ランド | 9.2% |
| 22.5〜25ランド | 3.5% |
| 25〜27.5ランド | 2.2% |
| 27.5ランド以上 | 1.6% |

資料：IMF, Staff Papers, Vol. XV, No. 3. 1968, p. 483.

表1-1　南アフリカ金鉱山別の産金コスト（1965年）

金1オンス当たりコスト（単位：ランド）

| 鉱山名 | コスト |
|---|---|
| ニュークラン・フォンティン | 31.69 |
| ロビンソン・ディープ | 27.34 |
| リートフォンティン | 24.47 |
| ダーバン・ディープ | 23.17 |
| バージニア | 21.25 |
| サウス・アフリカンズ | 20.73 |
| スティル・フォンティン | 15.34 |
| ウェスタン・ディープ・レベルズ | 11.64 |
| プレジデント・ブランド | 9.65 |
| ウェスタン・ホールディングズ | 8.19 |
| フリーステイト・ゲタルト | 6.85 |

資料：IMF, Staff Papers, Vol. XV, No. 3, 1968, p. 481, p. 485.

金山でも採掘されている（図1-1，表1-1参照）。このように，金1オンス当たりの費用価格が，かなり相違しており，しかも，劣等地でも生産がなされている。劣等地をも含めて，すべての地区が同時に操業しているということは，金の価値は，優良鉱山で生産される金の個別的価値によってではなく，操業している最劣等な鉱山で生産される金の個別的価値によって規定されていることを示し

ている，と考えざるをえない。なぜなら，すでに述べたように，金の価値が優良鉱山での金の個別的価値によって規定されているとすれば，中位あるいは劣等の鉱山での個別的支出は，この価値では償われることなく，これらの鉱山は生産されなくなるからである。

　金生産にとって，自然的制約があり，この自然的条件を資本が平均化することができない以上，やはり限界原理によって金の価値は規定されるといわざるをえない。

　金に対する需要は，ヴァルガやヒルファディングが主張するように無限ではありえない。それは，カウツキーが批判したように，中央銀行の成立による蓄蔵貨幣の形態の変化を意味するか，価格の度量標準機能を意味しているにすぎない。またボリゾフのように，金には実現の困難がないことをもって，金に対する無限の需要と取り違えてはならない。「金に対する所有欲と金に対する需要とを混同してはならない」[30]わけである。金も商品である以上，社会的総労働の部門間均衡を欠いては生産はなされえない。それゆえ社会的総資本の再生産と金生産のかかわりからいえば，金に対する需要は無限ではありえないのである。この社会的総資本の再生産から見れば，「貨幣材料としての金は，社会の総剰余価値の一部によって補塡されざるを得ない。それ故，貨幣材料としての金に対する社会的需要は，無限ではあり得ないのであって，社会の総剰余価値の枠に限定され」[31]ることになる。また，拡大再生産の場合には，金に対する需要は「社会の年々の，総剰余価値から，資本家の個人的消費と資本蓄積にあてられる部分を控除した残り」[32]の部分に限られることになる。このように金に対する需要はけっして無限であるわけではない。

　単純再生産における金に対する需要は，基本的には，工業用に需要される金量と，年間貨幣流通によって生ずる貨幣の摩滅を補塡するのに必要な金の量とによって規定されている。一定の生産力の発展段階を前提とすれば，この工業用に需要される金の量は与えられている。そして貨幣の摩滅も物理的に与えられている。それは，金の価値に依存するものではない。このようにして規定された金の総需要を充たすために，必要とされる最劣等の限界金山において，生産される金の個別的価値によって，金の価値（社会的価値）は規定されることになる。そして，これより豊度の高い金山では，この金の社会的価値と，各々

の金鉱山で生産される金の個別的価値との差に応じて，超過利潤を取得することになり，差額地代を形成する。

このようにして価値の規定された金が，流通に入り，蓄蔵貨幣をなすか，鋳貨となる。金の原産地での個別的な取引では，金は商品として現れる。金はこの直接的交換によって相対的な価値の大きさを与えられる。この交換は，金の価値と商品の価値とに応じて行われ，金は流通に入り込む以前にその価値はすでに与えられているのである。

拡大再生産の場合も金の価値が規定される仕方は，基本的に変わることはない。ただ生産が拡大したことにより，流通させられる商品量の価値総額が増大する。この増加分に対応して年々の金生産も増加しなければならない。すなわち「流通する商品の価値額の増加分とその流通（およびそれに対応する貨幣蓄蔵）のために必要な貨幣量とが，貨幣の流通速度の増大や支払手段としての貨幣の機能の拡大によって，すなわち，現実の貨幣の介入なしに行われる売買の差引勘定の増加によって相殺されない限り」[33] 金に対する追加的需要が生ずる。この金に対する追加的な需要は，増加する商品価値と貨幣の流通速度と相殺額と貨幣（金）の価値に依存するが，基本的には，社会的資本の蓄積度そのものに依存する。このように，金に対する追加的な需要は，直接に金の価値に依存するものではない。仮に，商品価値の増加分を流通させるために必要な貨幣が，貨幣の流通速度の増大，信用制度の発展等によって充たされるならば，金に対する追加的需要として現れることはない。このような場合には，単純再生産のもとで述べたのと同様に，金の価値は規定される。すなわち，拡大再生産によって増大した工業用金需要と貨幣金属の摩滅を補塡するのに必要な金需要を充たすために必要とされる最劣等の金の個別的価値によって，金の価値は規定される。

商品価値の増加分を流通させるために必要な貨幣が貨幣の流通速度の増大等によって充たされない場合は，金に対する追加需要が現れる。この金の需要は，商品価値の増加分と金の価値によって規定されるのであるが，この場合の金の価値とは，拡大再生産によって増大した工業用金需要と貨幣金属の摩滅を補塡するのに必要な金需要によって規定された金の価値を基礎としている。なぜなら産金源での金の価値を問題とする以上それしかないであろう。それは貨幣と

してまだ流通に入っていない商品としての金である。この追加的な金需要が，現存の優良および中位，劣等のいずれかの金の増産によって充たされるならば，限界地は変わることなく，したがって，金の価値も，この追加的な金需要によって変わることはない。このことは，金に対する需要そのものが，金の価値を規定するのではないことを示している。金の価値は，基本的には，産金部門の自然条件そのものによって，直接には，限界地の労働生産性によって規定されているのである。

　この追加的な金需要が現存の金山の増産によって充たされることができなければ，限界地は下がることになる。この場合，金の価値は上昇する。なぜならばこの追加的な金需要を，以前の限界地では充たせないからである。産金部門の自然的条件によって，この必要は生ずるのである。金の価値が変わるのであるから，追加的需要もそれに応じて変わるといえる。しかし，この相互関係も，以前の限界地に戻ることはできないということによって限界が与えられる。なぜなら，拡大再生産によって増加した工業用金需要と貨幣の摩滅を補塡するための金需要は，金の価値には依存しないのだから，これによる限界地は，金の価値に関係なく規定されているからである。拡大再生産にともなう追加的金需要はこの限界地によっては充たすことができないのであるから，この限界地に戻ることはできない。このようにして，拡大再生産のもとでの金の価値は，増大した工業用金需要と貨幣金属の摩滅を補塡する金需要および，増加した商品価値を流通させるための金需要を充たすために必要とされる最劣等の金山の個別的価値によって規定されることになる。そうでなければ限界金山での個別的支出が償われず，生産の継続が不可能となり，金に対する需要を充たすことができなくなるからである。このようにして価値の規定された金が産金国での金と商品との直接取引によって流通に入るのであり，流通に入る場合には金の価値はすでに確定されているのである。

　このように，金の場合も，他の土地生産物と同様に，その価値は，金の需要を充たすために必要な最劣等の金山の金の個別的価値によって規定されるのである。しかも，その場合，以上考察したごとく，松本氏が主張された循環論は，金の価値と金の需要との間には成り立たないのである。限界原理とは，需要が価値を直接規定するのだということを意味しない。それは，生産に自然的条件

図1-2 金の生産量（1940〜1977年）

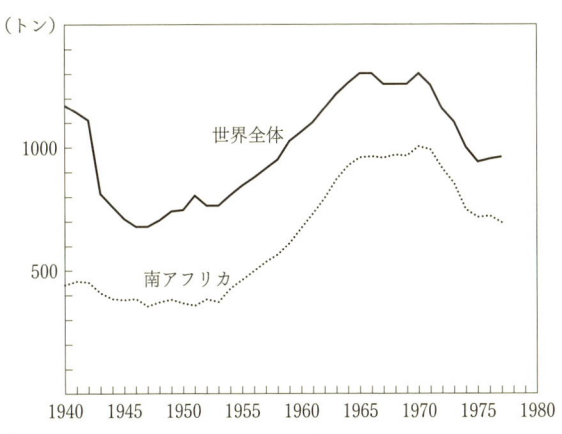

資料：SOST, *Gold, Preise, Inflation*, VSA-Verlag, S. 14.

図1-3 南アフリカの金鉱山の労働生産性の変化（1940〜1976年）

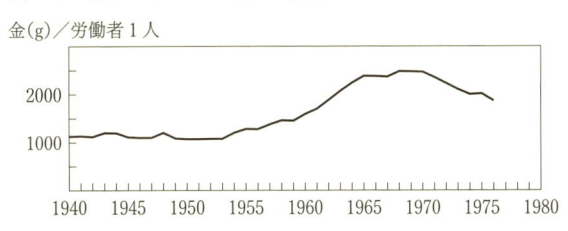

資料：SOST, *a. a. O.*, S. 25.

図1-4 南アフリカの金鉱石の品位（1940〜1976年）

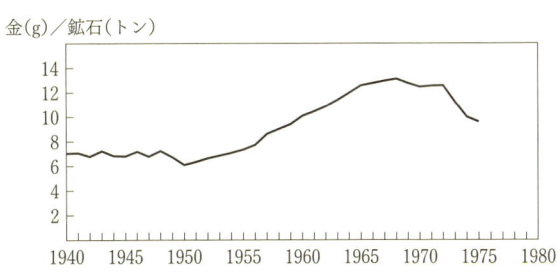

資料：SOST, *a. a. O.*, S. 26.

による制限が存在する場合の価値法則の貫徹形態なのである。

なお，世界の金の生産量と南アフリカの金鉱山の労働生産性の変化および金鉱石の品位[34]を示す図を掲げておくので参考にしてもらいたい（図1-2，1-3，1-4）。ただし，労働生産性の変化は限界地ではなく，平均値であることに注意してもらいたい。

## 第4節　金の費用価格

ヴァルガは，金生産部門の労働生産性が上昇したとしても，その結果は，従来の限界地においても差額地代が発生するだけであって，金の価値は不変であると主張した。その論拠としてあげられていたのは，労働生産性上昇による費用価格の低下と，他方で金の「価格」が与えられていることによる平均利潤を保証する「費用価格」の固定化であった。つまり，金生産部門の労働生産性が全般的に上昇したとしても，それは限界地の費用価格を引き下げるだけである。他方で金の「価格」は一定であるから，平均利潤が得られるかぎり，より劣等な金山へ採掘が拡大して，費用価格は以前のところまで上昇するだろうから，金の価値に変化はない，との主張であった。

そこで，全般的に労働生産性が上昇すると，限界地での費用価格が下がるとは何を意味するのか。費用価格が不変であることは，金の価値も不変であるといえるのかを考えてみたい。

商品の価格とは，商品の価値を金量で表したものである。商品の価値が，金何単位で表されるかを求め，その金量を価格の度量単位に従って貨幣名で呼べば，その商品の価格が求められる。

$$商品の価格 = \frac{商品の価値}{金1単位の価値} \times 金1単位の価格$$

ところで，資本主義的商品の価値構成は，$c+v+m$ からなっている。$c$ とは商品を生産するために消費され，商品に移転した不変資本価値部分，$v$ とは可変資本（労働力）価値部分であり，この両者を合計した価値量の貨幣量表示が商品の費用価格である。したがって商品の費用価格は，商品の価値のうち $c+v$ 部分の価格表現である。

第1章　金と価値規定　31

$$商品の費用価格 = \frac{商品価値のうち c+v 部分}{金1単位の価値} \times 金1単位の価格$$

金の費用価格についても、このことはあてはまる。限界金山における金の費用価格は次のようになる。

$$金1単位の費用価格 = \frac{金1単位の価値のうちの c+v 部分}{金1単位の価値} \times 金1単位の価格$$

金1単位の価値は、限界金山の金の個別的価値 $c+v+m$ であるから、限界金山の金の費用価格は次のように書き直すことができる。

$$金1単位の費用価格 = \frac{c+v}{c+v+m} \times 金1単位の価格 \tag{1}$$

金1単位の価格が金1単位に付けられた貨幣名であるのに対して、金の費用価格とは、金 $\frac{c+v}{c+v+m}$ 単位に与えられた貨幣名であることになる。すなわち、金の費用価格とは「直接的には、金生産に支出された資本制的費用すなわち金生産用生産手段の価格と産金労働者の賃銀との合計なのであるが、これは金1単位のうち c+v に対応する分量の金に与えられた貨幣名」[35]ということになる。

したがって金の費用価格は $\frac{c+v}{c+v+m}$ に変化がなければ、金の価値がいかように変動しようとも、金の「価格」とともに一定していることになる。これを具体的に例をもって示そう。

いま、限界地において、4h（時間）の社会的平均労働（簡単労働）が対象化した生産手段と6hの社会的平均労働とによって、10gの金が生産されているとしよう。このとき、剰余価値率は100％とする。したがって生産された金の価値構成は、$c:v:m=4:3:3$ となる。また金の「価格」は1g＝100円とする。

この限界地の金1gの費用価格は $\frac{0.7（金1gのうち c+v 部分）}{1（金1gの価値）} \times 100$ 円（金1gの価格）＝70円である。70円の投下資本でもって「100円」の金が生産されたわけである。金量で表せば、金0.7gをもって金1gが生産されたことを示す。

この限界地での金の生産性が上昇して、以前と同様の4hの生産手段と6hの労働とによって2倍の量の金、すなわち20gが生産されるようになったとする。剰余価値率 $\frac{v}{m}$ は100％で不変である。金の価値構成は $c:v:m=4:3:3$ である。金の価値は半減した。すなわち以前金1g＝1hであったもの

が，いまでは金1g＝0.5hである。

新たな費用価格は金1gについて $\dfrac{0.35(金1gのうち c+v 部分)}{0.5(金1gの価値)} \times 100円(金1gの価格)＝70円$ で費用価格に変化はない。

なぜか？ 以前には10時間で10gの金が生産された。いまでは，10gの金は5時間で生産されている。たしかに金10g当たりの費用価格（c+v部分）の価値は，金の価値が10hから5hに低下したことにともなって，7hから3.5hに低下した。一般商品であるならば，この1単位当たりの価値の低下にともなうc+v部分の7hから3.5hへの低下は，費用価格の低下として現れよう。だがその場合，価値尺度商品金の価値不変が大前提となっているのである。ところが金の価値がいまでは低下したのである。金1gの価値は0.5hになっている。金10g当たりの費用価格は，この低下した価値の金で計られる。すなわち，3.5÷0.5＝金7g(700円)である。金1g当たりの費用価格は金0.7g(70円)で金の価値が低下しても，その費用価格には変化がないのである。このように限界金山での金の費用価格は，1単位当たりのc+v部分の価値は低下するが，その価値の金量表示は金の価値低下によって上昇するので相殺されてしまうので，不変なのである。

次に限界金山で同じく労働生産性が上昇し，同時に資本の有機的構成が変化したとしよう。すなわちc部分の割合が高まったとしよう。6hの価値をもった生産手段と4hの労働とによって20gの金が生産されるようになったとする。剰余価値率は100％で不変であるとする。生産された金の価値構成はc：v：m＝6：2：2である。資本の有機的構成 $\left(\dfrac{c}{v}\right)$ は $\dfrac{4}{3}$ から $\dfrac{6}{2}$ に上昇した。金10g当たりの価値は5hに低下している。金10g当たりのc+vの価値は4hになった。金10g当たりの費用価格は4÷0.5＝8g(800円)である。金1g当たりの金の費用価格は0.8g(80円)である。以前に金1g当たりの費用価格が0.7g(70円)であったものが，いまでは0.8g(80円)になった。これは資本の有機的構成の変化により，金1単位当たりの $\dfrac{c+v}{c+v+m}$ の割合が変化したために起こったことであり，その表現として費用価格の変化が現れたことになる。ともあれ資本の有機的構成の変化があったとしても前述の(1)式は，あてはまるといえる。ただその場合，$\dfrac{c+v}{c+v+m}$ の価値比率が変わることになるのであるが。

これまで述べてきた，金の費用価格と金の価値との関係は，限界地以外の金

山についてもあてはまる。ただ c+v が個々の金山での金の個別的な c+v になるだけである。

このように金の価値変動と金の費用価格とは本来無関係である。金の価値が変動したとしても，資本の有機的構成に変化なく，したがってまたその価値構成（c+v+m）に変化がなく，しかも，金の価格が一定であるかぎり，金の費用価格は一定している。ただ，産金部門の労働生産性の上昇が技術的構成の変化によって引き起こされたのであれば，それにともなって，資本の有機的構成の変化を引き起こし，価値構成が変化することにより，前述の(1)式において価値比率 $\dfrac{c+v}{c+v+m}$ を変化させ（たとえば0.7から0.8へ），それによって費用価格が変化することはある。ただこの場合，費用価格が変化したのは，金の価値が変化したからではなく，資本の有機的構成が変化したことを原因とする[36]。

ヴァルガは，金鉱に労働を節約する新しい機械が導入されると金の費用価格は低下して超過利潤が発生するとした。この考えが誤っていることは，以上で明らかであろう。

金生産部門の労働生産性が全般的に上昇し，その技術的構成が不変であり，また金の「価格」が一定であれば，金の価値にかかわりなく費用価格に変化はない。したがって，金生産部門に超過利潤が発生することもないのである。また，新しい機械が導入されることによって技術的構成が変化し，したがって資本の有機的構成が高度化するならば，金の費用価格はむしろ上昇することになろう。どちらにしてもヴァルガの主張とは異なる。逆にヴァルガは，新機械の採用による金生産部門の労働生産性の上昇により，金の費用価格は低下すると主張する。このヴァルガの主張は，一般商品の費用価格と金の費用価格との相違に気づかなかったために生じたのである。一般商品の場合，価値が低下するのにともなって費用価格も低下する。ヴァルガは，これを価値尺度商品の価値と費用価格の関係にあてはめてしまった。そこで金の価値と費用価格の混同が生じているのである[37]。その背景としては，ヴァルガにあっては同じ生産費（Produktionskosten）という用語で，価値と費用価格というまったく異なる概念を表していることがある。

また，費用価格が不変であることをもって金の価値不変がいえるかどうかも，いまや明らかであろう。金の価値と費用価格とは本来無関係なのである。

## おわりに

　これまで述べてきたことにより，兌換制下の金の価値，「価格」，費用価格の関係は明らかにされたと思う。金の価値はその需要を充たすために必要な最劣等の金鉱山の金の個別的価値によって規定されるのであり，しかも，金の需要と金の価値との間には，松本氏が主張されるような循環論はないのである。

　さて次に問題となるのは，金の価値，「価格」と国際商品価格との関係である。このためには，国際価値論と金の理論との結合が必要となろう。国際価値論において，国際間における商品交換の法則を明らかにし，それとの金の理論，「価格」および為替相場論を結びつけることによって，国際商品価格がいかにして形成されるかが明らかとなろう。そのためには，金本位制下，金がどのようにして世界貨幣として機能しているかを明らかにすることが重要な視点となる。そして，そのうえで，これらのメカニズムが現代の不換制下においてどのように機能しているかが明らかにされねばならない。現代資本主義においても，貿易摩擦が重要な問題として浮かび上がってきている。とくに，日本はその渦中にある。この問題を解明するためにも，一国の生産力構造と金の価値，国際商品価格との関係を明らかにする必要があろう。これは筆者にとっての今後の課題の1つである。

註
1）　このような金廃貨論（Demonetisierungsthese）の根拠の1つとして通貨準備の面での金の割合の低下ということがある。これに対する批判としては，さしあたり次の主張が有効であろう。
　　「現実の自由金価格を価格標準の基礎とするならば，通貨準備における金の役割の相対的な低下は問題となりえないということが明らかとなる。その水準は（西ドイツでは――引用者）20年前と同様に，1970年代においても，平均して30～40％の間で，比較的高水準を維持していた。
　　同様な傾向は，すべての先進国に関しても，確認されえる。全体として，世界の通貨準備に対する世界的な金準備は，廃貨等々にもかかわらず，たとえば1977年には55％というように，依然として高水準にあることが明らかになる」

(Herausgegeben von den Sozialistischen Studiengruppen: SOST, *Gold, Preise, Inflation*, VSV-Verlag, 1979, S. 43)。

2) ヴァルガ『資本主義経済学の諸問題』村田陽一ほか訳,岩波書店,1970年,247頁参照。

3) この論争は,1911年11月から1913年1月まで『ノイエ・ツァイト(*Die Neue Zeit*)』紙上で行われ,ヴァルガのほか,ヨット・フォン・ゲー,ヒルファディング,カウツキー,オットー・バウアー等が参加した。

4) E. Varga, Goldenproduktion und Teurung, *Die Neue Zeit*, 30. Jahrg. Bd. I, S. 213(「金生産と物価騰貴」,笠信太郎訳『金と物価』同人社, 3頁)。

5) *Ebd.*, S. 217(同上, 14頁)。

6) *Ebd.*, S. 217(同上, 15-16頁)。

7) *Ebd.*, S. 219(同上, 19頁)。

8) *Ebd.*, S. 218(同上, 16頁)。

9) 「貨幣は価格を持っていない」(K. Marx, *Das Kapital*, Bd. I, Dietz Verlag, S. 110. 『資本論』国民文庫①, 173頁)。

10) E. Varga, *a. a. O.*, S. 216-217(前掲『金と物価』10-13頁)。

11) *Ebd.*, S. 217, 218(同上, 14, 17頁)。

12) J. V. G., Goldproduktion und Preisbewegung, *Die Neue Zeit*, 30. Jahrg, Bd. I, S. 663(「金生産と物価の変動」,前掲『金と物価』31頁)。

13) 「金に対する需要は,原則として無制限であり,この意味において,産金業者にとっては,他の商品生産者と異なり実現の問題はおこらない」(ポリゾフ『現代資本主義と金』桑野・斉藤・杉本訳,東洋経済新報社,1970年,160頁)。

14) R. Hilferding, Gold und Ware, *Die Neue Zeit*, 30. Jahrg, Bd. I, S. 775(「貨幣と商品」,前掲『金と物価』, 41頁)。

15) *Ebd.*, S. 780(同上, 56頁)。

16) K. Kautsky, Gold, Papier und Ware, *Die Neue Zeit*, 30. Janrg. Bd. I, S. 889(「金,貨幣及び商品」,前掲『金と物価』107-108頁)。

17) *Ebd.*, S. 892(同上, 117頁)。

18) 山田喜志夫『現代インフレーション論』大月書店,1977年,97頁。

19) 「物価表を逆に読めば,貨幣の価値の大きさがありとあらゆる商品で表されているのが見いだされる」(K. Marx, *a. a. O.*, S. 110. 国民文庫①, 173頁)。

20) 酒井一夫『インフレーションと管理通貨制』北海道大学図書刊行会,1977年,18頁。

21) SOST, *a. a. O.*, S. 24.

22) 松本久雄「貨幣金の価値規定の特殊性」,（桃山学院大学）『経済経営論集』第15巻第4号, 293-294頁。
23) 同上, 311頁。
24) 同上, 317頁。
25) 同上, 311-317頁参照。
26) K. Marx, *a. a. O.*, S. 148（国民文庫①, 236頁）.
27) *Ebd.*, Bd. II, S. 327（国民文庫⑤, 114頁）.
28) なお, この意味で, 金生産部門では, 金の価値は中位の金山の金の個別的価値によっても規定されない。資本にとって平均化しえない自然的条件の格差があるため中位で規定された場合, 劣等地の個別的支出は, その価値によっては償われず, 劣等地は生産から排除されることになるからである。したがって, 金の価値は平均原理で決まるという次の主張も, 産金部門の自然的条件による制約を無視したもので誤りといえる。「一般商品の場合と同様に, 貨幣価値も現時点での再生産価値によって規定されざるをえず, 再生産価値を代表するものは, 現時点における社会的平均的生産条件のもとで生産された新産金の価値である」（高須賀義博『現代のインフレーション』新評論, 24頁）。
29) 「ある品位の金鉱山において採算がとれるか否かは, 金の社会的価値（市場生産価格）とこの金鉱山での個別的価値（個別的生産価格）との関係によって規定される。結論をさきどりしていえば, 任意の金鉱山における金の社会的価値との差額（プラス, あるいはマイナス, あるいはゼロ）が具体的には当該金鉱山における金1gあたりの個別的生産価格と金1gあたりの鋳造価格との差額として現象するにすぎない」（浜野俊一郎「金の価値と『価格』」,（大阪市立大学）『経済学雑誌』第54巻第2号, 6頁）。
30) 猪俣津南雄『金の経済学』中央公論社, 1937年, 499頁。
31) 山田喜志夫, 前掲『現代インフレーション論』91頁。
32) 同上, 93頁。なお, 社会的総資本の再生産と金に対する社会的需要について, 詳しくは, 同上, 91-93頁および付論参照。
33) K. Marx, *a. a. O.*, Bd. II, S. 327（国民文庫⑤, 115頁）.
34) 図1-3を説明して, SOST, *a. a. O.*の第1章「金生産」の筆者は次のようにいう。
「1940～53年（不変期）
　この時期1人の労働者は, 年間地下から1,100～1,200gの金を掘り出している。この14年間は, なるほど, すこしばかり上下の変動が生じているが, 大体において労働生産性は一定している。
　1954～69年（上昇期）

労働生産性は，1954年の労働者1人当たり約1,100〜1,200 gから，1963年には，労働者1人当たり約2,500 gへと上昇した。それはおよそ100%を超える上昇に相当する。特に激しい上昇は，1961年と1965年の間の労働者1人当たり1,646.5 gの金から，2,348.5 gの金へというように起こった。それゆえ，生産性カーブは，ここで激しく上昇している。この変動の原因は品位の高い鉱石の採掘の採用にあることはすでに見た。

1970〜76年（減退期）

70年代初期以来，金の生産性変動において減退が，しかも労働者1人当たり2,500 gから1,900 gという，それゆえおおよそ25%ほどの減退が認められる。この1971〜74年の間の減退は比較的強い特色であるが，1974年以来の状態は再び一定水準で安定しているように見える」(S. 26-27)。

35) 山田喜志夫，前掲『現代インフレーション論』96頁。なお，金の費用価格の理論的解明については，同書，第4章の1「金の価値，価格，費用価格の理論」，2「金の価格と費用価格」(95-103頁) を参照。

36) 南アフリカの金鉱山の資本の有機的構成に関して，次のようなことがいわれている。

「南アフリカ金鉱山の企業統計に基づくおおよその算定によれば，考察された時期 (1940〜75年——引用者) には，最終生産物金の死んだ (toter) 労働と生きた (lebendiger) 労働との比率は，激しくは変化しなかったことが明らかである」(SOST, *a. a. O.*, S. 24)。

したがって，現在の南アフリカの金の費用価格の変動を考察する場合には，資本の有機的構成の変化からの費用価格への影響はなかったものとして取り扱うことができよう。

37) バウアーにあっても同じ誤りが見られる。バウアーは，「新式の機械が金鉱山に採用されたとする。同一の経費で従前より大なる金量を得ることができる」(Otto Bauer, Goldproduktion und Teuerung, *Die Neue Zeit*, 30. jahrg, Bd. II, S. 9.「金生産と物価騰貴」，前掲『金と物価』136頁)。これによって，金生産部門が超過利潤を得るとする。そしてこれによって社会的な資本の配分が変更されることを通じての価格騰貴の波及を説いている。

また，梶山武雄氏も「産金コストが低下すれば，当然金価値は低下することになる」(『増補版 現代国際通貨論』日本評論社，1972年，51頁) というように，金の価値低下と費用価格の低下との関連を主張されている。

## 第2章　国際価値と金
―― 国民的平均生産力および部門別生産性の対外格差 ――

はじめに

　日本は，1980年代から90年代はじめにかけて対外経済関係で貿易摩擦という問題を抱えていた。現在でもなくなったわけではない。貿易問題が為替相場（円高）という問題で現れているのである。これは1つには日本商品の国際的な価格競争力の強さに原因がある。使用価値の点での問題を措くとすれば，日本商品の対外比価が低いことが，輸出増大の原因の1つである。ことに自動車などはその典型である。『エコノミスト』誌によると，「日本の車は西ドイツに輸出されてくると，日本の価格の倍以上になる。しかもそれで十分競争できるし，ある程度の装備はキチンとついている」[1]とのことである。この日本の価格の倍以上で西ドイツに販売しうる根拠は，理論的には，国際価値論で問題となっている輸出による「超過利潤」に，その基礎を求めることができる。国内価格がこのように対外比価において低いことは日本商品の国際競争上1つの有利さであり，日本商品の国際的な価格競争力の強さを示している。なにゆえに日本商品は，世界市場で，このような価格競争力の強さをもち，国内価格以上の価格で販売しえるのであろうか。他方，日本にはもう1つ問題がある。それは農産物に見られるごとく，対外的に価格競争力がきわめて弱い部門が存在するということである。弱いどころか，日本の農産物のほとんどは，対外比価の点で割高である。そこで「生産性やコストを無視して農産物の自給率を高めようと考えるのは非現実的であり，国民の合意も得られない」という議論も出てくることになる。その理由とするところは，「土地利用型農産物については，諸外国に比べて地価が高く経営規模が零細であり国際競争力に乏しい」[2]からだとし，日本農業の絶対的生産性の低さにその基礎を求めている。

　このような理由が正しいかどうかは，後の問題として，ここで確認できることは，先進国といわれている日本にも商品の国際競争力の点で，著しい相違が

あるということである。一方には，無類に強い国際競争力のある商品が存在しているかと思えば，他方には国際競争力の欠けている商品が存在する。いったいこのようなことが起こる理論的基礎はなにか。これを国際価値論にもとづいて考えねばならないし，また基礎づけることが必要である。いわば，このような現象をどのように理論的に基礎づけたらよいのかということである。先進国の国際競争力の強い部門のみに注意を向け，弱い部門を事実上無視ないし，切り捨てたような理論では，現実に立ち向かうときの理論としては，役立たない。しかも，一国内で，ある商品が対外比価の点で割高になり，他の商品は割安になるということは，なんの関連性もないというわけではなく，一定の関連性をもっているのである。

　本章では，このような日本の現実を表象として思い浮かべながら，外国貿易の基礎理論としての国際価値論を考察し，あわせて金価値理論の国際価値論への導入を考えてみることにする。ここでは，さしあたり金本位制下で，国際商品価格がどのようにして規定されるかを問題としたい。金本位制下で得られた成果は，同時に現代不換制下での問題解明の出発点であり，その基礎をなすと考えるからである。

## 第1節　社会的必要労働時間——価値規定的労働

　国際価値の問題に入るにさきだって，ここでは，価値論の基礎をなしている社会的必要労働時間，簡単労働，社会的平均労働とはどのような内容をもっているかを考えてみることにする。マルクスは『資本論』第1巻第1章において，社会的必要労働時間によって，商品の価値の大きさは決まると述べている。そこでは，まず，はじめに「価値実体」が導き出され，抽象的人間労働について述べられる[3]。すなわち，価値の量的規定にさきだって，労働の質的規定，等質な労働について規定がなされている。この質的規定にもとづいて，価値の量的規定がなされているわけである。価値の量的規定がなされるなかで，抽象的人間労働は，一定の質と量をともなうものとして，社会的平均労働とより具体化されることになる。すなわち「社会的に必要な労働時間とは，現存の社会的に正常な生産条件と，労働の熟練および強度の社会的平均度をもって，なん

らかの使用価値を生産するために必要な労働時間である」[4]とされる。このように社会的平均労働とは，価値規定的労働であり，社会的標準的な生産諸条件と結びついた，熟練および強度の社会的平均度の労働，簡単労働である。ある社会内においては，商品の価値は，この価値規定的労働である社会的平均労働を基準として，規定され，量的大きさとして表される。社会的標準度以上の熟練および強度をもった労働である複雑労働は，その質的差を，価値を規定する労働である社会平均労働（簡単労働）により，度量され，換算されて，量的差として示されることになる。すなわち「複雑労働は，ただ，簡単な労働が数乗されたもの，または，むしろ倍加されたものとみなされるだけであり，したがって，より小さい量の複雑労働がより大きい量の簡単労働に等しいということ」[5]になる。

　ところで，平均的熟練および強度をもった労働であれば，価値規定的労働であるかといえば，そうとはならない。それは，社会的標準的生産諸条件と結びつかねば，価値規定的労働ということはできない。社会的標準的生産諸条件と結びついた簡単労働が価値規定的労働といいうるのである。これ以下の生産諸条件と結びついた簡単労働は価値規定的労働としては，計算されず，したがって標準質の労働とはみなされない。

　他方，社会的標準度以上の生産諸条件と結びついた労働は，例外的に生産力の高い労働として，やはり何乗かされた労働として作用することになる。これらの労働は「同じ時間で同種の社会的平均労働よりも高い価値をつくりだす」[6]ものとされるわけである。

　このように，ある社会のうちで，価値規定的労働といえるのは，社会的標準的生産諸条件と社会的平均的熟練および強度とをもった労働である。これら3つの条件が標準以上のもとにある労働は，強められた労働として，何乗かされた，あるいは倍加された労働とみなされるとマルクスはいうのである。

　一国内においても，これらの社会的標準的生産諸条件は，時代とともに変化し，これらは時間的な相違となって現れてくる。他方，世界市場では，これら生産諸条件，労働の熟練および強度は，同時的な相違となって現れてくることになる。各国の同じく標準的生産諸条件，労働の平均的熟練および強度といっても，各国の資本主義発展の相違にともなって違ってくるのである[7]。したがっ

て，各国の社会的必要労働時間を直接に比較しても，価値量の大きさを測ることはできないことになる。量的規定の前に，各国民的労働の質的同等性が得られなければならない。各国の社会的必要労働時間は，各国で相異なった価値規定的労働を基準として測られているので，まずもって，各国の価値規定的労働相互の関係が明らかにされねばならない。各国民的労働が，いったい世界市場では，価値生産度の点でどのような違いがあるのかということが問題とされるのである。このことが世界市場における価値法則適用の基本的な視点となるべきである。

## 第2節　世界市場における国民的労働の国際的な価値生産度

さしあたり各国の社会的必要労働時間は，その国内部においての平均的生産諸条件，社会的平均的熟練および強度をもった労働である価値規定的労働の量を示している。したがって，一国内あるいは，ある社会内部においては，この価値規定的労働の量によって商品の価値は現実に比較，あるいは測られている。この価値規定的労働は，また簡単労働として実在している。ある社会あるいは一国内では，この価値規定的労働の量を基礎として商品交換はなされているのである。ところが世界市場では，Ⅰ国の社会的必要労働時間10時間，Ⅱ国の同じく社会的必要労働時間10時間といっても，それを直接比較することはできない。社会的必要労働時間の前提をなしている価値規定的労働そのものが，Ⅰ国・Ⅱ国ではまったく違うからである。すなわち，Ⅰ国の平均的生産諸条件ならびに社会平均労働の熟練および強度とⅡ国のそれらとはまったく異なっている。これら価値規定的労働の質が相違しているものを量的に比較することはできない。量的な比較が可能なためには，質的な同等性が保たれねばならない。ある国の社会的必要労働時間は，世界市場では，国民的必要労働時間として現れ，同じく生産諸条件，労働の熟練および強度は，国民的平均的生産諸条件[8]，国民的平均的労働の熟練および強度として現れる。たとえば，世界市場では，Ⅰ国，Ⅱ国の社会的必要労働時間としては，同じ10時間の商品であったとしても同じ価値をもったものとはいえない。それは国民的必要労働時間としては10時間のものであることを示しているにすぎない。世界市場で価値量を比較

するためには，まず各国の価値規定的労働の国際的な価値生産度を問題としなければならないわけである。この各国民的労働の国際的な価値生産度を媒介として，世界市場では，価値の量的比較が可能となり，商品の国際的な価値量は規定されるのである。そこで，価値法則は，世界市場では，一国内部とは異なった形態で貫徹する。各国民的労働の国際的な価値生産度の格差を媒介としたのちに貫徹することになる。価値法則の修正といわれるゆえんである。しかし，国民的労働の価値生産度の媒介ということはあるにしても，世界市場においても労働による価値量の規定がなされているのである。労働にもとづく商品交換はおこなわれているのであって，価値法則は，世界市場で否定されるのでなく，貫徹しているのである。

　このように各国民的労働（価値規定的労働）は，各国民的標準的生産諸条件と労働の国民的平均的熟練および強度の総合格差にもとづいて，世界市場において評価されることになるのである。つまりこれら3条件が総合して高い国の国民的労働は，これらがより低い国の国民的労働よりも，同一時間に生み出す価値が世界市場では大きいものとして評価される。たとえばⅠ国の1労働日はⅡ国の3労働日と同じものであるとされるわけである。この国民的労働の国際的な価値生産度の格差を基礎として，商品の国際的な価値は比較され規定されるのである。すなわち，各国民的価値は，国際価値に還元されるのである。世界市場ではこの各国民的労働が階段状になり，この国民的労働を世界市場で位置づけるものとして世界的労働[9]という概念をマルクスは用いているのである。

　国際間では労働力の移動が制限を受けており，また生産力の発展段階も大きく異なっているので，労働を直接比較することはできない。各国民的労働は，各国民的労働が生み出す価値生産物量の大きさによってのみ比較される。同一の価値生産物量を生み出すのに必要な国民的労働の量が全部門にわたって比較されることによって各国民的労働の国際的な価値生産度が規定される。先進国では，後進国に比べて労働の平均的強度および熟練度も平均的生産性も高く，同一労働時間により多くの価値生産物量が生み出される。したがって先進国の国民的労働は，後進国の国民的労働に比し，同じ時間により多くの価値を生産していることになる。「世界市場においては，一定の時期には，同じ種類の同一量の商品は，それに物質化されている諸国民の労働の分量の相違に拘わらず，

おなじ分量の金または銀と交換される」[10] のであるから，この場合，同一時間に後進国の国民的労働が生み出す価値生産物量に比べて，より多くの価値生産物量を生み出している先進国の国民的労働は，後進国の同一時間の国民的労働より，多くの貨幣量表現を受け取ることになる。

こうして，国際間では国民的平均的強度・熟練度のより大きい国民的労働は，国民的平均的強度・熟練度のより小さな国民的労働に比べて，同じ時間内により多くの価値を生産することになる。また，国民的平均的生産諸条件に規定された，国民的生産性のより大きな国民的労働も，国民的生産性のより小さな国民的労働に比べて，同じ時間内により多くの価値を生産することになる。しかもこの国民的平均的熟練および強度ならびに国民的平均的生産性（これらを以下単に3条件と呼ぶ）のより大きな国民的労働は，世界市場においては，これら3条件のより小さい国民的労働の同じ時間に比べて，より大きな貨幣量表現として示されることになる。したがって，たとえば3条件が総合して一方が他方の3倍であるⅠ・Ⅱ，2国を想定すれば，3倍高い国，Ⅰ国の1労働日が生産する価値は，世界市場では，より低い国のⅡ国の3労働日が生産する価値と等しいことになる。このようなⅠ国1労働日＝Ⅱ国3労働日という両国民的労働の関係を通して，両国の商品の世界市場での価値は比較しうることになる。Ⅰ国1労働日とⅡ国3労働日とが，世界市場では，同等の価値を生産するわけで，同じ貨幣量，たとえば3gの金で表示されることになる。そこでⅠ・Ⅱ両国の同じ労働日，たとえばⅠ国1労働日とⅡ国1労働日とを比べれば，3条件のより高いⅠ国の1労働日は，そのより低いⅡ国の1労働日に比べて，より多くの価値を生産し，より多くの貨幣量，たとえばⅠ国1労働日が金3gで表されるとき，Ⅱ国1労働日は金1gで表されることになるわけである。すなわち，同一の労働時間に生み出す価値の相違が国民的労働の関係を規定することになる。これは，後述するように金の国民的価値とも一定の関係をもっており，金の国民的価値（国際価値ではない）の各国における相違は，この国民的関係（Ⅰ国の1労働日＝Ⅱ国3労働日）にもとづくものであり，3条件の総合的格差を反映している。このようにして，国民的平均的熟練および強度ならびに国民的生産性の総合格差は，金の国民的価値，すなわち，金の一定量が国民的労働の何労働日に値するかということを通じて，国民的労働の関係を表示することにな

る。そしてこの背後には各国国民的労働の国際的な価値生産度の格差があるのである。たとえば，Ⅰ国の1労働日が金1gで表示され，Ⅱ国3労働日が同じく金1gで表されているとすれば，世界市場では，Ⅰ国1労働日はⅡ国の3労働日と同じものとして評価され，表されるのである。

価値法則の国際的適用について，マルクスは次のように述べている。

「どの国にも一定の中位の労働強度として求められているものがあって，それよりも低い強度の労働は商品の生産にさいして社会的に必要な時間よりも多くの時間を費やすことになり，したがって正常な質の労働には数えなれないことになる。与えられた一国では，労働時間の単なる長さによる価値の度量に変更を加えるものは，ただ国民的平均よりも高い強度だけである。個々の国々をその構成部分とする世界市場ではそうではない。労働の中位の強度は国によって違っている。それは，この国ではより大きくあの国ではより小さい。これらの種々の国民的平均は1つの階段をなしており，その度量単位は世界的労働の平均単位である。だから強度のより大きい国民的労働は，強度のより小さい国民的労働に比べれば，同じ時間により多くの価値を生産するのであって，この価値はより多くの貨幣で表現される。」[11]

これについて一般に行われている理解によれば，強度のより大きい労働日はそれに応じて，より多くの価値を生産するというのは，価値法則どおりであって，この平均強度の異なった国民的労働が世界市場で階段をなしているのが，特色であるとしている。このように，「強度」を生産性の修正と切り離して理解しているのが，一般的である[12]。

強度差による修正に続いて次ぎのようにいう。

「しかし，価値法則は，それが国際的に適用される場合にはさらに次のようなことによっても修正される。すなわち，世界市場では，より生産的な国民的労働も，そのより生産的な国民が自分の商品の販売価格をその価値にまで引き下げることを競争によって強制されないかぎりやはり強度のより大きい国民的労働として数えられるということによってである。」[13]

ここでは，「正常な質の労働」を示すものとして，中位の強度の労働という語を使用していると見ることができる。「正常な質の労働」とは，価値規定的労働であり，それは，社会的平均的生産諸条件と結びついた，簡単労働（社会

的熟練および強度をもった労働）である。どの国にも，この「正常な質の労働」よりも低い質の労働（平均以下の強度，熟練度の労働あるいは平均以下の生産諸条件と結びついた労働）は，商品生産にさいして，社会的に必要な時間よりも多くの時間を費やすことになって価値規定的労働としては数えられることはない。これと反対に標準以上のもとにある労働（平均以上の熟練および強度をもった労働および平均以上の生産諸条件と結びついた労働）は，強められた労働として，「労働時間の単なる長さによる価値の度量に変更を加える」ことになるのである。すなわち，標準度以上にある労働は価値規定的労働である簡単労働に還元されて，簡単労働が数乗された，あるいは倍加された労働として示される。社会的標準度以上の生産諸条件と結びついた労働も，やはり例外的に生産力の高い労働として，強められた労働となり，何乗かされた労働として作用するとマルクスは述べている[14]。ここで「強度」とは，標準的生産諸条件を前提とした強度である点に注意が必要である。

　したがって，国際的に階段をなしているのは，国民的平均的な熟練および強度ならびに平均的生産諸条件である。これらが総合されて，国民的平均生産諸力が規定されているし，価値規定的労働の内容も規定されている。価値規定的労働といえるのは，これら3条件が一体となった場合であり，これらは分離しては意味をなさないわけである。

　一国内では，この平均的な熟練および強度そして平均的な生産諸条件がどんなに高くなろうとも，それが平均であるかぎり，同一時間に生み出される価値量は，その時々の簡単労働で測れば不変である。世界市場ではしかし，この3条件が総合して高いことをもってより多くの価値を生産することになるのである。すなわち，この3条件が総合して高い国の国民的労働は，この3条件がより低い国の国民的労働よりも，世界市場において，同等な時間内により多くの価値を生産するのであって，この価値はより多くの貨幣で表現される。

　このように，世界市場における各国民的労働の生産する価値の大きさの格差，各国民的労働の価値生産度の相違が述べられているのである。各国で異なっているのは，平均的強度のみならず，平均的熟練度，平均的生産諸条件である。「強度」を本来の意味に狭く理解するならば，各国民的価値規定的労働の質の相違という問題が事実上無視されることになってしまう。このような各国民的

価値規定的労働の質の相違，各国民的労働の価値生産度の相違が，問題とされているのである。

## 第3節　金の国民的価値と国民的平均生産力

　金の価値は，どのように規定されるのかといえば，一般には次のようにいうことができる。前章で見たように，金は，他の鉱業生産物と同様に，その生産に土地の自然的条件による制約が加わる。金鉱山において，自然によって規定された条件とは，鉱脈の豊度すなわち鉱石の金含有量と，鉱脈の深さである。したがって金に対する需要が与えられているならば，土地生産物である金の価値は限界原理によって規定される。すなわち工業用の金需要と貨幣金属の摩滅を補塡するための金需要および，拡大再生産によって増加した商品を流通させるための金需要を充たすために必要な最劣等の限界金山によって生産された，最高の個別的価値をもった金の個別的価値によって規定される。このようにして規定される金の国民的価値は，外国貿易によって影響を受けるのか，受けないのか，金の国民的価値と国民的生産諸力との関係はどうなっているのかをここで考えてみることにする[15]。

　金の国民的価値が，各国で同等とすれば（この場合，金1単位が表す国民的労働量が同等であることになる），生産性の全体的に高い先進国と，生産性の全体的に低い後進国との貿易について見れば，絶対的生産性の優劣によって輸出入が決まることになり，後進国は，金以外なにも輸出できないということになる。このことから考えても，金の国民的価値は（金1単位が代表する国民的労働量）は，各国で相違すると見なければならない。

　ではまず，金の国民的価値は生産性の高い国と低い国ではどうなっているのかを考えてみよう。

　はじめに，金の国民的価値も生産性もまったく同じ国，Ⅰ国・Ⅱ国を仮定しよう。この場合，金1gの国民的価値が両国で6h（時間）であるとし，A商品1単位を生産するのに同じく180hであり，B商品1単位を生産するのに120hであるとすれば，商品1単位の価格は表2-1に示すものと同じものとなる。

　そして，Ⅰ国の生産性が両部門ともに3倍上昇したとすると，表2-2のよ

表 2-1

| | A商品1単位 | | B商品1単位 | | 金1gの代表する国民的労働量 |
|---|---|---|---|---|---|
| | 所用労働量 | 価値価格 | 所用労働量 | 価値価格 | |
| Ⅰ国 | 180h | 30g | 120h | 20g | 6h |
| Ⅱ国 | 180h | 30g | 120h | 20g | 6h |

表 2-2

| | A商品1単位 | | B商品1単位 | | 金1gの代表する国民的労働量 |
|---|---|---|---|---|---|
| | 所用労働量 | 価値価格 | 所用労働量 | 価値価格 | |
| Ⅰ国 | 60h | 10g | 40h | 6.6g | 6h |
| Ⅱ国 | 180h | 30g | 120h | 20 g | 6h |

うに変化する生産性が3倍になったのであるから、単位当たりの価値は3分の1になり、価値尺度商品金の価値が不変であるとすれば、価格は3分の1になる。

このような両国間で貿易が行われるとすると、生産性の上昇したⅠ国はA商品、B商品とも輸出することになる。Ⅰ国は商品を価値以上の価格で販売して超過利潤を得ることができる。Ⅰ国の国民的労働は、同じ時間の国民的労働でこの超過利潤の分だけ、自国で金を生産するよりも、より多くの金量を取得することができる。たとえば、国際市場価格が両国の中間に決まるとすれば、Ⅰ国はA商品1単位を輸出して15gの金を、B商品1単位を輸出して13.3gの金を取得することができる。金1gはⅠ国内では6hで生産されているが、Ⅰ国は、A商品を輸出することによって、金1gをⅠ国国民的労働4hで、B商品を輸出することによって金1gを3hで取得でき、自国で金を生産するよりも、少ない国民的労働によって、金を取得しうることになる。このようにしてⅡ国から金は輸出され、生産性の上昇したⅠ国に流入することになる。このようにより少ない国民的労働量によって金が取得されるようになれば、それはちょうど、金生産部門の労働生産性が上昇したか、あるいはより豊度の高い金鉱山が発見されたのと同じように作用する。

金の需要は、与えられた国の、一定の時期には、所与のものである。すなわ

ち，一定の生産力の発展段階を前提とすれば，工業用に需要される金の量は与えられているし，また貨幣の摩滅度も与えられている。したがってⅠ国でも金の需要は与えられたものとして存在する。外国貿易によってより少ない国民的労働で取得された金がⅠ国に流入すると，この流入した金によって，Ⅰ国の金需要の一部は充たされることになる。金に対する需要のうち残りの部分がⅠ国国内の金生産部門の金に対する需要となる。Ⅰ国国内の金の価値は，Ⅰ国の金の需要を充たすために必要とされる最劣等の金山の金の個別的価値によって規定されていたのであるが，いまや外国貿易によって，少ない国民的労働で金を取得できる。その結果Ⅰ国国内で生産されている金に対する需要は，金の流入によって充たされた残りの部分となる。この金の需要を充たすために必要な限界金山の金の個別的価値が，新たにⅠ国の金の価値を規定するのである。この場合，Ⅰ国の限界地は，外国貿易による超過利潤にもとづく金の流入によって，引き上げられ，金の個別的価値は低下せざるをえない。

このようにして，平均的生産性の高い国は，そのより低い国に比べて，金の国民的価値は低くならざるをえない。別の言葉でいえば，金1単位の代表する国民的労働量は，先進国のほうが後進国より小さくなる。

したがって，金の価値が世界中で同等であるというとき，金の国際的価値と金の国民的価値とを区別する必要がある。世界市場では，金の国際的（市場）価値は，たしかに同等なものであろう。しかし金の国民的価値は，同等であるとはいえない。さきの例でもわかるように，平均的生産力の高い先進国の金の国民的価値は，平均的生産力の低い後進国に比べて低くならざるをえないのである。金の国民的価値は，各国の国民的生産力格差を反映して，異なっている。別の言葉でいえば，金1単位の代表する，あるいは金1単位の表現する国民的労働量は，国民的生産力水準（平均的熟練および強度と平均的生産諸条件の総合）を反映して，先進国では小さくなるのである。

この国民的生産力格差よりも金1単位の代表する国民的労働量の格差が一致せず，どちらかの方向にずれているときには，外国貿易による超過利潤の得失にもとづく金の流出入によって金の国民的価値が変動し，国民的生産力水準の格差を反映するように調整される。

たとえば，国民的生産力格差よりも金1単位の代表する国民的労働量の格差

表 2-3

|  | A商品1単位 | | B商品1単位 | | 金1gの代表する国民的労働量 |
|---|---|---|---|---|---|
|  | 所用労働量 | 価値価格 | 所用労働量 | 価値価格 |  |
| Ⅰ国 | 20h | 20g | 40h | 40g | 1h |
| Ⅱ国 | 180h | 60g | 120h | 40g | 3h |

が,小さい場合を考えてみよう。Ⅰ国とⅡ国との間でⅠ国にとって,このことが生じたとしよう。すなわち,Ⅰ国でA商品1単位を生産するのに20h,B商品1単位を生産するのに40hの国民的労働量を要するとし,Ⅱ国では,A商品1単位を生産するのに180h,B商品1単位を生産するのに120hを要するとする。この場合,Ⅰ国が先進国でⅡ国が後進国となる。このときⅠ国対Ⅱ国の国民的生産力格差は,労働比で表せば1対6となる(労働量比で表したA部門の生産性格差,Ⅰ国対Ⅱ国=1対9と,B部門の生産性格差,Ⅰ国対Ⅱ国=1対3の中間の1対6)。そして,この国民的生産力格差よりも,両国の金1単位の代表する国民的労働量(金の国民的価値)格差がⅠ国に対して小さい,すなわち金1gを代表する国民的労働量がⅠ国1hに対してⅡ国3hであるとする。Ⅰ国のA商品1単位B商品1単位の価格は,20g,40gとなり,Ⅱ国の価格は同じく60g,40gとなる(表2-3参照)。

　Ⅰ国は,この場合,出超になるであろう。Ⅰ国は,A商品を輸出することによって,自国内より少ない国民的労働で金を取得することができる。Ⅱ国からは,その対価として金が送られる。Ⅱ国は,この場合,金以外に輸出する商品はない。このようにして,Ⅰ国によって自国内で生産するよりもより少ない国民的労働によって金が取得されるようになると,Ⅰ国内の金に対する需要は,この取得された金によって一部充たされ,残りがⅠ国内の金鉱山に対する需要となる。そして,この金のⅠ国への流入に比例して,Ⅰ国の金山の限界地は,引き上げられ,金の価値は低下し,Ⅰ国の金1gの代表する国民的労働量は小さくなる。これは,金1単位の代表する国民的労働量の比が,Ⅰ・Ⅱ両国の国民的生産力格差に対応するまで続くことになる。

　逆に,金1単位の代表する国民的労働量の比が,国民的生産力格差よりも大きい場合を考えてみよう。すなわち,Ⅰ国・Ⅱ国で,A商品1単位,B商品1

表 2-4

|  | A商品1単位 | | B商品1単位 | | 金1gの代表する国民的労働量 |
|---|---|---|---|---|---|
|  | 所用労働量 | 価値価格 | 所用労働量 | 価値価格 | |
| I国 | 20h | 20g | 40h | 40 g | 1 h |
| II国 | 180h | 20g | 120h | 13.3g | 9 h |

単位を生産するのに要する労働量は,以前と変わらず,金の国民的価値が,I国1hに対してII国9hであったとする。I国のA商品1単位の価格は20g,B商品1単位の価格は40g,II国のA商品1単位の価格は20g,B商品1単位の価格は13.3gとなる(表2-4参照)。

この場合,I国は入超になる。I国は,B商品を輸入して,金を輸出する。I国ではその金を輸出する割合に比例して,国内産金に対する需要は増大する。金の需要が増加するのに比例して,I国の金鉱山の限界地は引き下げられことによって,しだいに金の価値は上昇する。このようにして,I国の金の国民的価値は上昇し,国民的生産力格差を反映するように,両国の金1単位の代表する国民的労働量は調整されるのである。

以上のように,金の国民的価値,あるいは金1単位の代表する国民的労働量は,外国貿易による超過利潤の得失にもとづいて,国内の金に対する需要に影響を与えることによって,国民的生産力水準を反映するように調整されざるをえないのである。

現実には,この国民的生産力格差と金の国民的価値の格差,または,金1単位の代表する国民的労働量の格差は完全に一致していることはないであろう。しかし以上述べたように一致させる力は働くのであるから,両者は一致しているものとして理論上取り扱うことには妥当性があろう。

## 第4節 価値以上の価格での販売(輸出)

ここでは,輸出による超過利潤の問題を考察していこう。より生産的な国民が自分の商品を世界市場で「価値以上の価格で販売」しうるかぎり,そのより生産的な国民的労働は,やはり強度のより大きい国民的労働として数えられる

ことの意味を検討しよう。そこで,「価値以上の価格で販売」できるとはどういうことで,それは何を基礎としているかを,また,価値以上の価格での輸出に関係するより生産的な国民的労働とは何を指しているのかを考えてみよう。

一般に,さきに引用したマルクスの生産性の修正の文章を根拠として,このより生産的な国民的労働とは,より生産性の高い先進国の国民的労働全体を指しているものと理解されている。すなわち,先進国の商品は,全体的に「価値以上の価格で販売」されることによって超過利潤を取得すると理解されている。

たとえば,「国際間において労働の生産力に大きな相違があれば,資本主義的生産様式の進んだ国は,それが後れた国よりも,個々の商品の生産に要する国民的労働時間は小さく,したがって,その国民的価値は小さい。したがって世界市場では,先進国の資本は競争による強制がないかぎり,その商品を国民的価値以上の国際価格で販売することができ,それでもって超過利潤を取得することができる」[16]と中川信義氏はいわれる。また松井清氏は,「生産力の高い国の生産者は,全体として,国際市場価格よりも低い価値をもって生産をおこなうことができるために,1つの超過利潤を実現する」[17]といわれる。吉村正晴氏は,「資本主義的生産方法の進歩した生産物は……世界市場では,その価値以上に販売される」[18]といわれる。このように先進国の平均的生産性が高いことをもって,価値以上の価格での販売を説明し,先進国の国民的労働全体が,ここで述べられている「やはり強度のより大きい国民的労働として数えられる」ものであり,超過利潤を取得するとしている。

これに対して木原行雄氏は次のようにいわれる。

「ヨリ生産的な国民的労働と述べて,生産力水準が全体としてヨリ高い国の国民的労働全般に関して論じられたかのように見えるけれども……『価値以上の価格で世界市場に販売する』場合に限定して考える限り,これは先進国輸出産業部門に投じられた労働について述べられたもの」[19]と解するのが当然であると。

マルクスの当該文章の全体的な解釈はここでは措くとして[20],個別商品の国際価値規定のレベルの問題として「価値以上の価格」で販売(輸出)される基礎を検討しよう。ここで論じる「より生産的な国民的労働」とは,個別商品の国際価値の問題としての「より生産的な国民が自分の商品の販売価格をその価値

まで引き下げることを競争によって強制されない」かぎりでのより生産的な労働であると前提して考察しよう。そこで，価値以上の価格で販売されるとはどういうことか，「より生産的な国民的労働」とは何を意味するかを考えていく。

　国際的に商品の価値の大きさを比較する場合，その商品の国民的労働量を直接に比較することはできない。すでに述べたように，各国の価値規定的労働は，それぞれ国民的平均的生産諸条件，国民的平均的労働の熟練および強度は異なっており，これに応じて，国際的に見れば，各国民的労働の同一量は，それぞれ異なった国際価値を生み出すものとして現れるからである。この国民的労働の国際価値生産度の違い，国民的価値規定的労働の質的相違を還元したうえで，個別商品の国際的な個別価値の大きさは比較しうるのである。また，商品1単位あたりの国際個別価値の大きさを規定するには，世界市場で国際価値生産度という点で一定の関係にある諸国民的労働がいったいどれほどの商品量を生み出すか，あるいはどれほどの商品量に対象化されているかも考えねばならない。この関係を例で示そう。いま，世界市場における国際価値生産度という点でⅠ国の国民的労働1日がⅡ国の国民的労働3日に値するとする。これは，Ⅰ国の国民的生産諸条件ならびに国民的労働の平均的熟練および強度の総合，すなわち国民的生産力水準がⅡ国のそれらに対してより高く，3倍であることを基礎としている。しかもこれは，金1単位によって表される国民的労働の格差となって現れてくることはすでに見たとおりである（たとえば，金1gがⅠ国で1労働日に値するのに対してⅡ国では3労働日に値するというように現象する）。このとき，A商品1単位を生産するのにⅠ国では20h，Ⅱ国では80hを，B商品1単位を生産するのにⅠ国では30h，Ⅱ国では90hを，C商品1単位を生産するのにⅠ国では40h，Ⅱ国では80hをそれぞれ要するとしよう（表2-5参照）。

　生産性は，全体的にⅠ国のほうがそれぞれの部門で高い。しかし，ここに示した価値量は，各国民的価値規定的労働を基礎にしているので，これを直接比較することによって，Ⅰ国の各部門の商品1単位当たりの個別価値はⅡ国よりも小さく，したがって先進国であるⅠ国の生産者は全体としてその商品を価値以上の価格で販売して，超過利潤を取得するとはいえない。各国民的労働の質的違いを還元しなければならない。国民的平均的生産諸条件ならびに国民的労働の平均的熟練および強度の総合格差，国民的生産力格差にもとづいて，この

表 2-5

|  | A商品1単位 | | | B商品1単位 | | | C商品1単位 | | | 金1gの代表する国民的労働量（国民的生産力格差） |
|---|---|---|---|---|---|---|---|---|---|---|
|  | 価値(国民的労働量) | 国際個別価値 | 価格 | 価値(国民的労働量) | 国際個別価値 | 価格 | 価値(国民的労働量) | 国際個別価値 | 価格 |  |
| Ⅰ国 | 20h | 60k | 20 g | 30h | 90k | 30g | 40h | 120k | 40 g | 1h（国際価値3） |
| Ⅱ国 | 80h | 80k | 26.6g | 90h | 90k | 30g | 80h | 80k | 26.6g | 3h（国際価値3） |

場合，Ⅰ国の1時間はⅡ国の3時間に値するとしよう（A部門の生産性格差4対1，B部門3対1，C部門2対1の中間に国民的生産力格差を定め3対1とした）。Ⅰ国の国民的労働1時間はⅡ国の国民的労働3時間に値し，還元される。しかもこの国民的生産力格差によって金1単位当たりの国民的労働量の格差は規定されることになるのはすでに述べたとおりである。表の「国際個別価値」は，Ⅰ国の国民的労働をⅡ国の国民的労働に，Ⅰ国1h＝Ⅱ国3hの比率で還元した値である。この還元によって商品の国際的な価値量の比較は可能となる。Ⅰ国1時間＝Ⅱ国3時間という国民的労働の関係は，個々の生産部門の生産性の対外格差がどのようなものであろうとも全部門にわたって現れる。全生産部門のそれぞれの国民的労働は，国際的な価値生産という点では，このような関係にあるものとして世界市場では評価される。A商品1単位について見ると，国民的労働量はⅠ国では20h，Ⅱ国では80hを要する。Ⅰ国1時間はⅡ国の3時間に値し還元されるので（両国の国民的労働の世界市場での国際価値生産度は，Ⅰ国対Ⅱ国＝3対1となる。すなわち，Ⅰ国の1時間はⅡ国の1時間よりも3倍の国際価値を生産するものとして世界市場では評価されている），Ⅰ国20hは，Ⅱ国国民的労働に還元すれば60hになる。Ⅰ国のA商品は，この還元が行われた後でも，1単位当たりの国際個別価値はⅡ国A商品1単位当たりの国際個別価値80kより小さい。それで国際個別価値60k以上の価格で輸出することができるのである。A商品生産部門のⅠ国とⅡ国との生産性格差は4対1であり，これは，両国国民的生産力格差によって規定される国民的労働の世界市場における国際的な価値生産度3対1よりⅠ国にとって大きい（Ⅱ国に対するⅠ国のA部門の生産性格差〔4倍〕＞Ⅱ国に対するⅠ国の国民的生産力格差〔3倍〕）。このため商品1単位当たりの国際個別価値はⅠ国のほうが小さ

くなる。それゆえ，Ⅰ国は，この国際個別価値以上の価格でⅡ国に輸出することができるのである[21]。しかもこのことは価格の相違としても現れる。金1gの代表する国民的労働量は，国民的労働の国際的な価値生産度を反映して，各国で相違しているので，価格として表されるときには，国民的労働の世界市場での国際的価値生産度の相違が還元されて表される。したがって，価格とは，商品の国民的価値を金量で表したものであるゆえ，商品の価格は，金の国民的価値が国民的生産力を反映して相違していることによって，国際個別価値の相違を表すことになる。このように，金の国民的価値が，国民的生産力を反映して相違していることによって，国内価値価格が同時に国際個別価値価格として現れることになる。念のためにいえば，これは，貨幣の国際価値はⅠ国・Ⅱ国で等しいことを意味する。なぜならば，Ⅰ国の1hは国民的生産度の相違を還元すれば，国際価値3kと，Ⅱ国の3hは国際価値3kと等しくなるからである。このように貨幣の国際価値が両国で等しいから，商品の国際個別価値を価格として表現できるのである。

ところがB商品生産部門においては，その生産性格差3対1が，両国の国民的生産力格差と同じである（Ⅱ国に対するⅠ国のB部門の生産性格差〔3倍〕＝Ⅱ国に対するⅠ国の国民的生産力格差〔3倍〕）。このため単位当たりの国際個別価値の大きさは同じものとなる。

C部門においては，その生産性格差2対1は，国民的生産力格差よりもⅠ国にとって小さい（Ⅱ国に対するⅠ国のC部門の生産性格差〔2倍〕＜Ⅱ国に対するⅠ国の国民的生産力格差〔3倍〕）。このため単位当たりの国際個別価値はⅠ国の商品のほうが大きくなって，Ⅱ国が輸出することを可能とするわけである。

このように「価値以上の価格」で販売できるのは，国民的平均的生産力格差以上に同種部門の生産性の対外格差が開いている部門のみである。このような部門では，国民的労働の国際的な価値生産度格差を還元してもなお国際的に生産性が高くなるので，商品の単位当たりの国際的な個別価値が小さくなり，価値以上の価格で輸出することができる。この場合，たとえばA商品の国際的市場価値がⅠ国の60kとⅡ国の80kとの中間70kに決まったとすると，この70kはⅠ国国民的労働としても23.3hとなる。Ⅰ国A商品は自国内では20hの価値しかないのに，それがⅡ国に輸出されることによってⅠ国の価値としても3.3h

だけ超過利潤をもたらすわけである[22]。自国内ではより高級な労働としては支払われない労働が，世界市場では自国内でよりも高級な労働として売られることになるのである[23]。

このように，国際間で商品価値の比較をする場合は，各国の国民的労働の国際的な価値生産度の格差を媒介としてなされなければならない。個別商品の国際価値規定のレベルで見ると，「価値以上の価格」で販売されうる，より生産的な国民的労働とは，各国の平均的生産力によって規定された，世界市場での国民的な価値生産度の格差以上に同種部門の対外的生産性が高い輸出部門の労働を指すものであって，決して生産性が高い先進国の労働全体を意味するものでない。先進国の生産性が絶対的に高い労働であっても，その部門の対外的生産性格差が国民的生産力格差と同じか，あるいはそれ以下の場合は，単位当たりの国際的個別価値は，後進国と比較して，同じかあるいは高くなり，「価値以上の価格」での輸出は不可能となるのである。この国際的価値の大きさは，国民的生産力格差によって金の国民的価値が規定されることにより，価格として，対外比価が割高となって現れてくるのである。この対外比価の割高・割安は，国民的生産力格差に比べて，その部門の対外的生産性格差がより大きいか，より小さいかにもとづいている。

このように見れば，先進国の生産者が全体として「価値以上の価格で販売して超過利潤を得る」とはいえないことになる。国民的生産力格差と輸出部門のその国民的生産力格差を超えてより高い生産性の対外格差との区別がなされる必要がある。

おわりに

これまで述べてきた「価値以上の価格」での販売は，商品の国際的な価格競争力の強さにも関係する。すなわち，一国のある特定部門が，国民的な平均的生産力の対外格差を超えてありあまるほどの生産性の対外格差をもっているならば，その部門の商品は，対外比価において割安となり，強い価格競争力をもつことになる。反対に，国民的平均的生産力の対外格差よりも低い同種部門の生産性の対外格差をもっているような部門の商品は，対外比価の点で割高となっ

てしまうのである。そして輸出部門は国民的平均的生産力の上昇率に比してその生産性の上昇率が低くなるような部門では，たとえ絶対的には生産性が高まったとしても，ますます対外比価においては割高となってしまう。

このように考えれば，日本の商品の価格競争力の強さの原因の1つとして，生産部門間の生産性上昇率が不均等であることをあげることができる。生産部門間での生産性上昇率の違いにより，一方では，日本の商品の輸出競争力がますます強くなり，貿易摩擦を引き起こす原因となり，他方では，農産物の対外比価を割高にする原因となるのである。

このように，商品の国際競争力の基礎を考えるという視点は重要なことである。以上のことを基礎として，不換制下における金の価値および「価格」，為替相場論等を結びつけることによって，現実の国際商品価格が明らかになるのである。

註

1) 玉置和宏「日欧自動車摩擦，ヨーロッパの本音」『エコノミスト』1981年9月22日号，37頁。
2) 「80年代の農政の基本方向」『農業と経済』'80臨時号付録資料，8頁。
3) この点については，大木啓治「価値の誘導について」『立教経済学研究』第18巻第3号，1964年を参照。
4) K. Marx, *Das Kapital*, Bd. I, Dietz Verlag, S. 53 (『資本論』国民文庫①，78頁).
5) *Ebd.*, S. 59 (国民文庫①，88頁).
6) *Ebd.*, S. 337 (国民文庫②，160頁).
7) 「資本主義的生産方法の下では，諸国間に労働生産力の差異を生ぜしめる最も大きな原因は，自然環境その他の立地条件ではなくて，資本の発展程度の相違である」(吉村正晴『貿易問題』岩波書店，1958年，47頁)。
8) たとえば，生産要素の技術的な性格と構成が国によって大幅に異なっていることを等を指す。
9) K. Marx, *a. a. O.*, S. 584 (国民文庫③，96頁).
10) 吉村正晴，前掲書，40頁。
11) K. Marx, *a. a. O.*, S. 583-584 (国民文庫③，96-97頁).
12) たとえば，中川信義「世界市場における価値法則と競争」(高木幸二郎編『再生産と産業循環』ミネルヴァ書房，1973年，190頁)，木下悦二『資本主義と外国貿

易』(有斐閣, 1963年, 133頁), 岩田勝雄「国際価値論の諸論点について」(『立命館経済学』第2巻第6号, 1979年, 68-69頁) 等を参照。これに対して, 木原氏は, この「強度」は, 本来の強度とは理解しえないとして,「平均的強度のみならず, 平均的熟練度をも合わせて見た国民的労働の質, すなわちその複雑度がヨリ高度であり, 且つその生産性も全体としてヨリ高い国民的労働はそれらのヨリ低い国民的労働に比し, 同じ時間にヨリ多くの価値を生産する」(「国際間における不等価交換について (中)」『東経大学会誌』第125号, 1982年, 244頁) と理解すべきであるとされている。これは, 当該文章の解釈としての妥当性に問題がないわけではないが, 強度と生産諸条件の一体性の強調と「価値以上の価格での販売」, すなわち輸出にかかわる生産性とは何かを厳密にするための独自の解釈であり, 注目に値する。当該文章は「労賃の国民的相違」にかかわって国際価値について述べているのであって, 個別商品の国際価値規定について述べているものではないと筆者は考えている。国際価値論を論じる場合, 国民的労働の国際的な価値生産度の格差を論じるレベルと個別商品の国際価値を論じるレベルとを明確に区別することが重要である。筆者の理解については本書3章を参照。

13) K. Marx, *a. a. O.*, S. 248 (国民文庫③, 97頁).

14) *Ebd.*, S. 337 (国民文庫②, 161頁).

15) 国民的生産力水準に応じた国民的労働相互間の関係と国際間における貨幣価値の相対的相違との間に一定の調整作用が存在することを認めておられるのは, 木下悦二氏 (『資本主義と外国貿易』有斐閣, 1963年, 149頁参照) と木原行雄氏 (「国際価値法則について (上)」『東経大産業貿易研究』23号, 1964年, 41-44頁参照) である。他方, 産金部門の生産力差が国民的労働の生産力差と一致するかどうかは, まったく偶然にすぎないとして, これを否定される論者としては, 村岡俊三氏 (『マルクス世界市場論』新評論, 1976年, 140-143頁参照) と行沢健三氏 (『国際経済学序説』ミネルヴァ書房, 1957年, 254-255頁参照) がおられる。

16) 中川信義「世界市場における価値法則と競争」, 高木幸二郎編『再生産と産業循環』ミネルヴァ書房, 1973年, 191頁。

17) 松井清『世界経済論体系』日本評論社, 1963年, 34頁。

18) 吉村正晴, 前掲書, 53頁。

19) 木原行雄「『国際価値論』の盲点」『東経大学会誌』第24号, 1979年, 120頁。マルクスの生産性の修正にかかわる文章の解釈としてしては問題があるが, 個別商品の国際個別価値規定にかかわる個別部門の生産性の独自な意義と, 世界市場で「価値以上の価格」で輸出し超過利潤を得る個別部門と, 国民的平均生産性格差と個別部門の生産性格差を厳密に区別している論点は注目すべきである。

20) 当該文章の全体的な解釈については，本書3章を参照。
21) 「個別部門の生産性は，その国民的労働の国民的生産力水準に応じて異なる国際的価値を生産するという規定を媒介とした後はじめて国際的価値生産における比較が可能となる。この段階では絶対的な生産力水準ではなく，いずれの国においても国民的生産力水準に比較して相対的に進んでいる部門の生産者は，世界市場ではその価値を上回る実現が可能となり，強められた労働として通用することが可能となる」(木下悦二，前掲書，134頁)。
22) 超過利潤の量はこの場合70k(国際市場価値)と60k(I国A商品の国際個別価値)との差10k(I国国民的労働で表せば3.3h)であって，70kと20h(国民的価値)との差50ではない。労働の質が違うので国際価値と国民的価値を比較することは無意味である。国民的価値と国際的個別価値とは，一方が国民的労働で表されているものを，他方でその同じ国民的労働を国際的な価値生産度の格差に応じて還元したものであって，同じものを表しているのであって，この還元を超過利潤のなかに含めることはできない。ここでいえば，I国A商品の国民的価値20hとその国際的個別価値60kとは同じものなのである。
23) 「先進国の労働が比重のヨリ大きい労働として利用されるかぎりでは，利潤率は高くなる。というのは，質的にヨリ高級な労働として支払われない労働がそのような労働として売られるからである。」(K. Marx, *a. a. O.*, Bd. III, Dietz Verlag, S. 248〔国民文庫⑥，289頁〕)

## 第3章　国民所得と労賃の国際的格差
——1970年から90年の日・米・英・西独・仏製造業を事例として——

### はじめに

　1989年の秋以降マスコミや『白書』・『報告書』類でさかんに取り上げられている「内外価格差論」の火付け役となったのは，経済企画庁（現在は「内閣府」）が毎年発表している『物価レポート』の89年版であった。
　この『物価レポート』は，第1次オイル・ショック後の「狂乱物価」を背景として1975年以来毎年発表されていたが，はじめの頃は主として「インフレーション」問題に焦点を絞って書かれていた。国際的な問題として石油の国際価格の動向や主要先進国のインフレーション率の比較が取り上げられるくらいであって，大部分は国内のインフレーション問題の実態と原因の解明に当てられた。その後，世界的に低成長経済に移るとともに，現象としては「物価安定」が達成されたとして，80年代後半に入るとしだいに焦点をいわゆる「内外価格差」問題に移してきた。この「内外価格差」問題は，『物価レポート』の86年版から取り上げられて91年版まで一貫して中心テーマにすえられていた。その背景としては，1985年9月の「プラザ合意」以降の為替レートの急激な円高ドル安傾向がある。たとえば，円の対ドルレートは85年の260.2円（インターバンク直物中心相場，月間平均値）から1987年4月には142.98円まで上昇した。このように為替レートが急激に円高に変動したために，為替レートで換算した内外価格差が著しく拡大したのである[1]。事実「円高の始まる前の昭和60年では，我が国の物価水準はアメリカと比較してむしろ割安であった」[2] ことから見ても，近年の内外価格差が大きく拡大した最大の要因は，この急激な円高の進展であるといってよい。そしてこの問題は，1986年9月に開始宣言され，翌87年1月から交渉が開始されたウルグアイ・ラウンドや規制緩和推進政策の動向とあいまって，ひときわ大きく取り上げられるようになってきたのである。

『物価レポート』の主張を要約すると次のようになる。「日本の物価ことに農産物をはじめとする食料品は高い」，だから為替レートが円高になり，1人当たりの名目国民所得が1987年にはアメリカを上回ったのに，「多くの日本人は米国民並みの生活の豊かさを実感していない」のである。そこで，「内外価格差を縮小するためには，輸入の拡大や流通の効率化，規制の緩和などによって競争条件を整備し，安価な輸入品を国産品と競争させることによって，国内の価格水準を引き下げていくことが重要」[3]であると。そしてこれがアメリカの農産物市場開放要求やウルグアイ・ラウンドの農産物貿易自由化問題とのからみで，国内からの農産物市場開放圧力の1つの大きな根拠として，マスコミや『白書』・『報告書』類で取り上げられることになったのである。その主張はといえば，日本は第2次大戦後，自由貿易の恩恵のもとで発展してきたのであって，その最大の受益者である，ということである。したがって，日本は自由貿易を守らねばならない。日本の巨額貿易黒字の縮小のために，輸出の規制ではなく，積極的に自国市場を開放して，競争力のなくなった産業は，これを他国に譲り渡して，国際分業を徹底して，輸入の拡大によって自由貿易を守らねばならないと。ここで内外価格差論は，市場メカニズム重視の流れと自由貿易・国際分業の徹底の考え方と結びついて，政策基調の大きな潮流となったのである。

　事実『物価レポート』で内外価格差が取り上げられ始めた86年の翌年に発表された「前川レポート」[4]のなかにも，内外価格差問題が取り上げられている。「前川レポート」は「第2章　構造調整のための方策」「第Ⅰ　内需拡大」「5　消費」で「(1)アメリカの水準並みとなった1人当たりGNPと国民の生活実感との間には大きな乖離が存在する。これを消費生活について見ると，仮に我が国の価格水準が米国並みであったとすれば，平均的家計の支出はかなり引き下げられる。(2)消費者の視点から画期的な国民生活の質の向上を目指し，物価の安定はもとより，内外価格差の大きいものについてはその引下げを図り，こうした乖離を縮小していくことが緊要である」とし，また同章「第Ⅲ　国際的に調和のとれた産業構造」「4　輸入の拡大・市場アクセス改善」では「(5)農産物については，食料品の内外価格差の現状にかんがみ，我が国農業の生産性の向上と適切な輸入政策を通じて，内外価格差の縮小を図る」としている。こ

うした流れのなかで,「内外価格差」問題に触れる『白書』・『報告書』が次々と現れてきているのである[5]。それらの主張の要旨はさきにあげた『物価レポート』と同じものである。そしてこの間に2度の日米共同価格調査や各省庁による価格調査が次々と実施されている[6]。

このように唱えられている「内外価格差論」は,政策決定に大きな影響を及ぼし,日本にとって重要な影響を及ぼすと考えられる。「内外価格差論」は為替レートが円高となり,日本の1人当たり名目国民所得が高くなったのに,国民が「生活の豊かさ」を実感していない原因を,主として日本の高い物価,為替レートで換算した内外価格差に求めているわけであるが,そこには多くの問題があると思われる。ここではそのなかの最も重要と思われる2つの点だけ指摘しよう。

第1に,為替レートで換算した価格で内外価格差を見ていく点である。今日の変動相場制下の為替レートはいろいろな要因にもとづく国際収支の動向によって日々変動する。したがって,どの時点での為替レートを基準とするかによって,内外価格差は大きく変わってしまう。このような為替レートで換算した内外価格差は,各国間の比較としてどれほどの意味があるか疑問である。それは,「内外価格差論」のきっかけがプラザ合意以後の円高ドル安為替レートにあることでもわかる。為替レートの変動要因は何か,そしてその変動の水準を規定するのは何か,こういった点についての検討を抜きにして,その時々の為替レートを無条件に換算基準とすれば,単に為替レート要因によって生じた内外価格差と真の内外価格差とを区別できないし,混同してしまうことになる。事実「内外価格差論」はこの点の検討をせずに,プラザ合意以降の内外価格差の原因をもっぱら商品の側の要因で説明しているのである。ここに1つの大きな問題がある。過大な為替レートにもとづいて内外価格差を議論するのは誤りであるし,それにもとづいて内外価格差を縮小する政策は,国内経済に大きな混乱と苦境をもたらすものである。

第2に,「内外価格差論」は各国間の格差をもっぱら商品の内外価格差で議論しているが,国際的にはそれよりもはるかに重要で大きな格差が存在する。1人当たりの国民所得と賃銀の国際的な格差である。「生活の豊かさ」という点で議論するのであれば,この賃銀格差を考慮しなければならないし,絶対に

無視することはできないはずである。そこで重要なことは，1人当たりの国民所得と賃銀の区別である。単に1人当たりの国民所得をもって賃銀に替えることもできないし，1人当たりの国民所得の上昇をもって賃銀の上昇を主張することもできないのである。そして，1人当たりの国民所得の格差と賃銀の格差は，まったく違った経済的意味をもっている。このように真に国際的な観点に立てば，国際間における1人当たりの国民所得の格差・賃銀の格差・商品価格の格差の3者は総合して考えていかなければならない。しかし，「内外価格差論」はこの点に関する検討を欠き，「生活の豊かさ」を内外価格差，それも円高レートで換算した内外価格差のみで議論しているのである。

そこで本章では，第1の為替レートについては別に詳しく検討することにし，必要なかぎりで触れるにとどめ，「内外価格差」を考える基礎として，まずアメリカと日本の製造業における1時間当たりの生産額を1970年から1990年まで計算し，これと時間当たり賃銀の変動を比べ，それをさらにイギリス，フランス，ドイツと比較して，これをもとにして，国際間における1人当たりの国民所得と賃銀の格差の理論的意味と両者の関連について考えていくことにしたい。あわせて，「国際価値論」で問題となっている「貨幣の相対的価値の国際間での相違」や「国際間における名目賃銀の相違」，「相対的労賃の相違」，「商品の国際競争力の基礎」などの現実的意味について考えてみる。

## 第1節　国際間の経済的格差の基礎

表3-1を見ると，1人当たり国民所得の国際的な格差は大きいことがわかる。もちろん，為替レートが各国の「貨幣価値（事実上の価格標準の比率としての事実上の為替平価）」から乖離しているという問題があるから，絶対額の比較は意味のないものであるが，相対的比較としては一定の意味があると思われる。

1人当たり国民所得を見る場合には，各国の労働時間の違いも当然考慮に入れておかなければならないが，「週労働時間」を見ると，労働時間については，国際間の違いにおいて一般的傾向は見られない。国民所得の高い国でも労働時間の短い国もあるし長い国もある。事例が少ないので一概にはいえないが，む

表 3-1 1人当たりの国民所得と労働時間の国際比較 （単位：ドル）

| 国 | 1人当たりの国民所得 | | | | 過労働時間 88年非農林業 |
|---|---|---|---|---|---|
| | 1960年 | 1970年 | 1980年 | 1988年 | |
| スイス | 1,463 | 3,072 | 14,893 | 26,443 | 42.6 |
| 日本 | 421 | 1,584 | 7,258 | 18,850 | 40.6 |
| スウェーデン | 1,678 | 3,698 | 13,146 | 18,661 | 36.5 |
| アメリカ | 2,513 | 4,371 | 10,094 | 17,302 | 34.7 |
| 西ドイツ | 1,200 | 2,748 | 11,759 | 17,252 | 40.2 |
| カナダ | 1,909 | 3,366 | 9,133 | 16,047 | 32.1 |
| フランス | 1,193 | 2,529 | 10,824 | 14,832 | 39.1 |
| オーストリア | 1,264 | 1,712 | 8,999 | 14,521 | |
| オランダ | 890 | 2,234 | 10,662 | 13,767 | 40.7 |
| ベルギー | 1,126 | 2,417 | 10,956 | 13,595 | 33.6 |
| オーストラリア | 1,432 | 2,684 | 9,348 | 12,890 | 34.9 |
| クウェート | 3,792 | 3,250 | 20,172 | 12,860 | |
| イタリア | 632 | 1,729 | 6,244 | 12,629 | (日 '85) 7.8 |
| ニュージーランド | 1,445 | 2,033 | 6,259 | 11,143 | 38.6 |
| イギリス | 1,259 | 2,024 | 8,222 | 10,502 | 43.5 |
| イスラエル | 891 | 1,676 | 4,473 | 8,171 | 35.0 |
| スペイン | 317 | 983 | 4,796 | 7,723 | 36.5 |
| 韓国 | 143 | 251 | 1,355 | 3,615 | 51.1 |
| ベネズエラ | 859 | 972 | 4,051 | 2,415 | 40.5 |
| ブラジル | 233 | 472 | 1,860 | 2,340 | |
| 南アフリカ | 356 | 661 | 2,199 | 1,986 | (製) 47.3 |
| メキシコ | 307 | 608 | 3,157 | ('87) 1,409 | (製 '85) 46.0 |
| コロンビア | 224 | 310 | 1,115 | 1,232 | |
| タイ | 93 | 167 | 630 | 959 | (月製 '86) 195.4 |
| フィリピン | 163 | 170 | 655 | 601 | (製 '86) 48.7 |
| インドネシア | 73 | 70 | 418 | ('87) 399 | |
| スリランカ | 134 | 176 | 264 | 386 | 50.7 |
| インド | 69 | 93 | 226 | 315 | |
| タンザニア | 50 | 90 | 254 | 144 | |

出所：国民所得は，UN, *Yearbook of National Accounts Statistics* による。過労働時間は，ILO, *Yearbook of Labour Statistics* による。

注：（ ）内の，「数字」は年，「製」は製造業の労働時間，「月」は月間労働時間，「日」は日労働時間を示す。

しろ，国民所得の最下位に近い国で労働時間が長い傾向すら見うけられる。したがって，労働時間の違いは1人当たり国民所得の国際的格差を説明できるほどの違いはない。

　また，現行の国民所得には本源的所得と派生的所得との区別がなく，貨幣所

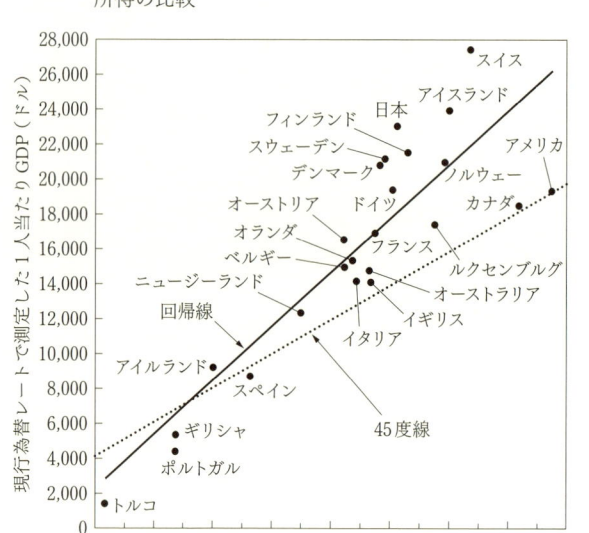

図 3-1　現実の為替レートおよび購買力平価ベースで測定した
　　　　所得の比較

出所：経企庁編『OECDの見た日本経済』(1990年)。
原資料：OECD, *Main Economic Indicators*.

得として両所得が合計されているので，不生産部門の派生所得の分だけ重複計算されて，水増しされている可能性もある。一般的にいって労働生産性が進むほど，生産部門に対して不生産部門の比率が高くなるが，他方で生産人口に対して不生産人口の比率が高くなる傾向があるので，各国における不生産部門と生産部門の構成比率の違いを1人当たり国民所得の決定要因とすることはできない。

　図3-1は1人当たり国内総生産（GDP）を為替レートで換算したものと，購買力平価で換算したものをグラフに示したものである。購買力平価は，必ずしも「貨幣価値」を正確に反映したものではないが，為替レートに比べれば，より一層「事実上の為替平価」の近似値であるとみなそう。これを見ると，為替レートで換算しても，購買力平価で換算しても，ほぼ同じ傾向があるといえる。国内総生産には海外所得が除かれているが，資本減耗分を含み，国民所得には資本減耗分が除かれているが，海外純所得を含む点で違いがあるが，どち

らも各国において一定期間に生産された価値生産物（v+m）の大きさを示す指標と受け取ってよいであろう。そこでどちらで見ても，国際間において1人当たり国民所得には大きな格差があることに間違いはない。

また，表3-2を見ると，同じように為替レートが「貨幣価値」からどれだけ乖離しているかという問題はあるものの，傾向としてはやはり生産性が高く，1人当たり国民所得が高いほど，名目賃銀は高いといってよい。

この2つの格差のうち，どちらが国際的格差の基礎であると見るかについては，2つの見解がある[7]。第1は，賃銀格差から1人当たり国民所得の格差を説明する見解である。第2は，1人当たり国民所得の格差から賃銀格差を説明する見解である。第1の賃銀格差をもって国際的格差の基礎とみなし，これをもって1人当たり国民所得の格差を説明するとすれば，労働力の価値によって価値生産物の大きさを説明することになり，「価値は価値によって決定される」という構成価値説と同じ誤りを犯すことになる[8]。もちろん労働力の価値の大きさとその労働力の消費によって生み出される価値の大きさとは本来，なんの関係もないものであるが，労働力の価値（v）部分は必ず価値生産物（v+m）の一部である点からいうと，剰余価値率による影響はあるが，規定関係からいえば，むしろ1人当たり国民所得の大きさがその一部である賃銀の限界をなすと見るべきであろう。この点からいうと，1人当たり国民所得の格差を基本として，賃銀の格差を説明すべきである。そこで，はじめに1人当たり国民所得の格差の問題を考えてみよう。所得とは一国の国民が1年間に新たに生産した価値生産物の価値（v+m）を合計したものであるから，国際間で1人当たり国民所得に格差があるということは，各国で国民1人当たりが生産する価値額に格差があることを意味する。しかも，一般的にいって，生産性の高い国ほど，相対的に1人当たり国民所得も高い，すなわちより多くの価値の価値生産物を生産していることになる。これは労働価値説にとっては，重大な問題を含む。なぜなら価値法則の一般的命題によれば，生産性の変化は価値生産には関係がない。生産性が変化しても，同じ労働が同一時間に生み出す価値量は変わらないはずだからである。ここに国内における価値法則の貫徹形態とは異なった世界市場における価値法則の貫徹形態，価値法則の国際的適用にあたっての「修正」が大きな問題となる1つの現実的課題がある。

表 3-2　各国の名目賃銀（製造業・男女計，実収賃銀，主として1990年）

| 国または地域名 | 計算単位 | 実　　額 | 円換算1)<br>89年平均 | 備　　考 |
|---|---|---|---|---|
| 日本 | 月 | 352,020円(260,440円) | | 現金給与総額（家族手当，特別給与含む）。<br>（　）内は月間定期給与。1ヵ月平均出勤<br>日数20.7日，総労働時間176.6時間（うち<br>所定内156.9時間）にて算出 |
| | 日 | 17,006円（12,582円） | | |
| | 時 | 1,993円（ 1,660円） | | |
| アメリカ | 時 | 10.84ドル | 1,579 | |
| 旧西ドイツ | 時 | 20.07マルク | 1,799 | 鉱工業および建設業 |
| フランス | 時 | 36.70フラン(89年) | 794 | 10月調査 |
| イギリス | 時 | 5.383ポンド | 1,395 | 製造業および採石業，10月調査 |
| イタリア | 時 | 9,451リラ(85年) | 950 | 現物給与を含む |
| カナダ | 時 | 14.30カナダドル | 1,775 | |
| オーストリア | 月 | 20,496シリング | 261,004 | 鉱・採石業を含む |
| ベルギー | 時 | 327.13フラン(89年) | 1,146 | 10月調査 |
| デンマーク | 時 | 99.94クローネ | 2,338 | 休暇手当を除く，第3四半期調査 |
| ギリシャ | 時 | 554.09ドラクマ | 470 | 作業員10人以上の事業場 |
| オランダ | 時 | 20.75ギルダー(89年) | 1,350 | 10月調査 |
| ノルウェー | 時 | 87.25クローネ(89年) | 1,743 | 現物給与を含む |
| ポルトガル | 時 | 258.20エスクード(88年) | 227 | |
| スペイン | 時 | 678ペセタ(87年) | 790 | |
| スウェーデン | 時 | 87.33クローネ | 2,136 | 休暇手当を含む，第2四半期 |
| スイス | 時 | 22.08フラン(89年) | 1,862 | 成年男子，家族手当を含む，10月調査 |
| オーストラリア | 時 | 12.45オーストラリアドル(89年) | 1,361 | 現物給与を含む，11月調査 |
| 韓国 | 月 | 590.760ウォン | 120,855 | 現金給与総額，製造業全職種 |
| シンガポール | 月 | 991.04シンガポールドル | 79,168 | 8月調査 |
| タイ | 月 | 3,579.57バーツ(89年) | 19,213 | 全産業平均 |
| フィリピン | 月 | 2,537ペソ(87年) | 17,841 | 6月調査，熟練労働者・賃銀率・マニラ首都圏 |
| インドネシア | 日 | 2,731ルピア(86年) | 213 | |
| 中国 | 月 | 174.17人民元 | 5,272 | 鉱・採石，電力・ガス・水道供給業を含む |
| 台湾地域 | 月 | 22,175新台湾元 | 119,401 | 現金給与総額，製造業全職種 |
| 香港 | 日 | 179.5香港ドル | 3,337 | 3，6，9月調査の平均，賃銀率 |
| インド | 月 | 825ルピー(86年) | 11,024 | 電力・ガス・水道供給業およびサービス業を含む |
| パキスタン | 月 | 1,229.2ルピー(87年) | 10,218 | |
| バングラディシュ | 日 | 57.22タカ(89年) | 244 | 工場労働者，89年4月〜90年3月の平均 |
| ソ連 | 月 | 253.9ルーブル(89年) | 61,002 | 鉱・採石業を含む |
| ハンガリー | 月 | 11,140フォリント | 25,519 | 現物給与を含む |
| ポーランド | 月 | 212,170ズオチ(89年) | 3,234 | 現物給与を含む |
| チェコスロバキア | 月 | 3,127コルナ(89年) | 25,377 | 国営企業 |
| ユーゴスラビア | 月 | 773新ディナール(89年) | 37,080 | |
| ブルガリア | 月 | 285.0レフ(89年) | 15,030 | |
| ルーマニア | 月 | 2,921レイ(89年) | 25,619 | 鉱・採石業を含む，税引き後の純支給額 |

出所：『活用労働統計』1992年版。
原資料：日本は労働省「毎月勤労統計調査（事業所規模30人以上）」，その他は ILO, *Yearbook of Labour Statistics*, *Bulletin of Labour Statistics* および各国資料。
原注：1）換算率は IMF, *International Financial Statistics* の1990年レート（1ドル=144.79円）を使用。ソ連，チェコスロバキアおよびブルガリアは UN, *Monthly Bulletin of Statistics* の数値を使用。なお，1989年以前の数値しかわからない国については，円換算のさい，1989年のレートを使用。
　　　2）日本の1日当たり賃銀は現金給与総額（または月間定期給与）を月間出勤日数で除して算出。時間当たり賃銀は月間総労働時間数で除して算出。

また、この価値法則の修正命題とかかわる「国際間における貨幣の相対的価値」の問題は、「労賃の国民的相違」を解明する理論的基礎を与えている。このように1人当たり国民所得と労賃の国際的格差の問題を考える基礎理論は、国際価値論にあるといえる。そのなかでもとりわけ「国際間における貨幣の相対的価値」の問題が、2つの国際的格差の解明と、両者の関連を考えるうえで最も重要な概念である。そこで、次に「貨幣の相対的価値」を中心にして国際価値の問題について簡単に考えてみる。

## 第2節 「貨幣の相対的価値」の国民的相違

ここでは、1人当たり国民所得と貨幣賃銀の国際格差を考える視点からのみ、国際価値の問題を取り扱うのであって、国際価値論の全般的な検討は差し控える[9]。

各国においては、商品の価値は、その社会内の社会的必要労働時間によって規定される。社会的必要労働時間の内容は、「現存の社会的に正常な生産諸条件と、労働の熟練および強度の社会的平均度をもって、なんらかの使用価値を生産するために必要な労働時間」[10] である。したがって、各国において、商品の価値を度量する単位は、その国の標準的な生産諸条件と結びついた社会的平均労働が、各国における価値形成的労働の実体である。これはまた、各国内においてはその簡単労働として実在するものである。国際間においては、各国の価値の度量単位としての正常な生産諸条件も、各国の社会的平均労働の熟練および強度も異なる。そこで、各国の価値形成的労働である、各国の標準的な生産諸条件と結びついた社会的平均労働は、世界市場においては、それぞれの国の国民的平均労働、国民的生産諸条件として現れることになる。価値の度量単位そのものが、国際間では異なるのであるから、各国の商品に対象化している労働量をもって直接に価値の大きさの比較はできないのである。ここに国内の価値法則とは異なった、世界市場における価値法則の貫徹形態が問題となる基本的な要因がある。

各国の価値形成的労働は、その国の標準的な生産諸条件も熟練・強度の平均的な労働も、その国の標準・平均として存在し、通用するものであって、他国

に対してもまた世界的にも通用するものではない。他国には他国の価値形成的労働があり，世界市場では，それぞれの国によって異なった国民的に標準的な生産諸条件と国民的に平均的な労働の熟練度・強度が並存しているのであって，この各国でそれぞれ異なる標準的な生産諸条件と平均的な労働の熟練度・強度が階段状をなしているのである[11]。すなわち「単純な平均労働そのものも，国が違い文化段階が違えばその性格は違」[12]う。そしてこの標準的な生産諸条件と社会的に平均的な熟練・強度の労働が結びつくことによって，国民的な生産諸力が形成されているのである。

　国際間においては，労働力の移動が本質的な制限を受けるため，ある国の平均的労働はその国の標準的な生産諸条件とは結びつくことができるが，他国の標準的な生産諸条件と結びつくことは排除される。そのため，国民的生産諸力の高さも，国際間においては階段状をなしている。国内においては，労働力は本質的な制限を受けることなく移動できるから，ある部門の労働が有利な評価を受けたとしても，同じ平均的労働であれば，有利な評価を受けた部門に労働力の移動が起こる結果として，同一国民的労働同一価値の原則が働く。だから，ある部門の平均的生産性が高まったとしても，同一労働同一価値の原則が働き，生産性の上昇は価値には無関係である。ところが，国際間においては，ある国の標準的生産諸条件が他国からすれば優れたもので，その国の国民的平均労働が，その結果，世界市場で高い評価を得たとしても，他国の国民的平均労働は，その優れた生産諸条件に結びつくことはできずそれから疎外されているため，生産性の違いの意味が，国内においての意味とは違ってくるのである[13]。

　世界市場に交換されるために登場する商品とは，このように生産諸力を異にする各国の国民的平均労働，簡単労働の対象化したものなのである。しかもこの国民的平均労働とは，すでに各国の価値形成的労働の分量に還元されたものであって，けっして個別的労働の分量を示しているわけではなく，その国内においては社会的労働として妥当するものなのである[14]。だが，各国の価値形成的労働の内容をなす国民的・標準的生産諸条件も国民的平均労働の熟練・強度も違うのである。すなわち，国際間における商品交換とは「さまざまな国民流通領域のあいだの商品交換」[15]なのである。そこでは，商品は一定の国民経済的規定性を受けたものとして存在しているのであって，商品交換はこのような

国民経済と国民経済との一定の関係を前提にしておこなわれる。そのため世界市場では，各国の商品の価値を直接この国民的労働の分量で測るわけにはいかない。各国商品の国際的な価値の比較，商品の国際価値の決定にさきだって，各国の価値形成的労働である国民的労働の世界市場での比較，評価，すなわち各国民労働の国際的な価値生産の点での相互関係を明らかにしなければならないのである。この相互関係のうえに立って比較還元されてはじめて，各国の国民的平均労働は比較可能となり，世界市場に登場する各国の商品の国際的な価値比較の問題が取り扱い可能となるのである。このように商品の国際価値に関する理論は，2つの論理段階の大きく異なるものからなっているのである。第1に各国の国民的平均労働の世界市場における国際的な価値生産の点での評価の問題を扱う論理レベル，そして第2にこの各国の国際的な価値生産度の違いを前提にして，個別商品の国際価値規定の問題を扱う論理レベルの2段階があり，この両者の区別があってはじめて個別商品の価値規定の問題や輸出による超過利潤の問題を正しく理解できるのである[16]。

　本章で問題とする1人当り国民所得と賃銀の国際格差にかかわる「貨幣の相対的価値」の国民的相違に関するマルクスの文章を以後の議論の便宜のためにここで引用しておくことにする。

　まず，強度による修正について全文ではなく，その主要部分をあげると，次のようにいう。

　「強度のより大きい国民的労働は，強度のより小さい国民的労働に比べれば，同じ時間により多くの価値を生産するのであって，この価値はより多くの貨幣で表現される」[17]。

　次いで，

　「価値法則は，それが国際的に適用される場合には，さらに次のようなことによっても修正される。すなわち，世界市場では，より生産的な国民的労働も，そのより生産的な国民が自分の商品の販売価格をその価値まで引き下げることを競争によって強制されないかぎり，やはり強度のより大きい国民的労働として数えられるということによって，である」[18]。

　さらにこれを引き継いで次のように述べる。

　「ある一国で資本主義的生産が発達していれば，それと同じ度合いでそこで

は労働の国民的な強度も生産性も国際的水準の上に出ている。だから，違った国々で同じ労働時間に生産される同種商品のいろいろに違った分量は，不等な国際的価値をもっており，これらの価値は，いろいろに違った価格で，すなわち国際的価値の相違に従って違う貨幣額で，表現されるのである。だから，貨幣の相対的価値は，資本主義的生産様式がより高く発達している国民のもとでは，それがあまり発達していない国民のもとでよりも小さいであろう。したがって，名目労賃，すなわち貨幣で表現された労働力の等価も，第1の国民のもとでは第2の国民のもとでよりも高いであろうということになる。といっても，このことが現実の賃銀にも，すなわち労働者が自由に処分しうる生活手段にもあてはまる，という意味ではけっしてないのであるが」[19]。

ここでいわれていることは，各国の平均的な労働の強度と生産性の違いが国際的な価値生産におよぼす総合的な作用についてである。ここでは，同じ労働時間に生産される任意の同種商品の分量が違うこと，その分量の違う商品が異なった国際価値をもっていること，そしてそれらが国際的価値の相違にしたがって異なった貨幣額で表現されることが述べられている。すなわち，各国の商品の単位当たりの国際価値の大小やその価格表現を問題としているのではなく，違った国々で同じ労働時間に生産される同種商品の異なった分量の国際価値総量と，その異なった商品総量の国際的な価格表現が問題とされているのである。各国で同じ労働時間に生産される違った分量の任意の同種商品が不等な国際価値をもっているのである。同一であるのは，各国の労働時間であって，国民的生産諸力の違いに応じて，この同一の労働時間の国民的労働が各国で不等な商品分量を生産し，そこで不等な国際価値を生産することになり，不等な貨幣表現を受け取るというのである。このようにみると，ここでは，商品の単位当たりの国際価値が労働の強度と生産性の高い国と低い国とで大きいとか小さいとか，その貨幣表現である商品の単位当たりの国際価格が大きいとか小さいとかが，問題にされてはいない点に注意する必要がある。しかも，商品とはいわず，わざわざ同種商品と表現し，その使用価値量の大小が国際価値の大小と，したがってまたその貨幣量表現の大小と関係して述べられているのである。そこでは各国の同一労働時間に生産される商品の分量の違いが，国際価値の違いに結びつけられている。それは，同一商品は世界市場では商品見本として同じ国際

価値をもつものとしてみなされることを前提にしていわれているからである。ついで，その国際価値の違いにしたがって違う貨幣量で表現されているというように，国際価値の差と貨幣量表現の差とを関連させて述べられているところを見ると，ここではさしあたって量的規定は別としても，貨幣の内在的国際価値を前提し，与えられたものとしてみなしていることになる[20]。このように見てくると，ここでの課題は，各国の国民的労働が同一時間に生産する商品量の格差であり，そしてその商品量の国際価値総量であり，その国際価値総量の総貨幣量表現であるといえる。

この点を，マルクスは『資本論初版』では，次のように叙述している。

「世界市場では，より強度な一国の労働日が，より長い時間数の労働日として，計算されるばかりでなく，より生産的な一国が商品の販売価格をその価値まで引き下げることを競争によって強制されない場合にはいつでも，より生産的な一国の労働日が，より強度な労働日として計算されるのである。だから，より強度でより生産的な一国の労働日は，一般的に言って，世界市場では，強度または生産性がよりわずかな一国の労働日に比べて，より多くの貨幣表現で表される。労働日についてあてはまることは，労働日の加除部分についてもあてはまる。だから，たとい相対的労賃，すなわち，労働者が産み出す剰余価値または彼の全価値生産物または食料品の価格と比べた労賃が，より低いものであっても，労働の絶対的な貨幣価格は，一方の国では他方の国においてよりもいっそう高いことがありうる」[21]。

この『初版』の叙述では，マルクスの意図するところは明瞭である。価値法則の修正命題は個別商品の国際価値規定にかかわってではなく，各国の国民的労働日にかかわって述べられ，そしてその貨幣量表現について述べられているのである。各国の国民的労働日の貨幣量表現の違いが，労働の強度と生産性の違いから説明されているのである。そこで問題となっているのは，各国の労働の強度と生産性の違いが，国際間では価値法則の修正となり，各国の国民的労働日の生み出す価値生産物の格差を生じ，各国の国民的労働日の国際的な価値生産度の格差をもたらして，貨幣量表現の格差を生じるという点である[22]。

この『初版』の叙述からしてマルクスのさきの『現行版』の叙述の意図も個別商品の国際価値規定の問題を論じているのではなく，それにさきだつ，各国の

価値形成的労働である国民的平均労働の,世界市場での国際的な価値生産の点での評価,国際的な価値生産度格差が問題であったことがわかる[23]。

したがって,各国はその国民的な生産力格差の違いに応じて同一時間に異なった分量の商品を生産する。その商品は世界市場では1単位当たり同じ国際価値をもつものとみなされる。そこで,各国で同一時間が生産する商品の異なった分量は,その量の違いに応じて異なった量の国際価値をもつことになる。その結果,各国はその国民的生産諸力に応じて同一労働時間に,異なった国際価値を生産していることになるのである。こういうわけで,一般的に言って,国民的生産諸力の高い国は,その低い国よりも,同一時間により多くの生産物を生産し,その生産物は世界市場で単位当たり同じ国際価値をもつので,より多くの国際価値を生産することを商品の国際価値関係をとおして述べているのである。つまり各国の国民的労働の国際的な価値生産度格差について,労働の強度と生産性の総合作用の結果として[24],商品の国際的価値関係のなかで述べられているのであり,もともと価値生産とは無関係の生産性が国際間では価値生産に関係してくる事情が,商品の国際的な価値関係のなかで示されているのである[25]。なお,一見すると同種商品とあるので個別部門のことのみを議論しているようにみえるが,冒頭の「労働の国民的な強度も生産性も国際的水準の上に出ている」とあるところにわざわざ「注」が付けられて「どんな事情が生産性に関しては,この法則を個々の生産部門について修正しうるか,ということは別の箇所で研究する」とあるところをみると,ここでは特定部門のことを問題にしているのではなく,部門を捨象したうえでの生産諸力の高い国と低い国の商品の国際的な価値関係を指しているものと思われる。いわば各国の価値形成労働にかかわる国民的な標準的生産諸条件を問題としているとみるべきであろう。こうして国民的生産諸力がその低い国に対してたとえば3倍高い国は,同一時間に低い国よりも3倍の生産物を生産するので,国際的にみれば3倍の国際価値を生産していることになるのである。

そして,このことは貨幣表現の違いとして現れることが,次に述べられている。各国の同一時間に生産される生産物量は違い,そしてその生産物は単位当たり世界市場では同一の国際価値をもつものとしてみなされる結果,いま貨幣の国際価値が与えられているとすれば,各国の同一時間に生み出された国際価

値の相違は貨幣量表現の格差となって現れてくる。したがって，国民的生産諸力が高い国の一定時間に生産される商品総量は，その低い国で同一時間に生産される商品総量に比べてより多くの貨幣で表現されることになる。これを国民的労働からみれば，国民的生産諸力の高い国はその低い国に比べて同一労働時間により大きい価値生産物を生産し，したがってより大きい国際価値を生産し，このためより大きい貨幣量で表現されることを意味する。

　この点については，『初版』での叙述のほうが，『現行版』での叙述よりも，いっそう明瞭である。「より強度でより生産的な一国の労働日は，一般的に言って，世界市場では，強度または生産性がよりわずかな一国の労働日に比べて，より多くの貨幣表現で表される」とされているから，各国の国民的労働の１労働日の貨幣量表現の違いが問題であって，『現行版』の「貨幣の相対的価値」もこの『初版』の問題にかかわって述べられているのである。『初版』では各国の１労働日の貨幣量表現の格差からただちに，「労働日についてあてはまることは，労働日の加除部分についてもあてはまる」として，労働の絶対的な貨幣表現は国民的生産諸力の高い国ではその低い国でよりも高いと結論しているのである。『初版』ではこのように論証すべき結論は明瞭であるが，その論証の過程は不十分で明瞭とはいえない。そこでこの点が改められて，『現行版』では，商品の国際的な価値関係を媒介として，国民的労働の国際的な価値関係と貨幣表現を示し，そしてそれを基礎として「貨幣の相対的価値」の各国間での相違を導き出して，各国の貨幣賃銀の格差を論証しているのである。したがって『現行版』のここで用いられている「貨幣の相対的価値」の意味も『初版』の「一国の労働日の貨幣表現」とかかわって理解するのが，最も適切である。各国の「１労働日の貨幣表現」が相違するとは，これを逆にいえば，各国では貨幣の一定量は異なった各国の国民的労働日を表現することを意味するのである。

　この事態を貨幣の側から見れば，同一量の貨幣が各国の国民的労働の国際的な価値生産度格差にもとづいて異なった分量の国民的労働を表示することを意味する。『現行版』ではこのことを，価値法則の修正命題にそくして，各国の国民的労働が同一時間に生産する商品の国際的な価値関係にもとづいて論証しているのである。表示されるとは，等置されることである。したがってこの場合，貨幣金のもつ世界で共通の内在的国際価値が，その国民の国民的労働の国

際的な価値生産度格差にもとづいて「換算」し直され，各国の価値の度量単位としての国民的労働の分量として示されることを意味する。このようにして，各国の国民経済では貨幣金は一定量の国民的労働をもつものとして存在し，各国の国内流通では，貨幣は与えられた国民的価値をもって現れるのである[26]。

『現行版』で述べられている「貨幣の相対的価値」も，『初版』で述べられている各国の「1労働日の貨幣表現」の違いという当初の論証すべき目的と同じ事柄を指していると理解すべきである。『現行版』は，この各国の「1労働日の貨幣表現」の違いを国際的な価値関係を媒介として論証しているのである。そこで，『現行版』でいう「貨幣の相対的価値」は，本来の意味でいう，貨幣の価値を商品の量で表現したものとして用いられているのではなく，各国で同じ労働時間に生産される商品総量の国際価値総量の違いにもとづく貨幣量にかかわって論証される特殊な概念といわなければならないのである。

『現行版』でも，重点は個々の商品の国際的な価格表現にではなく，あくまでも，各国の同一時間に生産される商品総量の国際価値総量にもとづく貨幣量表現にあって，商品の国際的な価値関係と，そのもとでの貨幣量表現を媒介とした，各国の同一労働時間の貨幣量表現の格差であったとみるべきであろう。したがって，「貨幣の相対的価値」という概念も，この場合は，商品の国際的な価値関係によって媒介されたうえでの，貨幣の一定量に等置される商品総量の違いという本来の意味ではなくて，その商品総量に対象化されている各国の国民的平均労働の量の違いという特殊な意味に使われているのである。

ところで，各国の部門ごとの対外的生産性格差に違いがある場合，どのようにして世界市場における国民的労働の価値生産度格差と相互関係およびその貨幣量表現が規定されるかという問題がある。なぜなら，各国の各部門の対外的生産性格差が異なっており，各部門ごとに各国の国民的労働の相互の量的割合が異なった関係に置かれるときでも，同一国内では同一労働同一価値の法則が働き，各国の国民的労働は統一的な関係にならざるをえないからである。同一国内では，他の部門との関係で他国の国民的労働に対してより低く評価された部門からより高く評価された部門への労働力の移動が生じるし，その可能性は保証されている。貨幣表現の点からいえば，同一量の国民的労働がより少ない貨幣で表される部門から，より多くの貨幣で表される部門へ，国民的労働の移

動が生じる。その結果，世界市場における各国の国民的労働の相互関係は統一的に規定され，同一の国民的労働は同一の貨幣量で表現され，「貨幣の相対的価値」は規定される[27]。

これを対外的生産性格差の点から見ると，他国の国民的労働との関係で世界市場において一国内の他の部門の国民的労働よりも低く評価される対外的生産性格差の小さい部門から，より高く評価される対外的生産性格差の大きな部門へ国民的労働の移動が起こり，その結果，国内における前者の国民的労働の評価は上昇し，後者のそれは低下し，国民的労働の相互関係は統一的な関係に置かれることになる。このようにして，各部門の対外的生産性格差が異なっているときにも，世界市場における各国の国民的労働の相互関係ならびに「貨幣の相対的価値」は，各部門の対外的生産性格差の平均的な（加重平均）ところで規定され，すなわち国民的生産諸力の格差と一致するといえる。

このように，ここで問題とされている「貨幣の相対的価値の国民的相違」とは，各国の国民的労働の国際的な価値生産度格差によって規定される貨幣金の国民的価値の相違を意味する，と理解するのが最も適切である[28]。この場合，各国で貨幣金の国民的価値が相違するとは，単に各国の国民的平均労働を「度量単位」とすれば相違するということであって，貨幣金の内在的国際価値が相違することを意味しない点に注意する必要がある。むしろ，さきほどみたように，上記の事態は貨幣金の内在的国際価値が前提とされているとみなければ，首尾一貫しないのである。たとえば，Ⅰ国はⅡ国に比べて，国民的生産諸力が3倍高く，前者の1労働日は後者の1労働日の3倍の国際価値を生産するとしよう。国際価値をkで表せば，Ⅰ国1労働日＝3k，Ⅱ国1労働日＝1kとなる。この場合，貨幣金1gは，両国のその国際的な価値生産度格差に規定されて，たとえばⅠ国では1労働日の国民的価値をもつとすると，Ⅱ国では3労働日の国民的価値をもつことになる。しかし，この場合でも，両国の金1gの国際価値は等しいといえる。なぜならば，両国の国民的労働は国際的価値生産度の点で3倍の違いがあるのだから，両国の国民的労働をそれで換算した貨幣金の国際価値は等しくならざるをえないからである（金1g＝Ⅰ国国民的労働1労働日〔＝3k〕，金1g＝Ⅱ国国民的労働3労働日〔＝3k〕）。

貨幣金は世界中で等しい価値をもつという場合，それは貨幣金の国際間での

価値の比較であるから，貨幣金の国際価値（3k）を比べているのであり，「貨幣の相対的価値の国民的相違」とは，国民的労働の国際的な価値生産度格差によって生じる貨幣金の国民的価値の相違を述べているのである。このように貨幣金の国際価値が世界中に等しい場合においても，各国の国際的な価値生産度格差に応じて貨幣金の表す国民的労働量が違うこと（金1g＝Ⅰ国国民的労働1労働日＝Ⅱ国国民的労働3労働日＝3k）を，国民的労働の国際的な価値関係のなかで，マルクスは証明したといえるのである。

ここで確認できることは，各国はその国民的生産諸力の違いにしたがって同一時間に異なった量の価値生産物を生産すること，その異なった量の価値生産物は異なった量の国際価値をもっているから，異なった量の貨幣で表現されること，その結果，各国の「貨幣の相対的価値」は相違することである。ということは，恒常的に国際的な商品交換をおこなっている国は，その国民的生産諸力が高まるにしたがって，国民的労働の国際的な価値生産度格差に変化が生ずることによって，国際間における「貨幣の相対的価値」に変化が生じ，このため，貨幣1単位が表示する国民的労働量が少なくなる可能性がある。したがって，各国の国民的生産諸力の格差とそれに対応する「貨幣の相対的価値」の相違のために，各国の同一労働時間に生産される価値生産物を貨幣で表せば違いがある，ということになる。しかも，国民的生産諸力が高まるにしたがって，各国の同一時間に生産される価値生産物はより多くの貨幣額で表される可能性があるわけである。そこで次に，日米逆転といわれ，日本が急速にアメリカの経済力に接近し，貿易摩擦が大きく問題となった1970年から1990年までの期間について，日本とアメリカの製造業における1時間当たりの付加価値生産額を時系列的に算定して，この関係を見てみることにする。

## 第3節　アメリカと日本の製造業の価値生産額の推移

### 1　名目付加価値額の推移

ここでは，アメリカと日本の製造業における1時間当たりの付加価値生産額を1970年から90年まで比較して，両国の1時間当たりの価値生産額の推移を見ることにする。なぜならば，第1にこの期間に両国の生産性は上昇している

のであるから，第2節で考察したことが正しければ，両国の価値生産度は高まり，その結果1時間当たりにより多くの価値生産物を生産し，それはより多くの貨幣で表現されているはずであり，それゆえ「貨幣の相対的価値」は小さくなっているはずである。逆に1時間当たりの価値生産額が増加していれば，「貨幣の相対的価値」の低下と生産性上昇による価値生産額の増大が証明されるはずであるからである。第2にこの期間の両国の生産性上昇率には差があるのであるから，両国の価値生産度格差は変化し，そのため両国における「貨幣の相対的価値」も変化し，1時間当たりの価値生産物の貨幣量表示額の変化が起こっているといえるからである。逆にいえば，1時間当たりの価値生産物の貨幣量表示額の変化率には差があるはずである。そこで両国の「貨幣の相対的価値」の変化率にも差があり，それは両国の国際的な価値生産度の変化を示していて，両国の経済力の変化の最も基礎的な要因を示しているからである。

　なお，製造業を取り上げたのは，その部門が生産的部門であることに異論をはさむ余地がないこと，また，その他の部門に比べて，労働時間・就業者数・付加価値額についての資料が比較的正確であるためである。1970年以降に期間を限ったのは，日本では旧SNAから新SNAに1978年に移行し現行『国民経済計算』では新SNAでの推計期間は1970年以降に限られているからである[29]。

　製造業における1年間の純付加価値とは，この部門の総労働者によって「年々新たに付け加えられる労働によって新たに付け加えられる価値」[30] すなわち価値生産物 (v+m) 部分にあたる。すなわち，それは，その部門の総労働者の「年労働による1年間の価値生産物 (Wertprodukt) あるいは抽象的人間的労働が新たに対象化された純生産物の総体である」[31] ことになる。この価値生産物は素材的には使用価値的に異なっているから，使用価値量の総計としては統一的に表現できず，価値量として貨幣額で表示される[32]。このように製造業の1年間の純付加価値額は，1年間にこの部門の総労働者の抽象的人間労働が対象化された価値の貨幣量表現である。ところで，統計資料にある労働時間とは，個々の労働者の支出した労働時間であって，けっして抽象的人間労働の分量を示しているわけではない。しかし，ここでは機械制大工業の発展とともに，「簡単労働が産業の枢軸となっている」[33] ことおよび「労働の均等化または水平化の傾向が現れる」[34] ことから，あえてこの労働時間を国民的平均労働の分量

表 3-3　米国の製造業における1労働時間当たり名目価値生産額の推移
　　　　（1970～90年）

| 年 | 純付加価値額 ① | 就業者数 (Persons Engaged in Production) ② | 製造業就業者による週平均労働時間 ③ | 製造業1労働時間当たり生産された価値額 ①÷(②×③×52) ④ | ④の指数 |
|---|---|---|---|---|---|
|  | 百万ドル | 千人 | 時間／週 | ドル | 1970年＝100 |
| 1970 | 215,600 | 19,177 | 39.8 | 5.43 | 100.0 |
| 71 | 227,100 | 18,336 | 39.9 | 5.97 | 109.9 |
| 72 | 252,900 | 18,819 | 40.5 | 6.38 | 117.5 |
| 73 | 286,200 | 19,871 | 40.7 | 6.81 | 125.3 |
| 74 | 301,900 | 19,804 | 40.0 | 7.33 | 134.9 |
| 75 | 317,500 | 18,062 | 39.5 | 8.56 | 157.5 |
| 76 | 367,200 | 18,839 | 40.1 | 9.35 | 172.1 |
| 77 | 415,700 | 19,557 | 40.3 | 10.14 | 186.7 |
| 78 | 467,100 | 20,417 | 40.4 | 10.89 | 200.5 |
| 79 | 512,000 | 20,949 | 40.2 | 11.69 | 215.2 |
| 80 | 532,100 | 20,167 | 39.7 | 12.78 | 235.3 |
| 81 | 588,200 | 20,069 | 39.8 | 14.16 | 260.7 |
| 82 | 560,000 | 18,607 | 38.9 | 14.88 | 273.9 |
| 83 | 585,400 | 18,316 | 40.1 | 15.33 | 282.2 |
| 84 | 660,300 | 19,255 | 40.7 | 16.20 | 298.3 |
| 85 | 671,200 | 19,124 | 40.5 | 16.67 | 306.8 |
| 86 | 673,600 | 18,879 | 40.7 | 16.86 | 310.3 |
| 87 | 730,900 | 18,962 | 41.0 | 18.08 | 332.8 |
| 88 | 811,100 | 19,375 | 41.1 | 19.59 | 360.6 |
| 89 | 842,600 | 19,435 | 41.0 | 20.34 | 374.3 |
| 90 | 846,900 | 19,179 | 40.8 | 20.81 | 383.1 |

資料：付加価値額および就業者数は *The National Income and Product Accounts of the United State, 1929-82*, U. S. D. C., 1986 および *Survey of Current Business* より，週平均労働時間は *Manthly Labor Review* より作成。

の代理表現とみなして，両国の国民的平均労働1時間当たりの価値生産物の貨幣量表示額を算定し，両国の国民的平均労働の価値生産度格差と「貨幣の相対的価値」の変化を算定することをこころみる。したがって，以下に述べることは，以上の前提のもとで，意味をもつことになる。

　製造業の純付加価値額をこの部門の総労働時間数で割ることによって，国民的平均労働が1時間当たりに生産した価値生産物の貨幣量表示額の値が求められる。それは同時に国民的労働1時間当たりの貨幣量表示額でもある[35]。

表 3-4 日本の製造業における1労働時間当たり名目価値生産額の推移（1970～90年）

| 年 | 純付加価値額 ① 億円 | 就業者数 ② 万人 | 製造業1人当たり月平均労働時間 ③ 時間／月 | 製造業1労働時間当たり生産された価値額 ①÷(②×③×12) ④ 円 | ④の指数 1970年＝100 |
|---|---|---|---|---|---|
| 1970 | 206,944 | 1,378 | 187.4 | 667.8 | 100.0 |
| 71 | 219,741 | 1,383 | 184.3 | 718.4 | 107.6 |
| 72 | 244,557 | 1,383 | 183.3 | 803.9 | 120.4 |
| 73 | 308,677 | 1,443 | 182.0 | 979.5 | 146.7 |
| 74 | 359,880 | 1,427 | 173.2 | 1,213.4 | 181.7 |
| 75 | 351,375 | 1,346 | 167.8 | 1,296.4 | 194.1 |
| 76 | 405,866 | 1,345 | 173.9 | 1,446.0 | 216.5 |
| 77 | 433,378 | 1,340 | 174.5 | 1,544.5 | 231.3 |
| 78 | 472,737 | 1,326 | 175.6 | 1,691.9 | 253.3 |
| 79 | 499,636 | 1,333 | 177.9 | 1,755.8 | 262.9 |
| 80 | 539,007 | 1,367 | 178.2 | 1,843.9 | 276.1 |
| 81 | 571,037 | 1,385 | 177.4 | 1,936.8 | 290.0 |
| 82 | 598,335 | 1,380 | 177.0 | 2,041.3 | 305.7 |
| 83 | 623,174 | 1,406 | 178.0 | 2,075.0 | 310.7 |
| 84 | 684,004 | 1,438 | 180.5 | 2,196.0 | 328.8 |
| 85 | 724,863 | 1,453 | 179.7 | 2,313.5 | 346.4 |
| 86 | 732,936 | 1,444 | 178.2 | 2,373.6 | 355.4 |
| 87 | 747,550 | 1,425 | 179.1 | 2,440.9 | 365.5 |
| 88 | 804,579 | 1,454 | 181.1 | 2,546.3 | 381.3 |
| 89 | 867,481 | 1,484 | 179.3 | 2,716.8 | 406.8 |
| 90 | 931,177 | 1,505 | 176.6 | 2,919.6 | 437.2 |

資料：付加価値額は，1988年まで『昭和60年基準改定国民計算報告』，以後『国民経済計算年報』の要素費用表示の産業別国内生産，就業者数は『労働力調査報告』各年版，月平均労働時間は『毎月勤労統計調査』より作成．

　表3-3, 3-4は日本とアメリカの製造業における1時間当たりの名目付加価値額の推移を示している．これを見ると，1970年から1990年にかけて，両国でその数値（表の④）は，年々増大し，この期間に日本では437％上昇し，アメリカでは383％上昇している．この要因と考えられるものは，次の4つである．第1に産金国における貨幣商品金の価値低下である．しかし，この要因は日本にもアメリカにも共通に影響をおよぼすから，日本とアメリカの1時間当たりの名目付加価値額の上昇率の違いは説明できないし，世界の産金高の約5割を

占める南アフリカの産金部門の生産性は1970年以降低下傾向にあるから，金価値変動は表3-3, 3-4の数値の減少要因となるにしても，けっして増加要因とみなすことはできない。第2に価格の価値からの乖離である。これには2つの原因がある。その1つは景気循環にともなう商品に対する需給関係の変化による価値からの価格の乖離である。しかしこの要因は景気の1循環を通じれば平均化されるので，ここでのような長期のトレンドを見る場合は捨象できる。したがって，この要因でも説明できない。もう1つは独占体による供給制限にもとづく市場支配力による価値以上の独占価格である。しかし，独占価格は独占の発生のさいには，物価上昇の大きな要因ではあるが，独占が発生してしまえば，独占価格の価値からの乖離の幅は，新たな独占が発生するか，独占が強化されないかぎりはさほど大きく変化しないとみてよい。しかも，市場の需要による制約が存在するのであるから，無限に引き上げることはできず，一定の限界があるといえる。そこで，表の数値のような年々の恒常的な上昇を，独占価格によって説明することはできないといえる。しかも，表の製造業のなかには，独占企業のみならず非独占企業・下請中小企業も含まれているのであるから，独占価格の影響はかなり薄められているといってよいであろう。第3に，前節で問題とした，恒常的に国際間で商品交換をおこなっているもとで，国民的生産諸力が上昇した結果，商品を世界市場でその「国民的価値」以上の販売価格で輸出し，また世界市場では同種商品が同一の国際価格で販売される（輸出）という「国際価値法則」の貫徹すなわち国際間での「価値法則の修正」のもとで，国民的労働の価値生産度が高くなり，一定量の貨幣に等置される商品に含まれる国民的労働の分量が小さくなった，すなわち国際間における「貨幣の相対的価値」が小さくなった要因があげられる。第4に，価格標準の事実上の切り下げ，すなわち同一量の貨幣に付けられた貨幣名の変更，いわゆるインフレーションによる物価騰貴の要因がある。この場合，事実上の価格標準の切り下げがあれば，以前と同一量の貨幣がより大きな貨幣名で呼ばれる結果として，以前と同じ価値量であったとしてもいまでは新たな貨幣名にしたがってより大きな価額で表示される，すなわち，1時間当たりの価値量の価額は名目的に騰貴する。以上の検討からわかるように，表の1時間当たりの名目純付加価値額の変化の要因としては，第3の国際間の「貨幣の相対的価値」の変化と事実上

の価格標準の切り下げとの2つの要因があげられる[36]。

　ところで，いま第3の「貨幣の相対的価値」の変化の要因を無視して，両国の1時間当たりの名目付加価値額の変化の格差を両国の事実上の価格標準の切り下げ，すなわち通貨の減価（インフレーション）のみによって説明することができるであろうか。1時間当たりの名目付加価値額の上昇率は，日本のほうがアメリカよりも高いのであるから，日本のほうがアメリカよりもインフレーション率すなわち通貨の減価率は大きかったことになる。

　現代の不換制下において価格標準は固定されておらず，明示もされていない。しかし，一定の時期において，諸商品の価格が，一定の価格で表示される事実は，事実上の価格標準を前提しなければ説明できないのであって，法制上価格標準が明示されない不換制下においても理論上，事実上の価格標準の存在を否定することはできない[37]。不換制下においては，価格標準は固定されておらず，絶えず切り下げられる可能性があるが，それは価格標準が固定されていないことを意味するのであって，価格標準が存在しないことを意味するものではない[38]。不換制下において事実上の価格標準の低下を判断する目安となるのは，一般的にいって，物価と為替相場と金価格である。

　事実上の価格標準の低下が生じると，商品の価格は，その表示する貨幣金量それ自体に変化がないにもかかわらず，単にその金量を測定するための価格標準が低下し，貨幣金の一定量に付けられた貨幣名が大きくなるため，名目的に騰貴する，すなわち物価の名目的騰貴が起こる[39]。ただし，物価は名目的要因ばかりでなく，商品の需給関係や価値の変化によっても実質的に変動するので，近似的に価格標準の変動を反映する指標といえる。

　為替相場は，外国為替の需給関係によって決まるのであるが，この為替相場は為替平価を基準として変動する。為替平価とは各国の価格標準の比率，すなわち同一量の貨幣金に付けられた両国の貨幣名の比率を示す。他の条件に変わりがないとして，ある国の事実上の価格標準が低下すれば，事実上の為替平価も低下し，当該国の通貨の為替相場は，貨幣名の変更のために，名目的に下落する（為替相場の名目的変動，名目為替相場）。この場合，国内の物価も事実上の価格標準の低下によって同じだけ上昇しているから，商品の国際競争力そのものはこの要因によっては影響を受けることはない。そして，この為替平価

を基準として，その時々の国際収支の動向に応じた為替の需給関係によって現実の為替相場は変動する。もし事実上の為替平価から為替相場が乖離したとすると（為替相場の実質的変動，実質為替相場）[40]，そのことが商品の対外的価格競争力を変化させ，その結果，金の現送による為替の決済が制限されている場合にも，外国為替に対する需給関係を変化させることを通じて（ある国の為替相場が事実上の為替平価よりも過大になれば，当該国の商品の外貨建て価格がその分だけ騰貴し国際競争力が低下し，輸出は減少し，輸入は増大する結果，外国為替の供給は減り，需要は増え，為替相場は下落する。逆もまた同じ），為替相場は事実上の為替平価にもどる修正作用が生ずる。いま仮に，二国の価格標準の切下げ率，すなわち両国通貨の減価率が等しいとすると，事実上の為替平価は変化せず，他の条件に変化がなければ，為替相場も変化しない。もし，どちらかの国の価格標準の切下げ率が高ければ，事実上の為替平価の変化を反映してその率の差だけ，減価率の高い国の通貨の為替相場は名目的に下落する。この為替相場の名目的下落は，さきに述べたように，これに対応する国内の物価の名目的上昇をともなうのであるから，為替相場の下落と国内物価の上昇とが相殺されて，商品の外貨建ての価格に変化はないので，商品の価格競争力に影響を与えず，このため実質為替のような修正作用はない[41]。したがって，トレンドとしてある国の為替相場が下落傾向を示し，その修正がない場合にはその国の通貨の減価率は他国よりも高いと見てよい。なぜならば，為替相場の継続的な下落は，修正作用のある為替相場の実質的変動（実質為替相場）によっては説明できず，事実上の為替平価の変動にもとづく為替相場の名目的変動（名目為替相場）によってしか説明できないからである[42]。このように為替相場はトレンドとしては事実上の価格標準の比率の変動を示す指標である。

　金の「価格」とは，金の価値を表現するものではなく，金の一定量がどのような貨幣名で呼ばれているかを示しているのであって，価格標準の逆数を反映している。たとえば，1ドル＝35分の1オンス（0.88867g）の金という価格標準が決められると，金の「価格」はその逆数の金1オンス（31.1035g）＝35ドルとなる。金の市場価格は，この価格標準の逆数としての金「価格」を基準として，金に対するその時々の需給関係にもとづいて，実質的な変動をする。金の公定価格が存在し，通貨当局により無制限の金の売却，購入がおこなわれて

図 3-2 円レートと購買力平価

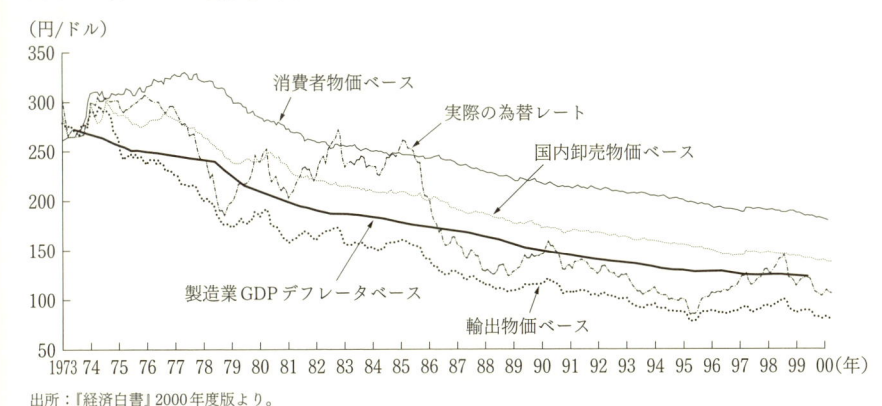

(円/ドル)

出所:『経済白書』2000年度版より.
備考: 1) 経済企画庁「国民経済計算」, 日本銀行「物価統計月報」, アメリカ商務省「Survey of Current Business」等により作成.
2) 実際の為替レートは, インターバンク直物中心相場の月中平均.
3) 購買力平価は, 1973年の実際の為替レートを基準に以下のデータを用いて算出した.
　①製造業GDPデフレータベースは, 貿易財製造業 (食料品, 繊維, パルプ・紙, 化学, 石油・石炭製品, 窯業・土石製品, 一次金属, 金属製品, 一般機械, 電気機械, 輸送機械, 精密機械の12業種. 日本は食料品を除く.) のGDPデフレータ.
　②国内卸売物価ベースは, 日本:国内卸売物価, アメリカ:生産者物価.
　③輸出物価ベースは, 日本:輸出物価, アメリカ:輸出価格.

いるかぎり, 価格標準が固定し, したがってその逆数である金「価格」もこの公定価格を基準として一定の範囲で変動するだけであった. しかし今日不換制の変動相場制下にあっては金の公定価格は廃止され, 価格標準の固定性は失われている. そこで, 事実上の価格標準が切り下がると, その逆数である金の「価格」は名目的に騰貴する. 金の市場価格はこれを基準として, 需給関係で実質的に変動し, しかも, 通貨当局による金売却がないから, 大きく変動する. このように金の市場価格は需給関係によって大きく変動するが, 長期的には事実上の価格標準の変動を示す1つの指標である. このように金の「価格」とは現在においても, 金の価値変動といっさい関係なく, 事実上の価格標準の変動を反映しているのである[43]. ところで現在, 金の「円価格」は実際には金のドル市場価格をその時々の為替相場で換算して決められるので, 日本の価格標準の独自の指標とはなりえず, 金の「円価格」と金の「ドル価格」とを比較しても日本とアメリカの価格標準の比率を比較することはできない. このためここで

表 3-5 生産者物価の推移（製造業，対前年比）

|  | 1976 | 1977 | 1978 | 1979 | 1980 | 1981 | 1982 | 1983 | 1984 | 1985 | 1986 | 1987 | 1988 |
|---|---|---|---|---|---|---|---|---|---|---|---|---|---|
| アメリカ | 4.4 | 6.5 | 7.9 | 11.1 | 13.5 | 9.3 | 4.0 | 1.6 | 2.1 | 0.9 | -1.4 | 2.1 | 2.5 |
| 日本 | 5.3 | 2.8 | -0.8 | 5.0 | 14.7 | 1.1 | 0.5 | -0.7 | — | -0.8 | -4.7 | -2.9 | -0.3 |
| 西ドイツ | 3.5 | 2.8 | 0.8 | 5.1 | 7.1 | 6.0 | 4.8 | 1.5 | 2.8 | 2.0 | -2.4 | -0.4 | 1.6 |
| フランス | 7.4 | 6.6 | 4.4 | 13.2 | 9.3 | 11.7 | 10.7 | 8.8 | 9.2 | 4.4 | -2.8 | 0.6 | 5.2 |
| イギリス | 16.2 | 18.2 | 9.9 | 10.9 | 14.0 | 9.6 | 7.7 | 5.5 | 6.1 | 5.6 | 4.3 | 3.9 | 4.5 |

出所：OECD, *Historical Statistics, 1960-1989*, Paris, 1991.

問題としている日本とアメリカの事実上の価格標準の低下の格差を知ることはできないので，これをここでは検討することはしない。しかし，金市場価格はドルの減価の指標であることに間違いはない[44]。

以上に述べたことから，金「価格」をいま措くとして，物価と為替相場がドルと円の価格標準の変動の格差について同じ傾向を示すのであれば，現実にドルと円の価格標準の変動に格差があったと断定しても十分な合理性をもつといえるのである。

図3-2，表3-5を見ると，為替相場も物価の推移も両者ともにドルの減価率のほうが，円の減価率よりも高かったことを示している。購買力平価は，基準時の為替相場を基準として，その後の二国間の物価の変動率の格差にもとづいて決定されるのであるから，両国間のこの期間の物価の推移を反映する。このように，為替相場も，円の減価率よりもドルの減価率が高かったことを示しているので，それは十分な合理性をもっているといえる。そこで，さきの1時間当たりの名目純付加価値額の上昇率は日本のほうがアメリカよりも高かった事実は，両国の通貨の減価率のみによっては説明できないことになる。両国の1時間当たりの名目純付加価値額の上昇率は，価格標準の低下のみならず，もう1つの要因すなわち両国の国民的労働1時間の貨幣量表示額自体の上昇率の格差，両国間の「貨幣の相対的価値」の変化があったと判断してよい十分な合理性がある。そこで次にこの点を確認してみよう。

## 2 実質付加価値額の推移

現在の不換制下にあっては，価格標準が明示されず，また固定されていない

| 1989 | 期間年平均上昇率 | | | | |
|---|---|---|---|---|---|
| | 60-68 | 68-73 | 73-79 | 79-89 | 60-89 |
| 5.1 | 1.2 | 4.5 | 9.3 | 3.8 | 4.3 |
| 2.1 | ― | 3.8 | 6.5 | 0.8 | ― |
| 3.4 | 0.8 | 4.1 | 4.7 | 2.6 | 2.8 |
| 5.4 | 1.4 | 7.8 | 8.7 | 6.2 | 5.6 |
| 5.1 | 2.6 | 6.4 | 17.9 | 6.6 | 7.7 |

から，金本位制下においてなら可能であったと思われる国民的労働の金量表示額それ自体の変化を算定することは困難である。現在，「通貨減価」の要因を除外して価値生産額の「不変価格」表示額を示すものとしてさしあたって利用可能なものは，『国民経済計算』のなかでは「経済活動別実質国内総生産」のほかに資料がないため，これを利用して国民的労働の貨幣量の変化を近似的に算定してみよう。

　ある年を基準年として，年々の国内総生産額をデフレータとしての物価指数で割った値が実質国内総生産である。そこで，物価の変動が価格標準の変動によって生じた名目的な変動の場合は，この実質化の手続きによって価値生産額の金量表示額の変化が正確に示されるといえる。ただし，物価は，名目的物価変動の要因だけでなく，実質的物価変動の要因によっても変動するのであるから，実質額は，価値生産額の貨幣量表示額を近似的にのみ反映しているといえる。さきに述べたように，物価変動のうち景気循環にともなう価格の価値からの乖離は1循環を通じて平均化されるので，ここでは捨象できる。独占価格の価値からの乖離の幅も大きくは変化しないし，その幅そのものに一定の限界があり，恒常的な物価上昇の要因とはなりえないので，捨象してよい。労働生産性の上昇にもとづく商品価値の変動も物価に影響するが，ここでは商品の単位当たりの価格変動ではなく，製造業1時間あたりの貨幣量表示額を問題としているのであるから，これも捨象できよう。ともあれ，実際には，物価は，価格標準の変動のみならず，他の要因によっても変動するので，この要因をまったく無視することはできないので，製造業における1時間当たりの実質付加価値の変化は価値生産額の貨幣量表示額の変化と正確に一致するものではない。この点をふまえたうえで，なおかつ，今日の物価上昇の主要な要因は価格標準の切り下げであって，この価格標準の変動を示す1つの有力な指標は物価指数であることは間違いないのであるから，実質額の変化はトレンドとしては価格標準の変動を除外したうえでの価値生産額の貨幣量表示額それ自体の変化を近似

表 3-6 米国の製造業における1労働時間当たり実質価値生産額の推移（1970〜89年，82年価格）

| 年 | 粗付加価値額<br>(Gross National Income in 82 dollars)<br>① | 就業者数<br>(Persons Engaged in Production)<br>② | 製造業就業者による週平均労働時間<br>③ | 製造業1労働時間当たり生産された実質価値額<br>①÷(②×③×52)<br>④ | ④の指数<br>（実質）<br>⑤ | 名目指数<br>⑥ | ドルの貨幣名の上昇率<br>⑥÷⑤×100 |
|---|---|---|---|---|---|---|---|
| | 億ドル | 千人 | 時間／週 | ドル | | 1970=100 | |
| 1970 | 5,068 | 19,177 | 39.8 | 12.77 | 100.0 | 100.0 | 100.0 |
| 71 | 5,155 | 18,336 | 39.9 | 13.55 | 106.1 | 109.9 | 103.6 |
| 72 | 5,612 | 18,819 | 40.5 | 14.16 | 110.9 | 117.5 | 106.0 |
| 73 | 6,213 | 19,871 | 40.7 | 14.77 | 115.7 | 125.3 | 108.3 |
| 74 | 5,916 | 19,804 | 40.0 | 14.36 | 112.5 | 134.9 | 119.9 |
| 75 | 5,475 | 18,062 | 39.5 | 14.76 | 115.6 | 157.5 | 136.3 |
| 76 | 6,006 | 18,839 | 40.1 | 15.29 | 119.7 | 172.1 | 143.7 |
| 77 | 6,648 | 19,557 | 40.3 | 16.22 | 127.0 | 186.7 | 147.0 |
| 78 | 6,947 | 20,417 | 40.4 | 16.20 | 126.8 | 200.0 | 157.7 |
| 79 | 7,122 | 20,949 | 40.2 | 16.26 | 127.4 | 215.2 | 169.0 |
| 80 | 6,739 | 20,167 | 39.7 | 16.19 | 126.8 | 235.3 | 185.6 |
| 81 | 6,786 | 20,069 | 39.8 | 16.34 | 127.9 | 260.7 | 203.8 |
| 82 | 6,346 | 18,607 | 38.9 | 16.86 | 132.0 | 273.9 | 207.4 |
| 83 | 6,742 | 18,316 | 40.1 | 17.65 | 138.2 | 282.2 | 204.1 |
| 84 | 7,524 | 19,255 | 40.7 | 18.46 | 144.6 | 298.3 | 206.3 |
| 85 | 7,792 | 19,124 | 40.5 | 19.35 | 151.5 | 306.8 | 202.5 |
| 86 | 8,034 | 18,879 | 40.7 | 20.11 | 157.5 | 310.3 | 197.1 |
| 87 | 8,522 | 18,962 | 41.0 | 21.08 | 165.1 | 327.6 | 198.4 |
| 88 | 9,174 | 19,375 | 41.1 | 22.16 | 173.5 | 348.0 | 200.6 |
| 89 | 9,290 | 19,435 | 41.0 | 22.42 | 175.6 | 357.4 | 203.6 |

資料：表3-3に同じ。

的に反映する，とみなすことには一定の意味がある[45]。

　アメリカと日本の製造業における「経済活動別国内総生産」の実質値から1時間当たりの価値生産額を算定した結果が表3-6, 3-7である。なお実質純付加価値の資料がないため，ここでは粗付加価値の不変価格表示にもとづいて算定してある。粗付加価値額は減価償却分を含むので，実際にはその部分の占める割合も考慮しなければならない。そこで，産業別の資料がないため，両国の「国内総生産の構成」に占める「固定資本減耗額」の比率を示してみたのが，表3-8である。製造業の比率とは多少の違いがあると思われるが，大きく食い違

表3-7 日本の製造業における1労働時間当たり実質価値生産額の推移（1970～90年，85年価格）

| 年 | 粗付加価値額（85年価格）① | 就業者数 ② | 製造業1人当たり月平均労働時間 ③ | 製造業1労働時間当たり生産された実質価値額 ①÷(②×③×12) ④ | ④の指数（実質）⑤ | 名目指数 ⑥ | 円の貨幣名の上昇率 ⑥÷⑤×100 |
|---|---|---|---|---|---|---|---|
| | 億円 | 万人 | 時間／月 | 円 | 1970＝100 | | |
| 1970 | 430,566 | 1,378 | 187.4 | 138.9 | 100.0 | 100.0 | 100.0 |
| 71 | 451,836 | 1,383 | 184.3 | 147.7 | 106.3 | 107.6 | 101.2 |
| 72 | 498,187 | 1,383 | 183.3 | 163.8 | 117.9 | 120.4 | 102.2 |
| 73 | 560,799 | 1,443 | 182.0 | 177.9 | 128.1 | 146.7 | 114.5 |
| 74 | 544,286 | 1,427 | 173.2 | 183.5 | 132.1 | 181.7 | 137.6 |
| 75 | 524,192 | 1,346 | 167.8 | 193.4 | 139.2 | 194.1 | 139.4 |
| 76 | 575,398 | 1,345 | 173.9 | 205.0 | 147.5 | 216.5 | 146.7 |
| 77 | 597,244 | 1,340 | 174.5 | 212.8 | 153.2 | 231.3 | 151.0 |
| 78 | 623,766 | 1,326 | 175.6 | 223.2 | 160.7 | 253.3 | 157.7 |
| 79 | 675,763 | 1,333 | 177.9 | 237.5 | 170.9 | 262.9 | 153.8 |
| 80 | 714,818 | 1,367 | 178.2 | 244.5 | 176.0 | 276.1 | 156.9 |
| 81 | 747,925 | 1,385 | 177.4 | 253.7 | 182.6 | 290.0 | 158.8 |
| 82 | 781,301 | 1,380 | 177.0 | 266.6 | 191.8 | 305.7 | 159.3 |
| 83 | 815,207 | 1,406 | 178.0 | 271.4 | 195.4 | 310.7 | 159.0 |
| 84 | 884,258 | 1,438 | 180.5 | 283.9 | 204.3 | 328.9 | 161.0 |
| 85 | 946,726 | 1,453 | 179.7 | 302.2 | 217.5 | 346.4 | 159.3 |
| 86 | 921,126 | 1,444 | 178.2 | 298.3 | 214.7 | 355.4 | 165.5 |
| 87 | 988,602 | 1,425 | 179.1 | 322.8 | 232.3 | 365.5 | 157.3 |
| 88 | 1,079,994 | 1,454 | 181.1 | 341.8 | 246.0 | 381.3 | 155.0 |
| 89 | 1,166,194 | 1,484 | 179.3 | 365.2 | 262.9 | 406.8 | 154.8 |
| 90 | 1,252,052 | 1,505 | 176.6 | 392.6 | 282.5 | 437.2 | 154.7 |

資料：粗付加価値額は表3-4の資料の「生産者価格表示の産業別国内総生産」より作成。

うことはなく，ほぼ同様の動きをしているとみて差し支えなかろう。これを見ると，「固定資本減耗」部分が国内総生産に占める比率は1970～89年において，日本では12.2～14.5％の間にあり，アメリカでは8.9～12.3％の間にある。最大値と最小値の差は，日本で2.3ポイント，アメリカで3.8ポイントであり小さく，しかも「固定資本減耗」の構成比率は，1970年に日本で13.4％，アメリカで8.9％，1989年に同じく14.5％，10.7％で，両年を比較すると日本で1.1ポイトン，アメリカで1.8ポイントの上昇でその差はわずかに0.7ポイントの違いであるから，「固定資本減耗」の粗付加価値額の変化に対する影響は小さ

表3-8(1)　国内総生産の構成：日本（1970～90年）　　　　　　　　（単位：10億円，％）

| 年 | 国内総生産（＝国内総支出） | | 国内総生産の構成 | | | | | | |
|---|---|---|---|---|---|---|---|---|---|
| | | | 雇用者所得 | | 営業余剰 | | 固定資本減耗 | | 間接税－補助金 |
| | 名目 | 前年比 | | 構成比 | | 構成比 | | 構成比 | 構成比 |
| 1970 | 73,285 | +17.9 | 31,225 | 42.6 | 27,881 | 38.0 | 9,848 | 13.4 | 4,397 | 6.0 |
| 71 | 80,632 | +10.0 | 37,096 | 46.0 | 27,414 | 34.0 | 11,063 | 13.7 | 4,808 | 6.0 |
| 72 | 92,306 | +14.5 | 43,035 | 46.6 | 31,323 | 33.9 | 12,997 | 14.1 | 5,425 | 5.9 |
| 73 | 112,420 | +21.8 | 54,081 | 48.1 | 37,421 | 33.3 | 15,495 | 13.8 | 6,709 | 6.0 |
| 74 | 134,169 | +19.3 | 68,411 | 51.0 | 40,541 | 30.2 | 18,006 | 13.4 | 7,131 | 5.3 |
| 75 | 148,031 | +10.3 | 79,648 | 53.8 | 40,871 | 27.6 | 19,313 | 13.0 | 7,529 | 5.1 |
| 76 | 165,851 | +12.0 | 90,292 | 54.4 | 45,634 | 27.5 | 21,288 | 12.8 | 8,690 | 5.2 |
| 77 | 185,622 | +11.4 | 102,795 | 55.4 | 48,693 | 26.2 | 23,012 | 12.4 | 10,421 | 5.6 |
| 78 | 204,404 | +10.1 | 111,079 | 54.3 | 56,422 | 27.6 | 24,999 | 12.2 | 11,198 | 5.5 |
| 79 | 221,547 | + 8.4 | 120,062 | 54.2 | 60,368 | 27.2 | 27,644 | 12.5 | 13,258 | 6.0 |
| 80 | 240,176 | + 8.4 | 130,398 | 54.3 | 64,757 | 27.0 | 30,701 | 12.8 | 14,095 | 5.9 |
| 81 | 257,963 | + 7.4 | 141,490 | 54.8 | 66,332 | 25.7 | 34,059 | 13.2 | 15,710 | 6.1 |
| 82 | 270,601 | + 4.9 | 149,559 | 55.3 | 68,217 | 25.2 | 36,216 | 13.4 | 16,505 | 6.1 |
| 83 | 281,767 | + 4.1 | 157,357 | 55.8 | 69,233 | 24.6 | 38,426 | 13.6 | 16,664 | 5.9 |
| 84 | 300,543 | + 6.7 | 166,120 | 55.3 | 74,395 | 24.8 | 40,778 | 13.6 | 19,137 | 6.4 |
| 85 | 320,419 | + 6.6 | 173,892 | 54.3 | 81,501 | 25.4 | 43,615 | 13.6 | 21,250 | 6.6 |
| 86 | 334,609 | + 4.4 | 181,959 | 54.4 | 84,787 | 25.3 | 46,170 | 13.8 | 21,535 | 6.4 |
| 87 | 348,425 | + 4.1 | 189,069 | 54.3 | 86,625 | 24.9 | 48,861 | 14.0 | 24,961 | 7.2 |
| 88 | 371,429 | + 6.6 | 200,111 | 53.9 | 93,250 | 25.1 | 52,306 | 14.1 | 27,469 | 7.4 |
| 89 | 395,844 | + 6.6 | 214,623 | 54.2 | 96,382 | 24.3 | 57,530 | 14.5 | 29,001 | 7.3 |
| 90 | 426,241 | + 7.7 | … | … | … | … | … | … | … | … |

く，無視してもよい。

そこで，表3-6，3-7の算定結果を見ると，製造業における1時間当たりの実質価値生産額（不変価格表示）は，両国で年々増大している，1970年から1989年までの期間に，アメリカでは約1.76倍，日本では約2.63倍になっている。それが意味することは，両国の国民的労働1時間当たりに生産される価値の貨幣量表示額自体が年々増加しているということである。この貨幣量の増加は価格標準の切り下げによるものではなく，貨幣量そのものの増加の近似値を示す指標である。したがって，同じ量の国民的労働が，年々より多くの貨幣量で示されていることを示す。同じ国民的労働1時間に生産される価値は，生産性が変化しても変わらないはずであるのに，年々貨幣量表示額が増加しているのである。それは，国民的労働の国際的な価値生産度が高くなったことを示してい

表 3-8(2)　国内総生産の構成：米国（1970～90年）　　　　（単位：億ドル，％）

| 年 | 国内総生産(＝国内総支出) | | 国内総生産の構成 | | | | | | |
|---|---|---|---|---|---|---|---|---|---|
| | 名目 | 前年比 | 雇用者所得 | 構成比 | 営業余剰 | 構成比 | 固定資本減耗 | 構成比 | 間接税－補助金 | 構成比 |

| 年 | 名目 | 前年比 | 雇用者所得 | 構成比 | 営業余剰 | 構成比 | 固定資本減耗 | 構成比 | 間接税－補助金 | 構成比 |
|---|---|---|---|---|---|---|---|---|---|---|
| 1970 | 9,855 | ＋ 5.2 | 6,120 | 62.1 | 1,940 | 19.7 | 881 | 8.9 | 914 | 9.3 |
| 71 | 10,685 | ＋ 8.4 | 6,522 | 61.0 | 2,187 | 20.5 | 965 | 9.0 | 1,010 | 9.5 |
| 72 | 11,750 | ＋10.0 | 7,180 | 61.1 | 2,429 | 20.7 | 1,064 | 9.1 | 1,077 | 9.2 |
| 73 | 13,104 | ＋11.5 | 8,013 | 61.2 | 2,752 | 21.0 | 1,164 | 8.9 | 1,175 | 9.0 |
| 74 | 14,144 | ＋ 7.9 | 8,775 | 62.0 | 2,730 | 19.3 | 1,360 | 9.6 | 1,280 | 9.0 |
| 75 | 15,319 | ＋ 8.3 | 9,314 | 60.8 | 3,035 | 19.8 | 1,593 | 10.4 | 1,377 | 9.0 |
| 76 | 16,975 | ＋10.8 | 10,364 | 61.1 | 3,354 | 19.8 | 1,750 | 10.3 | 1,507 | 8.9 |
| 77 | 19,651 | ＋11.5 | 11,766 | 59.9 | 4,243 | 21.6 | 2,015 | 10.3 | 1,627 | 8.3 |
| 78 | 22,191 | ＋12.9 | 13,292 | 59.9 | 4,858 | 21.9 | 2,299 | 10.4 | 1,742 | 7.9 |
| 79 | 24,644 | ＋11.1 | 14,914 | 60.5 | 5,213 | 21.2 | 2,658 | 10.8 | 1,859 | 7.5 |
| 80 | 26,844 | ＋ 8.9 | 16,382 | 61.0 | 5,348 | 19.9 | 3,038 | 11.3 | 2,076 | 7.7 |
| 81 | 30,005 | ＋11.8 | 18,074 | 60.2 | 6,005 | 20.0 | 3,478 | 11.6 | 2,448 | 8.2 |
| 82 | 31,148 | ＋ 3.8 | 19,070 | 61.2 | 5,745 | 18.4 | 3,832 | 12.3 | 2,501 | 8.0 |
| 83 | 33,559 | ＋ 7.7 | 20,207 | 60.2 | 6,701 | 20.0 | 3,966 | 11.8 | 2,685 | 8.0 |
| 84 | 37,248 | ＋11.0 | 22,139 | 59.4 | 7,914 | 21.2 | 4,155 | 11.2 | 3,040 | 8.2 |
| 85 | 39,741 | ＋ 6.7 | 23,675 | 59.6 | 8,430 | 21.2 | 4,372 | 11.0 | 3,264 | 8.2 |
| 86 | 41,972 | ＋ 5.6 | 25,114 | 59.8 | 8,896 | 21.2 | 4,601 | 11.0 | 3,361 | 8.0 |
| 87 | 44,867 | ＋ 6.9 | 26,864 | 59.9 | 9,629 | 21.5 | 4,870 | 10.9 | 3,504 | 7.8 |
| 88 | 48,402 | ＋ 7.9 | 29,051 | 60.0 | 10,483 | 21.7 | 5,143 | 10.6 | 3,725 | 7.7 |
| 89 | 51,632 | ＋ 6.7 | 30,790 | 59.6 | 11,221 | 21.7 | 5,544 | 10.7 | 4,077 | 7.9 |
| 90 | 54,234 | ＋ 5.0 | 32,442 | 59.8 | 11,658 | 21.5 | 5,756 | 10.6 | 4,378 | 8.1 |

　る。図3-3を見ると，この期間に，両国ともに労働生産性が上昇しているのがわかる。すなわち，国際間において恒常的に商品交換をおこなっている国では，国際価値法則の作用の影響のもとで，国民的生産諸力が高まった結果，国民的労働の国際的な価値生産度が高くなり，このため国民的労働の貨幣量表現が増加したのである。これを貨幣の側から見れば，一定量の貨幣（金）で表現される国民的労働の分量が少なくなった，すなわち国際間において「貨幣の相対的価値」は小さくなったのである。マルクスの述べた国際間における「貨幣の相対的価値」の相違の現実的意味がここにあるといえる。

　しかも，日本とアメリカを比較してみると，日本のほうが，アメリカよりも，時間当たりの価値生産額の貨幣量表示額の増加率は高い。また，同じ期間の労働生産性の上昇率も日本のほうが高く，労働生産性の上昇率と国際的な価値生

図3-3 製造業の生産性の変化（1977年＝100）

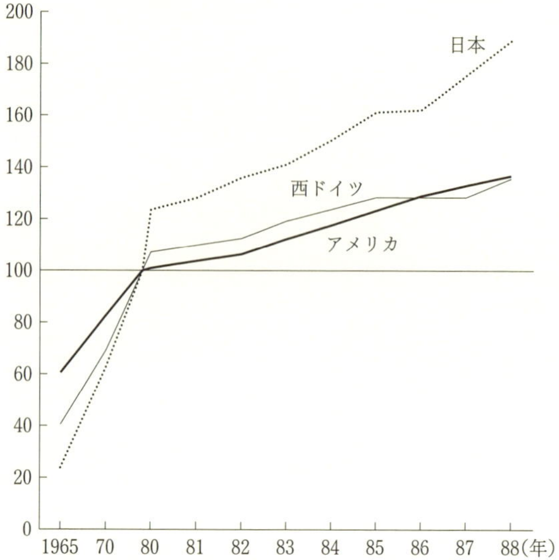

出所：『世界経済白書』1990年版，314頁。
資料：米商務省 *Survey of Current Business*, 『科学技術白書』1990年版，独連邦統計局 *National Accounts*, 1989 等より作成。

産度の向上率，国民的労働の貨幣量表現の上昇率は対応関係にあることがこれでわかる。両国とも国民的労働の生産諸力は上昇しているが，その上昇率はアメリカに比べて日本においてより高かった。その結果，アメリカに比べて日本のほうが国際的な価値生産度の上昇率はより高く，1時間当たりの国民的労働の貨幣量表現の上昇率もより高かったために，「貨幣の相対的価値」の低下率は日本のほうがアメリカよりも進んでいることも確認できる。これは両国の最も基礎的な経済力の変化を示すものである。なぜならば，この期間において日本の製造業はアメリカの製造業よりもそれまでより1時間当たりの国際的な価値生産度がより高くなったと評価されるからである。これは，この期間における日本とアメリカの国内の製造業の基礎的な経済力の変化を物語っているといってよい。日本の製造業は国際的な価値生産の点で急速に上昇したが，アメリカの製造業は日本の製造業に比べれば相対的には低下したといえるからである。これは世界市場における両国製造業の競争にも影響を与えている。表3-9を

表 3-9 資本主義圏の輸出に占める主要国の割合
(単位：％)

| 年 | 日本 | 米国 | イギリス | 西ドイツ | フランス |
|---|---|---|---|---|---|
| 1971 | 7.7 | 14.1 | 7.2 | 12.5 | 6.6 |
| 72 | 7.7 | 13.4 | 6.6 | 12.5 | 7.1 |
| 73 | 7.1 | 13.7 | 6.0 | 13.0 | 7.1 |
| 74 | 7.2 | 12.8 | 5.1 | 11.6 | 6.0 |
| 75 | 7.1 | 13.7 | 5.6 | 11.4 | 6.7 |
| 76 | 7.4 | 12.8 | 5.0 | 11.2 | 6.3 |
| 77 | 7.8 | 11.9 | 5.4 | 11.4 | 6.3 |
| 78 | 8.2 | 12.2 | 5.7 | 11.9 | 6.6 |
| 79 | 6.7 | 12.2 | 5.7 | 11.2 | 6.6 |
| 80 | 7.0 | 12.2 | 6.0 | 10.4 | 6.3 |
| 81 | 8.4 | 13.2 | 5.6 | 9.7 | 5.9 |
| 82 | 8.3 | 13.0 | 5.8 | 10.6 | 5.8 |
| 83 | 9.0 | 12.6 | 5.6 | 10.4 | 5.8 |
| 84 | 9.9 | 13.0 | 5.4 | 9.9 | 5.8 |
| 85 | 10.0 | 12.5 | 5.8 | 10.5 | 5.8 |
| 86 | 10.9 | 11.8 | 5.6 | 12.6 | 6.5 |
| 87 | 10.1 | 11.2 | 5.8 | 13.0 | 6.5 |
| 88 | 10.2 | 12.4 | 5.6 | 12.4 | 6.5 |

出所：『国際比較統計』各年版。

見ると，この期間に資本主義圏の輸出額に占めるアメリカのシェアは，1971年の14.1％から1988年には12.4％低下しているのに対して，日本のシェアは1971年の7.7％から1988年には10.2％に上昇していて，世界貿易におけるアメリカ国民経済の経済力の衰退ないし停滞傾向に対して，日本の国民経済の経済力の上昇傾向が見られるからである。

さて，この節での算定結果から証明されたことをまとめると，国際間で恒常的に商品交換をおこなっている国々は，価値法則の国際的な適用の修正作用の結果として，国民的生産諸力の上昇にともなって，一定時間に生産される価値生産物が増大し，それらの価値生産物の同一量は世界市場では同一の商品見本として同じ国際的価値をもつものとみなされ，その結果として一定時間に生産される価値生産物の量の違いが，国際的な価値量の違いとなり，国際的な価値生産度が高まって，国民的労働の貨幣量表現がしだいに大きくなるということである。これは世界市場における商品交換のなかで，国民的労働の国際的な価

値生産度の高まりが，一国の国民的労働の貨幣量表現に作用した結果である。

「ある一国のなかで次々に現れるいろいろな発展段階について言えることは別々の国に同時に並んで現れているいろいろな発展段階についても言える」[46]のであるから，この一国の時間的変化を，ある一時点での国民間に置き換えてみると，各国では国民的生産諸力の発展度は異なり，その国民的生産諸力の高い国の国民的労働はその低い国の国民的労働よりも国際的な価値生産度は高く，その結果として国民的生産諸力の高い国の国民的労働によって生産される価値生産物はその低い国の国民的労働の同一時期に生産される価値生産物に比べればより大きい貨幣量で表現されるといえる。そして，それは同時に，国民的生産諸力の高い国の国民的労働はその低い国の国民的労働の同一時間に比べてより多くの貨幣量で表現されることを意味している。したがって，これから「貨幣の相対的価値」は国民的生産諸力の高い国のほうが，その低い国に比べれば小さいと結論することは，日本とアメリカで1970年において価値生産額が仮に等しかったと前提すれば，製造業の1時間当たり実質付加価値額の日本とアメリカの増加率の格差を示すこの節の算定結果から現実的にも証明されたといってよい。

## 第4節　1人当たりの国民所得の国際的な格差

前節では，アメリカと日本の国内製造業の1時間当たりの付加価値（v+m：価値生産物）の分析を通じて，国民的生産諸力が高まるにしたがって，一定時間に国民的労働によって生産される価値生産物の貨幣量表現が高まることが確認できた。また，このような一国内における時系列的な変化は，「別の国々に同時に並んで現れているいろいろな発展段階についても言える」のであるから，国民的生産諸力の高い国の国民的労働は，その低い国の国民的労働に比べれば，同一時間に生産する価値生産物の貨幣量表現が大きくなることも，日本とアメリカの製造業の時間当たりの不変価格表示の付加価値の変化率の格差の分析で明らかになった。それは同時に「貨幣の相対的価値」は国民的生産諸力の高い国では，その低い国に比べれば小さいことを意味していた。

ところで，一国の国民所得である「総収入は，総生産物のうちの，前貸しさ

れて生産で消費された不変資本を補塡する総生産中の価値部分およびそれによって計られる生産物部分を引き去ったあとに残るところの，総生産物中の価値部分およびそれによって計られる生産物部分」[47] である。要するに，労働者がその労働によって新たに創出した価値生産物およびその価値部分（v＋m）であって，賃銀と剰余価値の合計である。現行『国民経済計算』では貨幣形態を中心に見るため，国民所得は「商品が実現されて貨幣形態をとったいわば付加価値の産業別合計であり，価値と使用価値との統一としての商品の大量としての国民所得を反映するものではなく，総産出高マイナス経費（使用者費用）としての貨幣額」[48] ととらえられている。このため，生産的部門と不生産的部門との差異が無視され，本源的所得と派生的所得の区別がなく，不生産的部門の所得分だけ重複計算され過大評価されている[49]。また，現行国民所得は，個別資本の視角からとらえられているため，「国民所得を構成し，国民所得に算入すべき部分が脱落するという事態が生ずる。すなわち，生産国民所得は，総産出高から中間生産物経費を控除して算出されるのであるが，この場合，利潤の一部が個別資本の見地から費用と見なされる」[50] ことになる。この利潤の費用化部分である広告宣伝費や純粋の流通費，加速度償却による過度な減価償却費部分は剰余価値の一部であるのに，国民所得には計算されず，この部分だけ過小評価されることになる。このような問題はあるものの，ともかく現行国民所得は，価値生産物の，商品―貨幣―商品，という流通過程を生産国民所得，分配国民所得，支出国民所得として反映しているのである。

　ところで，最初に見たような1人当たりの国民所得の国際的な格差は，歪んだ形ではあるが各国の国民的労働1人当たりの価値生産物の格差を反映し，上に述べたような現行国民所得の過大評価・過小評価や為替相場の「通貨価値」からの乖離によって説明できないほど大きいのであって，各国が同一時間に生産する価値生産物の価値そのものが違うといわねばならない[51]。このように1人当たりの国民所得の国際的な格差の基礎には，これまで見てきた価値法則の修正すなわち国民的生産諸力の発展度の違いにもとづく各国民の国際的な価値生産度格差と貨幣の国民的価値の相違（「貨幣の相対的価値」の国民的相違）がある。国民的生産諸力の高い国の生産的労働者は1年間にそのより低い国の生産的労働者よりも国際的にはより多くの価値の価値生産物を生産し，それは国

民的価値の小さい貨幣で表現されるためより多くの貨幣額で表現されるといえ，それが表3-1のように1人当たりの国民所得の国際的な格差となって現れているのである。すなわち「より強度でより生産的な一国の労働日は，一般的に言って，世界市場では強度または生産性がよりわずかな一国の労働日に比べて，より多くの貨幣で表される」ことが1人当たりの国民所得の国際的な格差の最基底にあるといえる。なぜなら，1日の労働時間にいえるとは，1年間の総労働時間についてもいえるからである。国民的生産諸力の高い国の国民1人が1年間に支出する総労働時間およびそれによって生産される価値生産物は，その低い国の国民1人が支出する同じ総労働時間およびそれによって生産される価値生産物よりもより多くの貨幣で表現されるからである。したがって，表3-1に見られるように国民的生産諸力の低い国のほうがその高い国より1年間の労働時間が長い傾向があってすら，1人当たりの国民所得は国民的生産諸力の高い国のほうが低い国よりも大きいのである。

## 第5節 「貨幣の相対的価値」と貨幣賃銀の国際的格差

国民的生産諸力の高い国はその低い国に比べて「貨幣の相対的価値」すなわち貨幣の国民的価値は小さいということは，1人当たりの国民所得の国際的な格差ばかりでなく，貨幣賃銀の国際的な格差を考えるうえでも，重要な視角となる。そこで，「貨幣の相対的価値」と貨幣賃銀および剰余価値率との関係をここで考えてみよう。

貨幣賃銀とは，一般商品の価格と同じように労働力の価値を貨幣金の量によって表したものである。すなわち，貨幣賃銀は労働力の価値と貨幣金の価値によって規定される。そこで1労働日の貨幣賃銀は次のような式で表すことができる。

$$1労働日の貨幣賃銀 = \frac{1労働日の労働力の価値}{貨幣1単位の価値} \times 貨幣1単位の「価格」（価格標準の逆数）$$

この式は，要するに，一般商品と同様に1日の労働力の価値を貨幣金の量で表現し，この金量を価格標準にしたがって貨幣名で呼べば貨幣賃銀が求められることを示している。たとえば，1日の労働力の価値が2時間とし，金1gの

価値が0.25時間とすれば，1日の貨幣賃銀は金で表せば8gの金となる。このとき価格標準が1ドル＝金12分の1gであるならば，金の「価格」はその逆数の金1g＝12ドルであり，この金の「価格」をさきの金量に掛け合わせれば（8×12），1日の賃銀96ドルが求められることを意味している。ここでは，価格標準の変更は問題ではないので，貨幣賃銀を金量そのもので考えてもよい。

　これから，一般的にいえることは，労働力の価値に変化がなく，したがって剰余価値率に変化がない場合にも，貨幣1単位の価値が変化すれば，1労働日の貨幣賃銀は変わるということである。たとえば，いまもし1労働日の労働力の価値は不変で，しかも貨幣1単位の価値が2分の1に低下したならば，1労働日の貨幣賃銀は2倍に増加する。しかしこの場合，貨幣賃銀の額が増加したからといって，労働者の手にする生活手段の分量が増えたことを意味しないし，支払労働部分が増えたわけでもない。したがって，貨幣賃銀が増加したからといって，ただちに労働力の価値が増加したということもできないし，剰余価値率が低下し，剰余価値に比べて支払労働部分（相対的な労働の価格）が増えたともいえないのである。これから確認できることは，一般的にいって貨幣賃銀は労働力の価値および剰余価値率とは独立に，貨幣側の要因によって変化する可能性が存在することである。

　さらに，労働力の価値の低下とその結果生ずる剰余価値率の上昇，そして貨幣賃銀の増加とが同時に起こる場合もある。いま労働力の再生産のために必要な一定量の生活手段の価値が，生活手段生産部門の生産性が2倍に高まったため2分の1に低下したとしよう。他方で，貨幣の価値は4分の1に低下したとしよう。その場合にも1日の貨幣賃銀は2倍になる。ところが，その場合，貨幣賃銀が2倍になったからといって労働力の価値が2倍になったわけでもないし，剰余価値に比べて支払労働部分（相対的な労働の価格）が2倍となったわけでもない。逆に以前に比べれば労働力の価値は半減しているし，剰余価値率は上昇している。だから，高い貨幣賃銀と高い剰余価値率とは矛盾するものではない。

　このように貨幣の価値の変化を考慮すれば，貨幣賃銀の増減は労働力の価値と相対的な労働の価格に正比例し，剰余価値率に対して反比例するとは一般的にいうことはできないのである。

このような時間的な貨幣賃銀と労働力の価値，貨幣の価値の変化の関係を，労賃の比較および剰余価値率の比較にさいして，一時点における各国民間における労働力の国民的価値と貨幣の国民的価値の国際的な同時的相違に適用したのが，「労賃の国民的相違」の文章なのである。

マルクスは，さきに引用した『資本論現行版』において「貨幣の相対的価値」の国民的相違の文章の後段で次のように述べている。

「貨幣の相対的価値は，資本主義的生産様式がより高く発達している国民のもとでは，それがあまり発達していない国民のもとでよりも小さいであろう。したがって，名目労賃，すなわち貨幣で表現された労働力の等価も，第一の国民のもとでは，第二の国民のもとでよりも高いであろうということになる。とはいっても，このことが現実の賃銀にも，すなわち労働者が自由に処分しうる生活手段にもあてはまる，という意味ではけっしてないのであるが」[52]。

『初版』では次のように叙述されている。

「より強度でより生産的な一国の労働日は，一般的に言って，世界市場では，強度または生産性がよりわずかな一国の労働日に比べて，より多くの貨幣表現で表される。労働日についてあてはまることは，労働日の可除部分についてもあてはる。だから，たとい相対的労賃，すなわち，労働者が産み出す剰余価値または彼の全価値生産物または食料品の価格と比べた労賃が，より低いものであっても，労働の絶対的な価格は，一方の国では他方の国においてよりもいっそう高いことがありうる」[53]。

『現行版』で使われている「名目労賃」とは，貨幣で表現された労働力の等価のことである。労賃は価格標準の変更すなわち金の一定量に付けられた貨幣名の変更によっても名目的に変化するので，これと区別する意味でここでは「名目労賃」という用語を避け，貨幣賃銀・貨幣労賃と呼ぶことにする。

『現行版』で述べられていることは，貨幣の国民的価値は国民的生産諸力の高い国では，その低い国でよりも小さい，したがって，一般的にいって，労働力の価値や剰余価値率の相違とは無関係に，国民的生産諸力の高い国は低い国よりその要因で貨幣賃銀は高くなる傾向があるということである。

『初版』ではこの点についてはより直截に叙述されている。国民的生産諸力の高い国の労働日（v+m）はその低い国に比べてより多くの貨幣で表現される

として，労働日全体（v＋m）についてあてはまることは，その可除部分である労働力の価値（v）についてもあてはまり，労働力の価値も国民的生産諸力の低い国に比べてより多くの貨幣で表現されるとし，貨幣賃銀も高いとしている。

　たとえば，国民的生産諸力の点でⅠ国はⅡ国に比べて3倍高いとしよう。労働力の再生産に必要な生活手段の範囲は自然的・歴史的・文化的に決まるので，労働力の価値は簡単に比較することはできないが，ここでは「貨幣の相対的価値」と貨幣賃銀との関係をわかりやすく理解するために，両国で労働力の再生産のために必要な生活手段の分量を同一であると仮定しよう。そして，生活手段部門の生産性格差がⅠ国はⅡ国に比べて2倍高いとしよう。1労働日はともに8時間であるとし，Ⅰ国で1労働日の労働力の再生産に要する一定量の生活手段を生産するのに2時間かかるとすれば，Ⅱ国では同一量の生活手段を生産するのに4時間かかることになる。Ⅰ国では労働力の国民的価値は2時間で，Ⅱ国ではそれは4時間である。「貨幣の相対的価値」すなわち貨幣の国民的価値は両国の国民的生産諸力によって両国の国際的な価値生産度格差と一致し，たとえば，Ⅰ国の国民的労働1時間が金1gで表され，Ⅱ国の3時間が金1gで表されるとしよう。この場合，Ⅰ国の貨幣賃銀は金2gとなり，Ⅱ国の貨幣賃銀は金1.3gとなる。しかしこの場合，この貨幣賃銀を比較して，労賃は生産性の高い国のほうが生産性の低い国に比べて高く，したがってⅠ国のほうがⅡ国よりも支払労働部分が多く，剰余価値率も低いということはできない。Ⅰ国とⅡ国の国民的な剰余価値率を計算してみるとⅠ国のそれは300％であり，Ⅱ国のそれは100％であり，実質賃銀は同一である。上の場合，他の条件に変わりなく，貨幣賃銀がⅠ国で金2g以下に低下すれば，たとえⅡ国の金1.3gよりも多かったとしても，実質賃銀はⅠ国においてはⅡ国においてよりも低いことになり，剰余価値率はさらに高くなる。

　このように，国民的生産諸力の高い国はそのより低い国に比べて，「貨幣の相対的価値」が低いために，貨幣賃銀は高くなる傾向があるが，「とはいっても，このことが現実の賃銀にも，すなわち労働者が自由に処分しうる生活手段にもあてはまる，という意味ではけっしてない」のであるし，「たとい相対的労賃，すなわち，労働者が産み出す剰余価値または彼の全価値生産物または食料品の価格と比べた労賃が，より低いものであっても，労働の絶対的な貨幣価

表 3-10　米国の製造業における 1 時間当たり名目付加価値額：名目賃銀と実質賃銀の推移（1975～90年）

| 年 | 製造業の時間当たり名目生産価値額 ドル／時 ① | 名目生産価値額の指数 （①の指数） 1975＝100 ② | 製造業の1時間当たり名目賃銀 （生産労働者） ドル／時 ③ | 名目賃銀の指数 （③の指数） 1975＝100 ④ | 生産価値額に対する賃銀の比率 ③／①×100 ⑤ | 実質賃銀指数 1975＝100 |
|---|---|---|---|---|---|---|
| 1975 | 8.56 | 100.0 | 5.25 | 100.0 | 61.3 | 100.0 |
| 76 | 9.35 | 109.2 | 5.71 | 108.8 | 61.1 | 102.8 |
| 77 | 10.14 | 118.5 | 6.20 | 118.1 | 61.1 | 104.9 |
| 78 | 10.89 | 127.2 | 6.74 | 128.4 | 62.1 | 105.9 |
| 79 | 11.69 | 136.6 | 7.32 | 139.4 | 62.6 | 103.3 |
| 80 | 12.78 | 149.3 | 7.94 | 151.2 | 62.1 | 98.8 |
| 81 | 14.16 | 165.4 | 8.76 | 166.9 | 61.9 | 98.8 |
| 82 | 14.88 | 173.8 | 9.34 | 177.9 | 62.8 | 100.3 |
| 83 | 15.33 | 179.1 | 9.66 | 184.0 | 63.0 | 100.4 |
| 84 | 16.22 | 189.5 | 10.04 | 191.2 | 61.9 | 100.2 |
| 85 | 16.67 | 194.7 | 10.41 | 198.3 | 62.4 | 100.5 |
| 86 | 16.86 | 197.0 | 10.67 | 203.2 | 63.3 | 101.1 |
| 87 | 18.08 | 211.2 | 10.89 | 207.4 | 60.2 | 99.5 |
| 88 | 19.59 | 228.9 | 11.10 | 211.4 | 56.7 | 97.4 |
| 89 | 20.34 | 237.6 | 11.47 | 218.5 | 56.4 | 96.0 |
| 90 | 20.81 | 243.1 | 11.86 | 225.9 | 57.0 | 94.2 |

資料：「時間当たり名目生産価値額」は表 3-3 より，「製造業の時間当たり名目賃銀」と「実質賃銀指数」は『国際比較統計』各年版より作成。ただし，1983 年以降の「実質賃銀指数」は 1985 年基準の数値を比例換算方法により 1975 年基準に接続した。

格は，一方の国では他方の国においてよりもいっそう高いことがありうる」のである。

さきの貨幣賃銀を求める式は次のように書き換えることができる。

$$1\text{労働日の貨幣賃銀} = \frac{\text{価値生産物}(v+m) \times [v/(v+m)]}{\text{貨幣1単位の価値}} \times \text{貨幣1単位の価格}$$

これは，1 労働日の貨幣賃銀は 1 労働日の価値生産物の貨幣量表現ならびに剰余価値と労働力の価値との割合によって決まることを示している。すなわち，1 労働日全体の生産する価値生産物の貨幣量表現，簡単にいえば 1 労働日の貨幣量表現が，その可除部分 $[v/(v+m)]$ である，労働力の価値（v）の貨幣量表現を規定するということであり，『初版』の叙述に対応する式である。この式から，各国の貨幣賃銀は，価値生産物の貨幣量表現と剰余価値率を反映する労

第3章　国民所得と労賃の国際的格差

表3-11　日本の製造業における1時間当たり名目価値生産額：名目賃銀と実質賃銀の推移（1975～90年）

| 年 | 製造業の時間当たり名目生産価値額<br>円／時<br>① | 名目生産価値額の指数<br>（①の指数）<br>1975＝100<br>② | 製造業の1時間当たり名目賃銀<br>（生産労働者）<br>円／時<br>③ | 名目賃銀の指数<br>（③の指数）<br>1975＝100<br>④ | 生産価値額に対する賃銀の比率<br>③／①×100<br>⑤ | 実質賃銀指数<br>1975＝100 |
|---|---|---|---|---|---|---|
| 1975 | 1,296.4 | 100.0 | 790.0 | 100.0 | 60.9 | 100.0 |
| 76 | 1,446.0 | 111.5 | 849.1 | 107.5 | 58.7 | 98.4 |
| 77 | 1,544.5 | 119.1 | 927.0 | 117.3 | 60.0 | 99.3 |
| 78 | 1,691.9 | 130.5 | 981.2 | 124.2 | 58.0 | 101.3 |
| 79 | 1,755.8 | 135.4 | 1,025.0 | 129.7 | 58.4 | 102.1 |
| 80 | 1,843.9 | 142.2 | 1,090.3 | 138.0 | 59.1 | 100.6 |
| 81 | 1,936.8 | 149.4 | 1,161.9 | 147.1 | 60.0 | 102.3 |
| 82 | 2,041.3 | 157.5 | 1,209.8 | 153.1 | 59.3 | 103.7 |
| 83 | 2,075.0 | 160.1 | 1,243.0 | 157.3 | 59.9 | 104.5 |
| 84 | 2,196.0 | 169.4 | 1,287.0 | 162.9 | 58.6 | 105.7 |
| 85 | 2,313.5 | 178.5 | 1,314.5 | 166.4 | 56.8 | 105.8 |
| 86 | 2,373.6 | 183.1 | 1,359.9 | 172.1 | 57.3 | 108.9 |
| 87 | 2,440.9 | 188.3 | 1,374.1 | 173.9 | 56.3 | 109.8 |
| 88 | 2,546.3 | 196.4 | 1,390.9 | 176.1 | 54.6 | 110.3 |
| 89 | 2,716.8 | 209.6 | 1,478.4 | 187.1 | 54.4 | 114.8 |
| 90 | 2,919.6 | 225.2 | 1,821.2 | 230.5 | 62.4 | 118.4 |

資料：「時間当たり名目生産価値額」は表3-4より，「製造業の時間当たり名目賃銀」と「実質賃銀指数」は『国際比較統計』各年版より作成。ただし，1983年以降の「実質賃銀指数」は1985年基準の数値を比例換算方法により1975年基準に接続した。

働分配率［v/(v+m)］とによって決まることがわかる。そこでこの点を，第3節で求めた日本とアメリカの製造業における1時間当たりの価値生産額と1時間当たりの賃銀とを時系列的に比較して見てみよう。

表3-10，3-11は，日本とアメリカの製造業において名目価値生産額と名目賃銀の推移を1975年から1990年（ただし，日本の1990年の名目賃銀額はそれ以前とは不連続であるから比較は不可能）まで示している。第3節の検討でわかったように，名目付加価値額の変化には価格標準の切り下げ（インフレーション）と「貨幣の相対的価値（貨幣の国民的価値）」の変化という2つの要因が作用している。ところで，現実のインフレーションの過程は，まず商品の価格が名目的に上昇し，一定のタイムラグの後に最後に名目賃銀が上昇するかたちをとる。このタイムグラの間に実質的に賃銀を低下させることによって，利潤

表3-12 製造業における粗付加価値額に対する粗営業余剰の割合

|  | 1960 | 1968 | 1974 | 1979 | 1980 | 1981 | 1982 | 1983 | 1984 | 1985 | 1986 | 1987 |
|---|---|---|---|---|---|---|---|---|---|---|---|---|
| アメリカ | 25.2 | 27.5 | 22.0 | 24.3 | 22.2 | 23.6 | 22.8 | 24.9 | 26.8 | 25.6 | 26.4 | 27.1 |
| 日本 | 55.1 | 55.8 | 47.1 | 43.4 | 43.7 | 42.0 | 42.0 | 41.3 | 42.3 | 42.3 | 41.7 | 42.1 |
| 西ドイツ | 39.1 | 37.5 | 30.3 | 28.8 | 25.6 | 24.5 | 26.1 | 29.0 | 29.3 | 30.3 | 31.5 | 29.5 |
| フランス | … | … | … | 29.4 | 24.9 | 23.5 | 23.7 | 25.6 | 25.9 | 27.6 | 31.7 | … |
| イギリス | 29.5 | 24.8 | 19.8 | 21.3 | 18.8 | 17.5 | 21.1 | 23.3 | 24.2 | 26.9 | 28.1 | 29.5 |

出所：OECD, *Historical Statistics*.

率の上昇，したがって資本蓄積を促進することが，インフレーション政策の目的である。しかし，一定の期間の後には，商品価格の名目的上昇に対応して名目賃銀も上昇し，ともに新たな価格標準のもとで価格が表示されるのであるから，長期的な推移を検討する場合にはこのインフレーション過程の商品と賃銀におけるタイムラグの問題は無視してもよい。そこで，表の名目価値生産額と名目賃銀の変動に対して，インフレーションは同じように作用しているといえる。また，第3節で実質付加価値の推移で見たように，実際に国民的労働1時間当たりの貨幣量表示額が上昇しているのであるから，表の名目価値生産額と名目賃銀額の変化率を比較すると，「貨幣の相対的価値」の変化と貨幣賃銀の変化の関係が明らかになる。

　表3-10の②と④を見ると，アメリカの製造業では，価値生産額は1975年から89年の間に238％上昇しているのに対して，名目賃銀は同期間に219％上昇している。そして，労働分配率の変化を見るために，OECDの付加価値に占める利潤の割合を見てみよう。表3-12は製造業の粗付加価値に占める営業余剰の割合を示しているが，減価償却部分の割合は表3-8で見たようにほとんど無視できる。また，表3-13でわかるように，イギリス・西ドイツ・フランスについても1975年から89年の間に国内総生産に占める「固定資本減耗」の割合はイギリス11〜12％台，西ドイツ11〜12％台，フランス11〜12％台で同様に無視してもよい。これを見ると，アメリカでは1983年あたりから営業余剰の割合が少し高くなっているので，労働分配率が多少低下していることがわかる。これが，価値生産額の上昇に比べて，賃銀の上昇率がいくぶん低いことに現れている，と思われる。名目賃銀の上昇率は，労働分配率の変化という

第3章 国民所得と労賃の国際的格差　103

（単位：%）

| 1988 | 1989 | 平均 | | | | |
|---|---|---|---|---|---|---|
| | | 60-67 | 68-73 | 74-79 | 80-89 | 60-89 |
| … | … | 27.3 | 25.4 | 25.4 | … | 25.8 |
| 42.9 | … | 54.5 | 53.8 | 43.5 | … | 48.3 |
| 30.3 | … | 36.1 | 33.9 | 29.4 | … | 31.9 |
| … | … | … | … | … | … | … |
| … | … | 26.7 | 24.8 | 20.7 | … | 24.2 |

要因があるのでけっして正比例ではないが，価値生産額の上昇率とほぼ比例して変化しているといえよう。ただし，実質賃銀はこの期間ほとんど上昇しておらず，むしろ低下している点が他の国と違う。

表3-11の②と④を比べると，日本は同期間に価値生産額の上昇率が210%に対して，賃銀の上昇率は187%で，多少の差はあるが，ほぼ比例して変化している。これは，この期間の製造業の粗付加価値に占める営業余剰の割合を見ると，日本は1974〜79年平均が43.5%でその後もほぼ42〜43%台で，あまり変化していないことに対応する。実質賃銀は，1975年を100とすると89年には114.8である。

アメリカと日本の製造業の1時間当たりの実質付加価値額はさきに見たように上昇していたのであるから，労働分配率の変化の影響はあるものの，1時間当たりの貨幣量表現の変化に対応して貨幣賃銀も上昇しているとみなすことは可能であろう。

表3-14，3-15，3-16はこの期間について同様の算定を，イギリスと西ドイツとフランスでおこなったものである。これを見ると，イギリスで同期間の製造業の1時間当たりの価値生産額の上昇率493%に比べて賃銀の上昇率は400%と，賃銀の上昇率が大きく立ち後れているのが特徴的である。同期間の，表3-12の営業余剰の割合を見ると，1974〜79年平均の20.7%から80年代に入ってしだいに高くなり，1987年には29.5%までに高まっているので，労働分配率が低下したことが，さきの価値生産額の上昇率に比べて賃銀の上昇率が大きく立ち後れていることに現れているのである。実質賃銀は，営業余剰の割合が高まり労働分配率が低下している80年代になって，いくぶん上昇しているのが特徴である。西ドイツとフランスの1時間当たりの価値生産額は名目粗付加価値額の数値であるが，さきにみたように減価償却部分の割合の変化は小さく，この影響は無視できる。西ドイツは，1975年から88年の間に営業余剰の割合が74〜79年の平均29.4%から，80〜82年にいくぶん低下するが，それ

表 3-13(1)　国内総生産の構成：イギリス（1970～90年）　　（単位：100万ポンド，％）

| 年 | 国内総生産(＝国内総支出) 名目 | 前年比 | 雇用者所得 | 構成比 | 営業余剰 | 構成比 | 固定資本減耗 | 構成比 | 間接税－補助金 | 構成比 |
|---|---|---|---|---|---|---|---|---|---|---|
| 1970 | 51,365 | ＋ 9.7 | 30,550 | 59.5 | 8,692 | 16.9 | 4,594 | 8.9 | 7,529 | 14.7 |
| 71 | 57,638 | ＋12.2 | 33,473 | 58.1 | 11,077 | 19.2 | 5,287 | 9.2 | 7,801 | 13.5 |
| 72 | 63,774 | ＋10.6 | 37,832 | 59.3 | 11,769 | 18.5 | 6,071 | 9.5 | 8,102 | 12.7 |
| 73 | 73,493 | ＋15.2 | 43,786 | 59.6 | 13,801 | 18.8 | 7,225 | 9.8 | 8,681 | 11.8 |
| 74 | 83,588 | ＋13.7 | 52,295 | 62.6 | 13,871 | 16.6 | 8,973 | 10.7 | 8,449 | 10.1 |
| 75 | 105,422 | ＋26.1 | 68,390 | 64.9 | 15,104 | 14.3 | 11,482 | 10.9 | 10,446 | 9.9 |
| 76 | 125,611 | ＋19.2 | 77,800 | 61.9 | 20,015 | 16.7 | 13,816 | 11.0 | 12,980 | 10.3 |
| 77 | 147,120 | ＋15.1 | 86,572 | 58.8 | 27,599 | 18.8 | 16,501 | 11.2 | 16,448 | 11.2 |
| 78 | 169,620 | ＋15.3 | 98,843 | 58.3 | 32,418 | 19.1 | 19,378 | 11.4 | 18,981 | 11.2 |
| 79 | 198,511 | ＋17.0 | 115,866 | 58.4 | 34,791 | 17.5 | 22,827 | 11.5 | 25,027 | 12.6 |
| 80 | 232,625 | ＋17.2 | 137,783 | 59.2 | 36,135 | 15.5 | 27,952 | 12.0 | 30,755 | 13.2 |
| 81 | 256,444 | ＋10.2 | 149,737 | 58.4 | 38,970 | 15.2 | 31,641 | 12.3 | 36,096 | 14.1 |
| 82 | 279,658 | ＋ 9.1 | 158,838 | 56.8 | 46,511 | 16.6 | 33,653 | 12.0 | 40,656 | 14.5 |
| 83 | 305,566 | ＋ 9.3 | 170,015 | 55.6 | 56,170 | 18.4 | 36,150 | 11.8 | 43,231 | 14.1 |
| 84 | 324,926 | ＋ 6.3 | 180,857 | 55.7 | 60,272 | 18.5 | 38,758 | 11.9 | 45,039 | 13.9 |
| 85 | 356,352 | ＋ 9.7 | 195,570 | 54.9 | 69,522 | 19.5 | 41,883 | 11.8 | 46,367 | 13.9 |
| 86 | 383,530 | ＋ 7.6 | 211,519 | 55.2 | 70,333 | 18.3 | 44,957 | 11.7 | 56,721 | 14.8 |
| 87 | 421,468 | ＋ 9.9 | 229,037 | 54.3 | 81,301 | 19.3 | 48,260 | 11.5 | 62,870 | 14.9 |
| 88 | 467,282 | ＋10.9 | 254,985 | 54.6 | 88,963 | 19.0 | 53,290 | 11.4 | 70,044 | 15.0 |
| 89 | 503,923 | ＋ 8.9 | 283,036 | 55.6 | 95,285 | 18.7 | 56,186 | 11.0 | 74,416 | 14.6 |
| 90 | 543,937 | ＋ 6.9 | 315,207 | 57.9 | … | … | … | … | 72,585 | 13.3 |

以後はほぼ29～31％にあって，労働分配率はあまり変化しておらず，賃銀の上昇率は価値生産額の上昇率に比べて多少低いが，ほぼ比例して変化している。実質賃銀が1975年を基準としてこの期間に126％と他の国に比べて高い上昇率となっている。フランスにおいて1983年までは，賃銀の上昇率（242％）は価値生産額の上昇率（259％）とほぼ比例して変化していたが，その後は賃銀の上昇率は価値生産額の上昇率よりも低くなっている。これは営業余剰の割合が1985年から高くなっているためであろう。しかし実質賃銀はこの期間に124％と西ドイツに次いで上昇している。

そして，表3-12を見ると，日本はこのなかで最も付加価値に占める利潤の割合が高く，逆にいえば，労働分配率が低く，相対的な労働の価格は最も低く，資本にとっては最も賃銀が安い国であることがわかる。これが，長時間労働と

表 3-13(2)　国内総生産の構成：西ドイツ（1970～90年）　　　（単位：億マルク，％）

| 年 | 国内総生産（=国内総支出） | | 国内総生産の構成 | | | | | | |
|---|---|---|---|---|---|---|---|---|---|
| | | | 雇用者所得 | | 営業余剰 | | 固定資本減耗 | | 間接税－補助金 |
| | 名目 | 前年比 | | 構成比 | | 構成比 | | 構成比 | 構成比 |
| 1970 | 6,753 | +13.1 | 3,593 | 53.2 | 1,707 | 25.3 | 680 | 10.1 | 773 | 11.4 |
| 71 | 7,506 | +11.2 | 4,078 | 54.3 | 1,792 | 23.9 | 775 | 10.3 | 861 | 11.5 |
| 72 | 8,237 | + 9.7 | 4,491 | 54.5 | 1,948 | 23.6 | 854 | 10.4 | 944 | 11.5 |
| 73 | 9,173 | +11.4 | 5,099 | 55.6 | 2,104 | 22.9 | 946 | 10.8 | 1,024 | 11.2 |
| 74 | 9,846 | + 7.3 | 5,621 | 57.1 | 2,098 | 21.3 | 1,065 | 10.8 | 1,062 | 10.8 |
| 75 | 10,265 | + 4.3 | 5,859 | 57.1 | 1,248 | 20.9 | 1,159 | 11.3 | 1,099 | 10.7 |
| 76 | 11,197 | + 9.1 | 6,301 | 56.3 | 2,458 | 22.0 | 1,240 | 11.1 | 1,198 | 10.7 |
| 77 | 11,953 | + 6.7 | 6,747 | 56.4 | 2,587 | 21.6 | 1,340 | 11.2 | 1,279 | 10.7 |
| 78 | 12,836 | + 7.4 | 7,202 | 56.1 | 2,811 | 21.9 | 1,444 | 11.2 | 1,379 | 10.7 |
| 79 | 13,884 | + 8.2 | 7,764 | 55.9 | 3,022 | 21.8 | 1,578 | 11.4 | 1,520 | 10.9 |
| 80 | 14,720 | + 6.0 | 8,428 | 57.3 | 2,914 | 19.8 | 1,750 | 11.9 | 1,628 | 11.1 |
| 81 | 15,350 | + 4.3 | 8,812 | 57.4 | 2,940 | 19.2 | 1,906 | 12.4 | 1,692 | 11.0 |
| 82 | 15,881 | + 3.5 | 9,004 | 56.7 | 3,116 | 19.6 | 2,037 | 12.8 | 1,724 | 10.9 |
| 83 | 16,685 | + 5.1 | 9,176 | 55.0 | 3,533 | 21.2 | 2,149 | 12.9 | 1,827 | 10.9 |
| 84 | 17,509 | + 4.9 | 9,505 | 54.3 | 3,842 | 21.9 | 2,264 | 12.9 | 1,898 | 10.8 |
| 85 | 18,232 | + 4.1 | 9,872 | 54.1 | 4,082 | 22.4 | 2,354 | 12.9 | 1,924 | 10.6 |
| 86 | 19,253 | + 5.6 | 10,372 | 53.9 | 4,495 | 23.3 | 2,437 | 12.7 | 1,949 | 10.1 |
| 87 | 19,905 | + 3.4 | 10,791 | 54.2 | 4,584 | 23.0 | 2,523 | 12.7 | 2,007 | 10.1 |
| 88 | 20,949 | + 5.2 | 11,216 | 53.5 | 5,008 | 23.9 | 2,631 | 12.6 | 2,094 | 10.0 |
| 89 | 22,194 | + 5.9 | 11,720 | 52.8 | 5,364 | 24.2 | 2,794 | 12.6 | 2,316 | 10.4 |
| 90 | 24,034 | + 8.3 | … | … | … | … | 3,001 | 12.5 | 2,557 | 10.6 |

あいまって日本の資本蓄積を支え，図3-3に見たような他国に比べて高い労働生産性の上昇率の背景をなしていたのである。

　このように各国製造業の1時間当たりの価値生産額と賃銀の推移からも，さきにみたように，時間当たりの賃銀は，価値生産物の貨幣量表現と労働分配率によって規定されていることがわかる。

　ところで，国際間における価値生産物の貨幣量表現の格差は国民所得の格差の最基底をなしていた。また，各国の1労働日の貨幣賃銀は，各国の1労働日のその価値生産物の貨幣量表現および1労働日における剰余価値と労働力の価値の割合によって決定されていた。「剰余労働はつねにただ労働日の一可除部分にありうるだけだから，または，剰余価値はつねにただ価値生産物の一可除部分でありうるだけだから，剰余労働は必ずつねに1労働日よりも小さく，ま

表 3-13(3)　国内総生産の構成：フランス（1970〜90年）　　　　（単位：億フラン，％）

| 年 | 国内総生産(＝国内総支出) | | 国内総生産の構成 | | | | | | |
|---|---|---|---|---|---|---|---|---|---|
| | | | 雇用者所得 | | 営業余剰 | | 固定資本減耗 | | 間接税−補助金 |
| | 名目 | 前年比 | | 構成比 | | 構成比 | | 構成比 | | 構成比 |
| 1970 | 7,825 | +11.7 | 3,823 | 48.8 | 2,221 | 28.4 | 745 | 9.5 | 1,037 | 13.3 |
| 71 | 8,725 | +11.5 | 4,321 | 49.5 | 2,431 | 27.9 | 832 | 9.5 | 1,141 | 13.1 |
| 72 | 9,811 | +12.4 | 4,838 | 49.3 | 2,754 | 28.1 | 933 | 9.5 | 1,286 | 13.1 |
| 73 | 11,142 | +13.6 | 5,581 | 50.1 | 3,069 | 27.5 | 1,065 | 9.6 | 1,427 | 12.8 |
| 74 | 12,783 | +14.7 | 6,657 | 52.1 | 3,207 | 25.1 | 1,322 | 10.3 | 1,597 | 12.5 |
| 75 | 14,523 | +13.6 | 7,837 | 54.0 | 3,348 | 23.1 | 1,576 | 10.9 | 1,761 | 12.1 |
| 76 | 16,780 | +15.5 | 9,097 | 54.2 | 3,627 | 21.6 | 1,979 | 11.8 | 2,078 | 12.4 |
| 77 | 19,178 | +12.8 | 10,364 | 55.0 | 4,168 | 22.1 | 2,116 | 11.2 | 2,243 | 11.7 |
| 78 | 21,826 | +13.8 | 11,735 | 54.8 | 4,685 | 21.9 | 2,396 | 11.2 | 2,636 | 12.1 |
| 79 | 24,811 | +13.7 | 13,632 | 54.9 | 5,137 | 20.7 | 2,924 | 11.8 | 3,117 | 12.6 |
| 80 | 28,083 | +13.2 | 15,758 | 56.1 | 5,296 | 18.9 | 3,459 | 12.3 | 3,570 | 12.7 |
| 81 | 31,648 | +12.7 | 17,926 | 56.6 | 5,848 | 18.5 | 3,972 | 12.6 | 3,902 | 12.3 |
| 82 | 36,260 | +14.6 | 20,546 | 56.7 | 6,540 | 18.0 | 4,567 | 12.6 | 4,608 | 12.7 |
| 83 | 40,065 | +10.5 | 22,593 | 56.4 | 7,327 | 18.3 | 5,085 | 12.7 | 5,060 | 12.6 |
| 84 | 43,619 | + 8.9 | 24,258 | 55.6 | 8,296 | 19.0 | 5,516 | 12.6 | 5,549 | 12.7 |
| 85 | 47,001 | + 7.8 | 25,824 | 54.9 | 9,284 | 19.8 | 5,894 | 12.5 | 5,999 | 12.8 |
| 86 | 50,693 | + 7.9 | 27,081 | 53.4 | 11,016 | 21.7 | 6,320 | 12.5 | 6,276 | 12.4 |
| 87 | 53,367 | + 5.3 | 28,201 | 52.8 | 11,793 | 22.1 | 6,697 | 12.5 | 6,676 | 12.5 |
| 88 | 57,232 | + 7.2 | 29,649 | 51.8 | 13,071 | 22.8 | 7,124 | 12.4 | 7,388 | 12.9 |
| 89 | 61,361 | + 7.2 | 31,537 | 51.4 | 14,292 | 23.3 | 7,654 | 12.5 | 7,878 | 12.8 |
| 90 | 64,841 | + 5.7 | … | … | … | … | … | … | … | … |

た，剰余価値は必ずつねに価値生産物よりも小さい」[54] ということは，労働力の価値，必要労働部分にもあてはまる。必要労働はつねに1労働日の可除部分であり，労働力の価値は価値生産物の一可除部分であるから，1労働日の価値生産物の貨幣量表現は，その可除部分である労働力の価値の貨幣量表現，貨幣賃銀の限界をなすといえる。そこで，国際間における国民所得の格差と賃銀の格差は，価値生産物の貨幣量表現すなわち「貨幣の相対的価値」の国民的相違を媒介として，剰余価値率の差によっても影響されるので，けっして正比例的ではないものの，一定の関係をもっているといえるのである。そこで，最初に見た各国の1人当たりの国民所得と賃銀の格差の最基底には，各国の国民的生産諸力の格差にもとづく国際的な価値生産度格差，「貨幣の相対的価値」の国民的相違が存在するのである。

表 3-14 イギリスの製造業における1時間当たり名目価値生産額：名目賃銀と実質賃銀の推移（1975～89年）

| 年 | 製造業純付加価値額 ① | 製造業就業者数 ② | 製造業における週平均労働時間 ③ | 製造業1労働時間当たり生産された価値額 ①÷(②×③×52) ④ | ④の指数 ⑤ | 1時間当たり賃銀 ⑥ | 名目賃銀の指数（⑥の指数） | 実質賃銀指数 |
|---|---|---|---|---|---|---|---|---|
| | 百万ポンド | 千人 | 時間／週 | ポンド | 1975=100 | ペンス | 1975=100 | |
| 1975 | 24,598 | 7,490 | 39.8 | 1.59 | 100.0 | 123.0 | 100.0 | 100.0 |
| 76 | 28,310 | 7,246 | 40.5 | 1.86 | 116.9 | 138.6 | 112.7 | 96.7 |
| 77 | 33,975 | 7,292 | 40.6 | 2.21 | 139.1 | 150.0 | 122.0 | 90.4 |
| 78 | 38,918 | 7,257 | 40.5 | 2.55 | 160.5 | 172.3 | 140.1 | 95.8 |
| 79 | 43,561 | 7,193 | 41.9 | 2.78 | 175.2 | 211.9 | 172.3 | 98.7 |
| 80 | 46,854 | 6,840 | 40.9 | 3.22 | 203.0 | 249.0 | 202.4 | 99.0 |
| 81 | 47,355 | 6,087 | 41.1 | 3.64 | 229.4 | 274.1 | 222.8 | 97.3 |
| 82 | 51,429 | 5,764 | 41.1 | 4.17 | 263.1 | 298.7 | 242.8 | 97.7 |
| 83 | 53,742 | 5,525 | 41.5 | 4.51 | 284.1 | 320.5 | 260.6 | 100.3 |
| 84 | 58,460 | 5,409 | 41.7 | 4.98 | 314.1 | 343.0 | 278.9 | 102.2 |
| 85 | 64,129 | 5,366 | 41.8 | 5.50 | 346.5 | 370.6 | 301.3 | 104.0 |
| 86 | 68,984 | 5,236 | 41.6 | 6.09 | 383.8 | 396.1 | 322.0 | 107.5 |
| 87 | 73,261 | 5,145 | 42.2 | 6.49 | 408.9 | 422.7 | 343.7 | 110.1 |
| 88 | 81,509 | 5,097 | 42.4 | 7.25 | 457.1 | 454.1 | 369.2 | 112.7 |
| 89 | 87,162 | 5,080 | 42.2 | 7.82 | 492.7 | 491.6 | 399.7 | 113.3 |

資料：*Monthly Digest of Statistics, United Kingdom National Accounts* および『国際比較統計』各年版より作成。ただし、1983年以降の「実質賃銀指数」は1985年基準の数値を比例換算方法により1975年基準に接続した。

　さて、商品の国際競争力と賃銀格差について、詳しくは別に述べることにして、ここではごく簡単に結論だけを述べるにとどめておこう。これまで述べてきたことから、個別商品の国際価値は国民的労働の国際的な価値生産度格差の違いを換算して規定される。そこで個別部門の対外的生産性格差がこの国際的な価値生産度を規定する国民的生産諸力の格差よりも大きい部門の商品の国際個別価値は小さくなり、貨幣の国民的価値がこの国民的生産諸力の格差に一致する結果、価格表現としても低く表現される結果として強い国際競争力をもち、輸出によって超過利潤を取得することができる。反対に個別部門の対外的生産性格差が国民的生産諸力の格差よりも小さい部門では、同様の事情によって国際個別価値は大きくなる結果として対外比価は高くなり、国際競争力に劣り、輸入部門となる。このような関係を表にしたものが、表 3-17 である[55]）。

表 3-15 西ドイツの製造業における1時間当たり名目価値生産額：名目賃銀と実質賃銀の推移（1975～88年）

| 年 | 製造業粗付加価値額 ① | 製造業就業者数 ② | 製造業における週平均労働時間 ③ | 製造業1労働時間当たり生産された価値額 ①÷(②×③×52) ④ | ④の指数 ⑤ | 1時間当たり賃銀 ⑥ | 名目賃銀の指数（⑥の指数） | 実質賃銀指数 |
|---|---|---|---|---|---|---|---|---|
| | 億マルク | 千人 | 時間／週 | マルク | 1975=100 | マルク | 1975=100 | |
| 1975 | 3,541 | 9,444 | 36.2 | 19.92 | 100.0 | 11.14 | 100.00 | 100.0 |
| 76 | 3,897 | 9,258 | 37.0 | 21.88 | 109.8 | 11.90 | 106.82 | 102.4 |
| 77 | 4,144 | 9,243 | 37.4 | 23.05 | 115.7 | 12.80 | 114.90 | 106.3 |
| 78 | 4,379 | 9,257 | 37.3 | 24.39 | 122.4 | 13.48 | 121.01 | 108.9 |
| 79 | 4,704 | 9,310 | 37.5 | 25.91 | 130.1 | 13.18 | 118.31 | 110.5 |
| 80 | 4,828 | 9,378 | 37.2 | 26.61 | 133.6 | 13.92 | 124.96 | 111.5 |
| 81 | 4,857 | 9,615 | 37.1 | 26.18 | 131.5 | 14.64 | 131.42 | 110.8 |
| 82 | 4,960 | 9,286 | 36.5 | 28.14 | 141.3 | 15.15 | 136.00 | 110.7 |
| 83 | 5,194 | 8,471 | 36.1 | 32.66 | 164.0 | 15.49 | 139.05 | 110.8 |
| 84 | 5,426 | 8,388 | 36.9 | 33.71 | 169.3 | 16.20 | 145.42 | 110.7 |
| 85 | 5,789 | 8,472 | 36.5 | 36.00 | 180.7 | 16.80 | 150.81 | 113.3 |
| 86 | 6,204 | 8,589 | 36.2 | 38.37 | 192.6 | 17.53 | 157.36 | 117.6 |
| 87 | 6,247 | 8,583 | 35.9 | 38.99 | 195.7 | 18.33 | 164.54 | 122.5 |
| 88 | 6,527 | 8,860 | 35.6 | 39.79 | 199.8 | 19.10 | 171.45 | 126.3 |

資料：*Wirtschaft und Statistik* および『国際比較統計』各年版より作成。ただし、1983年以降の「実質賃銀指数」は1985年基準の数値を比例換算方法により1975年基準に接続した。

　Ⅰ国とⅡ国の国民的生産諸力の格差は、すでに述べたように両国のすべての部門の対外的生産性格差の平均（加重平均）によって決まる。A部門の生産性格差はⅠ国対Ⅱ国＝4対1、B部門は3対1、C部門は2対1であって、Ⅰ国とⅡ国の国民的生産諸力の格差はその平均の3対1に決まり、貨幣金1単位が表現する国民的労働量がこの国民的生産諸力に対応していることを示している。その結果、対外的生産性格差（4対1）が国民的生産諸力の格差（3対1）に比べて大きいⅠ国のA部門（A部門におけるⅡ国に対するⅠ国の労働生産性格差〔4倍〕＞Ⅱ国に対するⅠ国の国民的生産力格差〔3倍〕）の1単位当たりの商品の個別価値は小さくなり、それは価格としても示されて対外比価は低くなり国際競争力は強く、輸出によって超過利潤を得られることを示している。

　このように、個別商品の国際競争力は個別部門の対外的生産性格差と国民的

第3章 国民所得と労賃の国際的格差 109

表3-16 フランスの製造業における1時間当たり名目価値生産額:名目賃銀と実質賃銀の推移(1975〜90年)

| 年 | 製造業粗付加価値額 ① | 製造業就業者数 ② | 製造業における週平均労働時間 ③ | 製造1労働時間当たり生産された価値額 ①÷(②×③×52) ④ | ④の指数 ⑤ | 1時間当たり賃銀 ⑥ | 名目賃銀の指数(⑥の指数) | 実質賃銀指数 |
|---|---|---|---|---|---|---|---|---|
|  | 億フラン | 千人 | 時間/週 | フラン | 1975=100 | フラン | 1975=100 |  |
| 1975 | 3,802 | 5,780 | 40.1 | 31.55 | 100.0 | 13.88 | 100.0 | 100.0 |
| 76 | 4,427 | 5,721 | 40.0 | 37.20 | 117.9 | 15.98 | 115.1 | 104.9 |
| 77 | 4,929 | 5,697 | 39.7 | 41.91 | 132.9 | 18.66 | 134.4 | 109.3 |
| 78 | 5,484 | 5,612 | 39.4 | 47.70 | 151.2 | 20.91 | 150.7 | 112.5 |
| 79 | 5,905 | 5,515 | 39.2 | 52.53 | 166.5 | 22.96 | 165.4 | 114.1 |
| 80 | 6,432 | 5,445 | 40.7 | 55.81 | 176.9 | 22.72 | 163.7 | 115.7 |
| 81 | 6,962 | 5,269 | 40.3 | 63.05 | 199.9 | 26.14 | 188.3 | 117.4 |
| 82 | 7,811 | 5,172 | 39.3 | 73.90 | 234.3 | 29.75 | 214.3 | 119.4 |
| 83 | 8,485 | 5,136 | 38.9 | 81.67 | 258.9 | 33.56 | 241.8 | 123.0 |
| 84 | 9,032 | 4,988 | 38.7 | 89.98 | 285.2 | 35.67 | 257.0 | 121.7 |
| 85 | 9,676 | 4,850 | 38.6 | 99.39 | 315.1 | 37.75 | 272.0 | 121.7 |
| 86 | 10,398 | 4,748 | 38.7 | 108.82 | 345.0 | 39.29 | 283.1 | 123.4 |
| 87 | 10,754 | 4,636 | 38.7 | 115.27 | 365.4 | 40.97 | 295.2 | 124.8 |
| 88 | 11,643 | 4,569 | 38.8 | 126.30 | 400.4 | — | — | 123.9 |
| 89 | 12,391 | 4,584 | 38.8 | 133.98 | 424.7 | — | — | 124.3 |
| 90 | 13,175 | 4,623 | 38.8 | 141.25 | 447.8 | — | — |  |

資料: *Rapport sur les Comptes de la Nation*, *Year book of Labour Statistics* および『国際比較統計』各年版より作成。ただし、1983年以降の「実質賃銀指数」は1985年基準の数値を比例換算方法により1975年基準に接続した。

表3-17 個別商品の国民的労働量・国際個別価値・価格

| 国 | A商品1単位 | | | B商品1単位 | | | C商品1単位 | | | 金1gの代表する国民的労働量(国民的生産力格差) |
|---|---|---|---|---|---|---|---|---|---|---|
|  | 価値(国民的労働量) | 国際個別価値 | 価格 | 価値(国民的労働量) | 国際個別価値 | 価格 | 価値(国民的労働量) | 国際個別価値 | 価格 |  |
| I | 20h | 60 | 20 g | 30h | 90 | 30g | 40h | 120 | 40 g | 1 h |
| II | 80h | 80 | 26.6g | 90h | 90 | 30g | 80h | 80 | 26.6g | 3 h |

生産諸力の格差によって決まるのであるが，資本家は，個別部門の対外的生産力格差を認識することは容易であるが，国民的生産諸力格差やそれによって規定される「貨幣の相対的価値」を認識することはできない。それは科学的分析によってのみ認識できる。そこで，国民的生産諸力の格差や「貨幣の相対的価値」を，資本家はそれ自体としては認識できず，さきに述べた「貨幣の相対的価値」と貨幣賃銀の関係を媒介として，費用価格のうち最も重要な賃銀格差という形態で意識することになるのである。そこで，人間の意識の上では，個別商品の国際競争力は個別部門の対外的生産性格差と賃銀の格差によって決定されるように見えるのである。そしてこの現象にとらわれるとき，人は賃銀と生産性の関係によって国際競争力が決まるかのように説明し，さらには個別部門の生産性格差が大きいときには生産性の違いを述べ（たとえば先進国にとっての比較優位部門），賃銀の格差が大きい場合には賃銀の格差をもって述べ（先進国にとっての比較劣位部門），国際競争力をとくに目につくほうで説明するのである。さらに進むと，逆に賃銀格差によって国際間の商品の相対価格が決まるかのように考えるのである。しかし，賃銀の格差と個別部門の対外的生産性の格差によって，商品の国際競争力が決まると見えるのは，国民的生産諸力の格差と個別部門の対外的生産性格差によって商品の国際競争力が決定されることが，人間の意識形態に反映された結果である。このように，個別部門の対外的生産性格差と賃銀格差によって個別商品の国際競争力が決まると見えるのは，現象形態であって，その本質は，国民的生産諸力の格差と個別部門の対外的生産性格差によって個別商品の国際個別価値が決定されることにある。

おわりに

最後に本章で算定した数値と購買力平価を使って，国際価値論で問題とされる「国民的労働の国際的な価値生産度格差」および「貨幣の相対的価値」，「国民的労働の相互関係」を近似値として計算して示してみよう。ただし，イギリス，フランス，西ドイツの労働時間は統計上の違いを考慮して調整してある『国際比較統計』の「製造業生産労働者の週平均労働時間」を用いている。OECD購買力平価はけっして事実上の為替平価を反映してはいないので，絶対

表 3-18　OECD の GDP 購買力平価

|  | 1975 | 1980 | 1985 | 1988 | 1990 |
|---|---|---|---|---|---|
| アメリカ（ドル） | 1.00 | 1.00 | 1.00 | 1.00 | 1.00 |
| 日本（円） | 270 | 240 | 222 | 208 | 196 |
| イギリス（ポンド） | 0.348 | 0.487 | 0.586 | 0.606 | 0.609 |
| 西ドイツ（マルク） | 2.77 | 2.37 | 2.48 | 2.44 | 2.08 |
| フランス（フラン） | 4.62 | 5.24 | 7.27 | 7.49 | 6.59 |

資料：OECD, *National Accounts*, Vol. 1 各年版。
注：1975年は80年の購買力平価を基準としてそれ以前の各国の物価上昇率を用いて推定した数値。また，1988年は85年の購買力平価を基準としてそれ以後の各国の物価上昇率を用いて推定した数値。

的比較がどれだけ意味があるか問題であるが，相対的な変化率の比較としては意味のあるものであろう。フランス，西ドイツの表3-15, 3-16の資料は純付加価値ではなく，粗付加価値であるので表3-13の「国内総生産の構成」に占める資本減耗の比率にもとづいて，製造業の比率もこれと同じと仮定して，粗付加価値の数値から純付加価値額を推定して算定したものである。

表3-19は，1975年，80年，85年，88年，90年の各国の製造業における1時間当たりの価値生産額をOECDのGDP購買力平価で換算した値である。それは，各国製造業における同一時間の国民的労働の価値生産度格差と貨幣量表現の格差を近似的に示している。アメリカはこの期間，依然として世界一の生産力水準を維持しているが，年を追うごとに日本，イギリス，西ドイツ，フランスによって急追されていることが読み取れる。

表3-20は100ドル当たりの各国製造業における労働時間を算定した値である。それは同一の貨幣量によって各国の国民的労働のどれだけが代表されているかを近似的に示している。国際間における「貨幣の相対的価値」の相違の変化を反映しているとみなすことができよう。

アメリカの国民的労働1時間は日本の国民的労働の何時間に値するかを算定した数値が，表3-21である。それは，日本とアメリカの国民的労働の相互関係を示している。1970年にはアメリカ1時間に対し日本約2.9時間であったが，その後日本はアメリカに急速に接近し，1990年にはアメリカ1時間に対し日本約1.4時間までに接近している。これらのどれもがアメリカの国民的な経済力の衰退ないし停滞傾向と他の国々の国民経済力のアメリカへの接近を示して

表 3-19 各国製造業における1時間当たり価値生産額の国際比較 （単位：ドル）

|  | 1975 | 1980 | 1985 | 1988 | 1990 |
|---|---|---|---|---|---|
| アメリカ | 8.58 | 12.78 | 16.67 | 19.58 | 20.81 |
| 日本 | 4.80 | 7.68 | 10.42 | 12.48 | 14.90 |
| イギリス | 4.57 | 6.61 | 9.68 | 12.58 | |
| 西ドイツ | 6.27 | 9.73 | 12.42 | 14.03 | |
| フランス | 5.98 | 9.15 | 11.71 | 14.45 | |

表 3-20 100ドル当たりの国民的労働量 （単位：時間）

|  | 1975 | 1980 | 1985 | 1988 | 1990 |
|---|---|---|---|---|---|
| アメリカ | 11.66 | 7.82 | 6.00 | 5.10 | 4.81 |
| 日本 | 20.83 | 13.02 | 9.60 | 8.01 | 6.71 |
| イギリス | 21.88 | 15.12 | 10.33 | 7.95 | |
| 西ドイツ | 15.94 | 10.28 | 8.05 | 7.13 | |
| フランス | 16.72 | 10.93 | 8.54 | 6.93 | |

表 3-21 日本とアメリカの国民的労働量の関係 （単位：時間）

|  | 1970 | 1975 | 1980 | 1988 | 1990 |
|---|---|---|---|---|---|
| アメリカ | 1 | 1 | 1 | 1 | 1 |
| 日本 | 2.93 | 1.79 | 1.66 | 1.57 | 1.39 |

いる。これらのことが基礎にあって，現在の貿易摩擦やその他の貿易問題に反映しているのである。すなわち，これらが，現在の各国の貿易関係の背後にあって，それを規定しているのであって，国際価値論で問題となっているさまざまな議論はけっして現実の貿易問題にとって無意味な抽象的議論ではないのである。

註
1) 「昭和60年時点においては，日本とこれらの諸国（米，英，仏，西独——引用者）の物価水準には大きな格差はなかったのであり，その後の格差の拡大は主に急速な円高の進行によるものである」（臨時行政改革推進審議会事務局監修『規制緩和の推進——国際化と内外価格差』ぎょうせい，1989年，50頁）。
2) 同上，59頁。
3) 経済企画庁物価局『物価レポート'88』39頁。
4) 『経済構造調整特別部会報告書』1987年4月23日。
5) そのいくつかをあげてみると，臨時行政改革推進審議会の「公的規制のあり方に関する小委員会報告」（1989年11月2日）のなかの「〔付論2〕内外価格差問題について」で『物価レポート'89』に依拠して取り上げられている（前掲『規制緩和の推進』48-77頁に所収）。『平成2年版 経済白書』（1990年9月10日）では

「第3章 経済力の活用と成果配分」の「第5節 消費者への成果配分」(368-396頁)で論じている。そして『平成3年版 通商白書』(1991年6月25日)では、「第3章 我が国貿易構造の変化と経常収支黒字の縮小」の「第4節 国民生活と貿易」のなかで取り上げられている (162-184頁)。

6) これらの価格調査の結果は、『物価レポート'91』の「第2章 内外価格差の実態」で紹介されている (79-116頁)。

7) ルイスに依拠して食糧の生産性格差にもとづく賃銀格差を基礎にすえて、1人当たり国民所得格差を説明するのは、本山美彦氏である (『貿易論序説』有斐閣、1982年、131-157頁)。反対に、価値生産格差から賃銀格差を説明するのが木下悦二氏、村岡俊三氏である。基本的に筆者は後者を支持するが、ここでは両見解を詳しく検討することはしない。この点については、木下悦二「国際経済と労働価値説」(木下悦二・村岡俊三編『資本論体系8 国家・国際商業・世界市場』有斐閣、1985年、150-152頁)を参照。なお本章は、木下氏の同論文および「国際価値論の課題 (I)」(九州大学『経済学研究』第47巻第5・6号) から多くの示唆を得ている。

8) 「『賃銀は諸商品の価格を決定する』というドグマは、これを最も抽象的な言葉でいい表わせば、『価値は価値によって決定される』とうことになる。そしてこの同義反復は、吾々は実に価値について全く何も知っていないということを意味する。もしこの前提を承認するならば、経済学上の一般法則に関する一切の推理は単なる饒舌に帰着する」(K. Marx, *Lohn Preise und Profit*, Werke, Bd. 16, Dietz Verlag, S. 121.〔『賃銀・価格および利潤』岩波文庫、45頁〕)。

9) 国際価値に関する研究と論争については、木下悦二編『論争・国際価値論』(弘文堂、1960年)、鳴瀬成洋「国際価値論をめぐる論争」(前掲『資本論体系8 国家・国際商業・世界市場』)、中川信義「国際貿易の理論的諸問題」(久保新一・中川信義編『国際貿易論』有斐閣、1981年)を参照。さらに、松本久雄「国際的価値と国民的価値」(『金沢大学経済学部論集』第11巻第2号、1991年)、海保幸世「国際的価値と世界貨幣」(『北海学園大学経済論集』第36巻第3号、1989年)、同「世界市場と交易条件——国際間における貨幣の相対的価値の相違と関連して」(『北海学園大学経済論集』第37巻第4号、1990年)、斉藤正美「世界市場における総労働の不完全性——国際価値における価値実態について」(都立大学『経済と経済学』第69号、1991年)、杉本良雄「世界的労働論争——国際価値論の論点」(『立命館経済学』第36巻第6号、1988年)を参照。

10) このような意味で、渋谷将氏の「競争がいわば行きついたところでも依然として各国民的労働は独立の意義をもって存在しつづけ、従ってそのようなものとし

て単一の度量単位を想定しえない」(『経済学体系と外国貿易』青木書店, 1981年, 104頁)という指摘は重要である。

11) K. Marx, *Das Katital*, Bd. I, Dietz Verlag, S. 54 (『資本論』1巻1, 大月書店版, 53頁).

12) *Ebd.*, S. 59 (同上, 60頁).

13) 国境による労働力の移動制限に注目し, とくにこれを基礎にすえて世界市場における価値法則の修正を展開されているのは, 村岡俊三氏である。「世界市場においては, 国境によって労働力の国際間の移動が不可能であるがゆえに, 世界的なスケールでの平均強度が形成されず, ために, 諸々の国民的強度が一連の系列で並ぶ以外にないのであって, したがって, ここでは強度の大小の取扱が『市場一般』の場合とは若干異なったものとならざるをえない。このことをさして『修正』ということがいわれたのであろう。同様なことは, 労働生産力についてもいえる。生産力の高低は, 本来, 単位時間に生産される使用価値の分量の相違を生み出すだけであって, 価値量には関係しないものであるのに, 世界市場においては, 国境によって労働力の国際的な移動が不可能であるために, 生産力水準の高い国民的労働は, 生産力水準の低い他の国民的労働に較べて, 平均的な生産性格差だけ『何乗かされた労働』=強度の大きい労働とみなされ, その分だけより大なる価値を生産することとなる」(『世界経済論』有斐閣, 1988年, 58頁)。また, さらに村岡氏のこの点に関する考察については, 『マルクス世界市場論』(新評論, 1976年) 115-128頁を参照。

14) 「一国内部では, それぞれ個別的労働は私的労働であってそのままでは社会的労働と成りえず, したがって社会的価値を形成するものとはなりえない。それらは, いずれも社会的平均的な質の労働に還元されてはじめて社会的労働となるのであり, その社会的平均労働という同じ共通した質の労働としてはじめて一定の大きさの価値を形成するものとなるのである。だが, 国際間においては, それぞれの国の内部においてその国民的平均労働に還元され換算されて一定の大きさの価値を生むものとなっている国民的労働は, すでに一国内部において社会的労働としてりっぱに妥当しており, 改めて国際間で社会的労働になる必要はないのである」(山本二三丸「人間的労働の経済学的考察 (10)」『立教経済学研究』第29巻第4号, 233-234頁)。

15) K. Marx, *Zur Kritik Der politischen Ökonomie*, Werke, Bd. 13, Dietz Verlag, S. 126 (『マルクス・エンゲルス全集』大月書店〔以下, 『全集』と略す〕, 第13巻, 128頁).

16) この二つの論理レベルの区別を重視され, 国民的労働の国際的な価値生産度

格差を国際価値論の基礎に置く論者は，その細部の議論は大きく異なるが，木下悦二氏「国民的労働の生産力水準」，渋谷将氏「国民的労働の価値生産の点での相互関係」，村岡俊三氏「国民的労働の生産力差」，木原行雄氏「国民的生産性格差」である。これらの各氏は，個別商品の国際価値規定は，この国民的労働の世界市場での相互関係が前提となっておこなわれると理解する。そしてその場合，世界市場における個別商品の国際価値規定にかかわる生産性とは，個別部門の生産性から「国民的労働の国際価値生産度」格差を控除した残りという理解では共通している。たとえば，木下氏は，「特に留意すべきは，価値の比較を問う際に厳格に区別されねばならない二様の価値比較である。1つは価値を個々の商品種類の価値量とみて，その商品に投下された社会的必要労働量としての価値比較である。いま1つは，一国の価値形成労働一般の意味での国民的労働と国民的労働との比較である。価値がいわばそれぞれの社会の全構造の座標軸を構成しているとの視点に立てば，国民経済相互の経済関係を解明する上で重要なのは，いうまでもなく，後者すなわち国民的労働と国民的労働との比較である」(『国際経済の理論』有斐閣，1979年，31頁) とし，個別商品の価値規定に関して，「個別部門の生産性は，その国民的労働の国民的生産力水準に応じて相異なる国際価値を生産するという規定を媒介とした後にはじめて国際価値生産における国際比較が可能となる」(『資本主義と外国貿易』有斐閣，1963年，137頁) と指摘されている。また，木下氏とは国際価値や世界市場についての理解では大きく異なる村岡氏も，個別商品の国際価値規定にかかわって，「当初に存した当該個別部門の生産力差より，強度と擬制される国民的労働の生産力差を控除した残余の生産力差——そして実際，これのみがこの部門固有の生産力差である」(『マルクス世界市場論』新評論，1976年，137頁) と主張される。これらの各国の国民的労働の国際的な価値生産度の格差を無視し，あるいはこれを「国際価値関係説」として否定して，直接に各国の国民的必要労働時間から市場価値概念を用いて個別商品の国際価値を求める論者は，これも細部の議論に違いはあるが，平瀬巳之吉氏 (「外国貿易と不等価交換」，前掲『論争・国際価値論』42-68頁)，桑野仁氏 (「国際価値論とは何か」『経済評論』1959年12月号，後に『国際通貨の諸問題』中央大学出版部，所収，213-253頁)，鈴木重靖氏 (「国際価値論の反省」『山口経済学雑誌』第9巻第2号)，庄司哲太氏 (「国際経済論の構成について (続)」東北大学『経済学』第22巻第4号)，川尻武氏 (『外国貿易論』有斐閣，1974年，67-97頁)，中川信義氏 (前掲「国際貿易論の理論的諸問題」，「世界市場における価値法則と競争」，高木幸二郎編『再生産と産業循環』ミネルヴァ書房，1973年，所収)，岩田勝雄氏 (「国際価値論の諸論点について」『立命館経済学』第27巻第6号，1979年)，細居俊

明氏(「世界市場の特殊性と国際価値論」東京都立大学『経済と経済学』第44号)である。そのなかで広く文献にあたり最も体系的に自説を展開し,世界的平均労働による個別商品の国際価値を規定しようとされている一人は,中川信義氏である。すなわち「国際価値の実体は世界的労働であり,その大きさは世界的または国際社会的に必要な労働時間によって規定される」(前掲「国際貿易論の理論的諸問題」57頁)と。

この中川氏の説に対しては,次のような批判が,国民的労働の国際的な価値生産度格差を重視する前者の論者からある。同じく世界的労働による「世界的なスケールで必要な労働時間」によって個別商品の国際的価値を求めることに努めている村岡氏は,「この『世界的労働(の平均単位)』を措定するにあたって,マルクスが,……労働時間の長さによる価値規定に関しては諸労働力が『一つの同じ人間労働力とみなされる』ことを前提していること,その点,国際間で労働力の移動の制限がある世界市場においては,各国の労働力が直ちに『一つの同じ人間労働力とみなされる』ことにはならないこと,を看過されて,この労働力の移動制限という問題を処理されないままに,いわば卒然と,『世界的労働(の平均単位)(Universelle Arbeit)』を措定されることには,疑問を禁じえない。中川氏と同様,われわれも『世界的労働(の平均単位)』を措定すべきだとするのであるが,われわれは,後述のような形で(本章の注13を参照——引用者)労働力の移動制限という問題を処理した後にはじめて,それを措定できる,と考えている。もしそうでなければ,世界市場の特質は雲散霧消してしまうであろうし,また,何ゆえにマルクスが『価値法則の修正』といったか,その意味がなくなってしまう」(前掲『世界経済論』52頁)と批判されている。

また,「価値法則も,市場価値や生産価格の法則も,さらにいえば原論で展開される諸法則も,すべて個々の国民経済(統合された単一の社会)の内部法則(社会法則)である」(「世界経済論四十年」,奥村茂次・村岡俊三編『マルクス経済学と世界経済』有斐閣,1983年,347頁)とする立場の木下氏は,「労働の生産性は一般的な価値の規定では価値形成に関係ないのに,国際間では価値形成に影響する相違こそ重大である。その点を無視するから,各国の価値形成労働に影響する生産性とは個別部門の労働生産性なのか,それとも『国民的生産性』なのかについて明示的な議論を避けているように思え」,中川氏は「例外的な生産性にかかわる労働生産性の効果をもちだすことで,生産性の変化が価値形成労働に無関係という基本規定が国際間で修正されるという問題の重要性をアイマイにして」,「国際間における価値法則修正についてのもっとも難解な問題を避けて通っている」(前掲「国際価値論の課題(1)」30-31頁)と辛辣に批判されている。

17) K. Marx, *Das Kapital*, Bd. I, S, 584(『資本論』1巻2，728頁)。これは，第1巻第15章の「労働の強度がすべての産業部門で同時に同程度に高くなるとすれば，新たなより高い強度が普通の社会的標準度になり，したがって外延量としては数えられなくなるであろう。しかし，その場合にも労働の平均強度が国によって違うことに変わりはなく，したがってそれはいろいろに違った各国の労働日への価値法則の適用を修正するであろう。強度のより大きい一国の1労働日は，強度のより小さい他の国の1労働日に比べれば，より大きい貨幣表現に表わされるのである」(*Ebd.*, S. 548〔同上，680-681頁〕) に対応する文章である。すなわち，一国内においては，強度が高くなっても，それが平均であれば，より多くの価値を生産したことにはならないが，国際間においてはこの平均強度が各国において異なり，このため各国の平均強度の違いにもとづく「価値法則の修正」が起こるのである。国際間においては，平均強度のより高い国は，その低い国に比べて，同一時間により多くの価値を生産し，それはより多くの貨幣で表されることになる。この「強度による修正」に関する理解については，各論者の間でそれほど大きな違いはみられない。

ただし，木原行雄氏はこの「強度による修正」を「労働の『複雑度ないし質の格差』と読み替えて理解すべきことを前に述べたが，それをさらに拡張して，国民的労働の平均的な生産性格差をも第一修正命題(強度による修正――引用者)に含めて理解するのが適当である」(「国際価値論の盲点」『東京経大学会誌』第114号，121頁)と主張された。木原氏がこのように理解されたのは，まずマルクスの「価値法則の修正」命題は個別商品の国際価値規定を問題としていたという理解のもとで，「国民的労働の強度あるいは複雑度と国民的生産性」とは，「価値の国際比較において両者はほとんど一体となって作用し，事実上同等の意味をもつ」(同，121頁)と理解し，輸出による超過利潤の理論的根拠を「ヨリ生産的な国民的労働のうちその輸出産業部門(国民的生産性格差よりもさらに大きな生産性格差をもつ部門) に投入されている部門」(同，123頁)であることを明確にする意図があったからである。木原氏の特異な国際価値に対する理解およびマルクスが「価値法則の修正命題」を個別商品の国際価値規定の問題としていたか，また文章そのものの解釈として妥当か，という問題はあるものの，論争のかなり早い時期から輸出による超過利潤の根拠を先進国の全般的な生産性の高さとは区別して「国民的生産性格差よりもさらに大きな格差をもつ部門」の生産性に求めていたし(「国際的価値法則について(中)」(東京経済大学『産業貿易研究』第24号，1964年，参照)，最も明確にしていた。マルクスの文章自体の解釈に関しては大きく理解が異なるが，木下氏の理解とこの点に関しては共通するものがある。事

実，木下氏は木原氏の「国際価値論の盲点」の図（前掲，991頁）を掲げて，「細部については，木原との間に意見の相違は含んでいるだろうが，筆者の基本的な考え方を示す図と受け取られて異論はない」とされている（前掲「国際価値論の課題（Ⅰ）」31頁）。

18) K. Marx, a. a. O. この「生産性による修正」については，各論者によって理解が大きく異なる。

第1に，当該文章は個別商品の国際価値規定の問題について述べているのではなく，国民的労働の世界市場における相互関係を問題にしているとの理解にもとづいて，ここにいう生産性とは，個別部門の生産性のことではなく，個別部門を超えた「国民的生産力水準」（木下，前掲『資本主義と外国貿易』135-137頁参照）あるいは「国民的労働の生産性格差」（渋谷，前掲『経済学体系と外国貿易論』104-108頁および265頁参照）とし，輸出による超過利潤の問題とは別個のものとする木下氏や渋谷氏を代表とする見解がある。

第2に，個別部門の生産性ととらえ，先進国のすべての部門の商品が価値以上の価格で販売されるとみて，超過利潤の根拠とみる説がある。これには，松井清氏（『改訂 世界経済論体系』日本評論社，1975年，38頁参照），吉村正晴氏（『貿易問題』岩波書店，53頁参照）などがある。ただし，吉村氏には「第一修正」（強度による修正）・「第二修正」（生産性による修正）のほかに「第三修正」として先進国が価値以上の価格で輸出することによって超過利潤を得る場合を，「第二修正」と区別した論文がある（「国際価値論争の中心点――市場価値論適用をめぐって」『九州大学産業労働研究所報』第3号，参照），中川信義氏を含む本章注16にあげた直接に各国の国民的必要労働時間から市場価値概念を用いて個別商品の国際価値を求める人たちがこれに入る。

第3に，第2の見解と同じく「価値以上の価格での販売」という言葉に注目しこれを超過利潤の問題とみるが，第2の見解のように先進国のすべての部門の国民的労働が対象ではなくて，「ヨリ生産的な国民的労働のうちその輸出産業部門（国民的生産性格差よりもさらに大きな生産性格差をもつ部門）に投入されている部分」とみるさきにみた木原氏の見解である。

19) K. Marx, a. a. O. この「貨幣の相対的価値」の国民的相違の理解には，次のような見解がある。

第1に，これは，本来の貨幣の相対的価値の意味で使われていて，先進国では後進国より物価水準が高く，貨幣1単位の購買力は小さいと考える見解である。名和統一氏（『国際価値論研究』日本評論社，1949年，178-185頁），村岡俊三氏（前掲『マルクス世界市場論』129-148頁），松本久雄氏（「貨幣価値の国民的相違

について」桃山学院大学『経済・経営論集』第16巻第2, 3号) などである。

　第2に, 貨幣価値の国民的相違あるいは貨幣1単位が代表する国民的労働量の相違とみる見解がある。木下悦二氏 (前掲『資本主義と外国貿易』139-151頁), 木原行雄氏 (「国際価値法則について (下)」東京経済大学『産業貿易研究』第23号), 行沢健三氏 (『国際経済学序説』ミネルヴァ書房, 1957年, 246-268頁) などである。

　第3に, 貨幣の価値は国際間で等しく, 貨幣1単位が各国で支配する労働量が相違するとする中川信義氏の見解である (「貨幣の相対的価値の国民的相違」九州大学『経済学研究』第35巻第1, 2号)。

　第4に, 先進国の国民的労働の国内市場における国民的価値の貨幣表現と世界市場における国際価値の貨幣表現の相違と考える見解である。渋谷将氏 (前掲『経済学体系と外国貿易論』123-125頁)。紺井博則氏 (「国際間における『貨幣の相対的価値』と為替相場」『國學院経済学』第29巻第1, 2号, 1982年) である。

20) ここでのこのような方法は, 『直接的生産過程の諸結果』における「金銀の価値を与えられたものとして前提すれば, より高い貨幣表現はつねにより大きい価値を表わしより低い貨幣表現はつねにより小さい価値を表わしている。いくつかの国民のもとでの労働者の貨幣賃銀を同時に考察するには, 金銀の価値はつねに与えられたものとして前提されている。というのは, この価値の変動さえもいろいろな国民にとって同時に起きるのであり, したがって, それらの国民の相互関係にかんするかぎりでは, 変動は存在していないのだからである」(K. Marx, *Resultate des unmittelbaren Produktionsprozesses* 〔岡崎次郎訳『直接的生産過程の諸結果』国民文庫, 208頁〕) という方法と対応するものである。このなかでいわれている金の価値とは国際比較で述べられているから, 金の国際価値であって, 賃銀の国際比較に際しては, それが, 与えられたものとして前提されること, 貨幣表現の高低は国際価値の大小を表すこと, 金の国際価値の変動は各国民にとって同時に起こるので, 各国の国民的労働の関係についてはこの変動は影響がないことが述べられている。

21) K. Marx, *Das Kapital*, Bd. I, 1. Aufl. (青木書店復刻版), S. 549 (江夏美千穂訳『初版資本論』幻燈社, 639頁).

22) この『初版』の叙述について木下氏は次のようにいわれる。「この叙述では, 先進国の労働日の, したがってまた労賃の貨幣表現が大きくなっている事実は述べられているにしても, 労働価値説の視点から理論的に説明されているとは必ずしもいえない。現行版でこの箇所が書き改められて, 国際間における価値法則のモディフィケーションとしてこの点を深めたものといえる。つまり『初版』では

マルクスの叙述の目的は鮮明だが，理論的掘り下げが不十分であった」（前掲「国際価値論の課題 (1)」27頁）．

23）　渋谷氏は，『現行版』のさきに引用した文章を含む20章の「労賃の国民的相違」の『資本論現行版』と国際価値論のマルクス「経済学体系」における位置づけとその詳細な検討によって，当該文章で問題となっているのは，「個々の商品の国際価値の大きさの規定ではなくて，いわばそれに先だって存在する各国の国民的労働の価値生産の点での相互の関係，すなわち，各国の国民的労働が世界的にみてどれだけの価値生産をおこなっているかということ，その意味において各国民的労働が単位当りに生産した生産物量を媒介にして世界的労働の加除部分として度量されなおすということにほかならない」（前掲『経済学体系と外国貿易論』107頁，第20章の位置づけについては，同，87-110頁を参照）ことを明らかにされている．

24）　「世界市場に関しては，単なる理論上の操作としては，強度と生産力を一応分離して考察することが許されても，一国内の場合と同じような意味でそれを分離して考察すべき現実的根拠も理論的根拠も存在しない．世界市場に関しては，強度と生産力の相違は，同時に，一体的にあらわれるし，その意義も区別がつかない」（吉村正晴「国際価値論序説――国際価値とは何か」『国際経済』第10号，139頁）．

25）　一国内においては，労働力の本質的な移動制限はない．そこで，国内においては，各国の価値形成的労働にかかわる社会的・標準的な生産諸条件も，労働の熟練および強度も，各商品生産者たち相互の競争を通じて国内の無数の私的労働が社会的平均労働に還元される過程のなかで，いわば直接に労働が相互に比較されるなかで規定される．ところが国際間においては労働力の移動が本質的な制限を受けるため，直接各国の国民的労働の相互比較はできない．また同様の理由から，世界全体を通じての標準的生産諸条件も労働の熟練および強度も想定できない．そこで，国際間においては各国の国民的労働相互の比較は，各国の国民的労働が同一時間に生産するもろもろの種類の商品の国際な価値関係を通じて，各国の価値形成的労働である国民的労働の度量単位の違いを量的な違いとして示される以外にはないといえる．

26）　「金銀を生産する国々では，一定の労働時間が直接に一定量の金銀に体化されるのにたいして，金銀を生産しない国では，同一の結果が回り道をして達成されるということ，自国産の商品，すなわち国民的平均労働の一定部分を，鉱山をもつ国々の金銀に物質化された労働時間の一定量と直接または間接に交換することによって達成されるということだけは，明らかである」（K. Marx, *Zur Kritik Der*

第3章　国民所得と労賃の国際的格差

*politischen Ökonomie*, S. 51〔『全集』第13巻, 49-50頁〕)という場合の, 非産金国の国民的労働の一定部分と産金国の労働の一定量との関係を決定するのは, 両国の国民的労働の国際的な価値生産度格差である。

27) この過程は, 現実には国内における資本と労働力の移動をともなう生産価格法則によって媒介されることになる。この点について柴田固弘氏は次のように言われる。「輸出部門にはじまった貨幣価値の低下は, この部門の超過利潤を目指す他部門からの資本移動によってこの超過利潤が平準化される結果としてこの国の一般的利潤率が引き上げられる過程を通じてこの国のすみずみにまで波及してゆくものである」(「富国による貧国の搾取について」金沢大学『経済学部論集』第1巻, 1980年, 13頁)。

28) 「製造工業では生産される商品のより大きな低落によって相殺され凌駕されながらも, 農業ではそのように相殺されることのない金価値の低落が生じないかぎり, これは原料生産物の貨幣価格の積極的な上昇を説明するものではない。これは, 金(貨幣)価値の一般的低落が生じなくても, たとえば特定の一国民が1日の労働によって競争相手の諸国民よりも多くの貨幣を得る場合には, 起こりうるであろう」(K. Marx, *Theorien über den Mehrwert, Werke*, Bd. 26, S. 401〔『全集』第26巻, 530頁〕)。

29) なお, アメリカは1975年に新SNAに移行し, 推計期間は1950年以降である。この点については, 経済企画庁経済研究所・国民所得部編『新国民経済計算の見方・使い方——新SNAの特徴』12頁を参照。

30) K. Marx, *Das Kapital*, Bd. 3, S. 884 (『資本論』3巻2, 1121頁).

31) 山田喜志夫『再生産と国民所得の理論』評論社, 1968年, 15-16頁。

32) 「国民所得の生産量を算定するには, 生産的部門における諸部門の純生産物総計を算定しなければならない。生産の局面での国民所得は素材的には使用価値の異なる商品の集まりであるから, 国民所得の大きさは使用価値量の総計としては統一的に表現できず, 価値量として表示される」(同上, 29頁)。

33) K. Marx, *Werke*, Bd. 4, S. 85 (『哲学の貧困』岩波文庫版, 44頁).

34) K. Marx, *Das Kapital*, Bd. 1, S. 442 (『資本論』1巻1, 549頁).

35) 以上の点について詳しくは, 拙稿「日米貿易関係を規定する基礎要因」國學院大學大学院『経済論集』第16号, 1988年, 63頁を参照。

36) この点については, 同上拙稿, 63-68頁参照。なお, 南アフリカの金鉱山の労働生産性については, Sozialistishen Studiengruppen, *Gold Preise Inflation*, VSA Verlag, S. 24参照。

37) 「金の価値尺度機能や価格標準機能を否定すると, 金の市場価格や一般商品の

価格の絶対額の決まり方を理論的に説明することが不可能となろう。たとえば，金１オンスの市場価格が300ドルであって，３万ドルでも３ドルでもないことを説明するには，事実上の価格標準を根拠にして初めて可能である。あるいは，ボールペン本が100円であって100万円でも１円でもないことは，金の価値尺度機能と価格標準機能を前提として初めて説明できることである。にもかかわらず，金廃貨論を主張するためには，金以外に貨幣商品を具体的に示す必要があろう」（山田喜志夫「金（1）――現代における金の意義と役割」，小野朝男編著『金・外国為替・国際金融』ダイヤモンド社，1986年，16-17頁。のち，山田喜志夫『現代経済の分析視角――マルクス経済学のエッセンス』桜井書店，2011年，第１章に収録）。なお，現代の事実上の価格標準の算定の試みとしても，同論文を参照。

38）「不換紙幣または紙幣化した不換銀行券は，その発行量が『流通に必要とされる金の量』の限度内に止まる限り，金貨を正しく代理するだけで，現行の価格標準が維持される。発行量がその限度を超えると『紙幣流通の独自な一法則』が作用し，流通量の増大に比例して価格標準は切下げられることになる。こうして紙券の増発が続くならば，価格標準は絶えず切下げられて固定化するいとまがない。しかしそのことは，価格標準の不在を意味するものではなく，かえってある流通量に対して一定の価格標準が対応することを示している。……かくして，不換紙幣の流通下においては，金本位制における様な明確な価格標準は存しないけれども，それが事実的にせよあるいは法制的にせよ，価格標準はつねに機能している。なるほど金の公定価格は設定されないが，金の市場価格が事実上の価格標準を表示している（地金需要による変動を捨象して）。そしてこの事実上の，金の価格標準に基づいて商品価格は決定されている。金の計算貨幣機能は紙幣流通下にあっても貫徹しているのであって，貨幣単位は金の一定分量を意味する以外のものではないのである」（酒井一夫『インフレーションと管理通貨制』北海道大学図書刊行会，1977年，28-29頁）。

39）「元来，商品の価格とは商品価値の金量表現なのであるから，価格とは金量にほかならず，価格の変動とは金量の変動にほかならない。物価の実質的変動とはこの金量自体が変動する場合であって，これには３つの要因がある。すなわち，１．商品価値の変動（労働生産性の変動にもとづく），２．金価値の変動（産金業の労働生産性の変動にもとづく），３．商品の需給関係の変動である。これに対して，物価の名目的変動とは，金量自体に変動がなくたんに金量を測る単位の名称（価格標準）が変化した場合である」（山田喜志夫『現代インフレーション論』大月書店，1977年，30頁）。

40）このように為替相場の変動を，名目為替と実質為替の２つの要因によって説

明する議論は，源流をたどるとナポレオン戦争中のイングランド銀行の支払い制限期に始まったものである。当時，これを最も体系的に論じたものとしては，William Blake, *Observations on the Principles which Regulate the Course of Exchange: and on the Present Depreciated State of the Currency*, Edomund Lloyd, London, 1810（酒井一夫監訳『外国為替相場変動論』駿河台出版社，1992年）がある。ブレイクの為替理論はマルクスに影響をあたえたと思われている。ブレイクおよびそれに関連する為替論を論じたものとしては次のものがある。渡辺佐平「ブレークの為替論について」（『地金論争・通貨論争の研究』法政大学出版局，1984年）。斉藤寿彦「外国為替相場の生成」（渡部佐平編著『マルクス金融論の周辺』法政大学出版局，1980年，所収）。松本久男「ブレイクの名目為替相場規定の修正とリカードウ」（『金沢大学経済学部論集』第11巻第1号，1990年），同「外国為替相場の実質的変動と，名目的変動」（『金沢大学経済学部論集』第12巻第2号，1992年）。吉田真広「ウイリアム・ブレイクの名目為替論」（國學院大學『経済学研究』第22輯，1991年）。また，名目為替相場の視角から購買力平価説を再評価したものとしては，吉田賢一「購買力平価説と貨幣数量説」（北海道大学『経済学研究』第39巻第4号）がある。

41) 変動相場制下における為替相場については名目為替相場のみで説明したり，逆に実質為替相場のみで説明したりする議論が多いが，それぞれ一面的であるといえる。この一面性に陥らず，変動相場制下において名目為替相場と実質為替相場を区別して，為替相場を検討しているものとしては，次の論文を参照。山田喜志夫「不換制下における名目為替相場と実質為替相場」（『國學院経済学』第39巻第2号，1992年），松本朗「実質為替相場と名目為替相場の理論的・実証的検討——70年代後～80年代を事例として」（『愛媛経済論集』第11巻第1号，1993年）。

42) 「為替相場の絶対的水準は名目為替相場によってのみ，説明可能である。実質為替相場は為替相場の変動を規定する要因ではあるが，為替相場の水準自体を規定する要因ではない。為替相場の水準自体（絶対値）は名目為替相場によってのみ規定される」（山田喜志夫，同上，73頁）。

43) 金の価値，「価格」については，酒井一夫，前掲『インフレーションと管理通貨制』33-67頁。山田喜志夫，前掲『現代インフレーション論』88-115頁，および本書1章「金と価値規定」を参照。

44) 以上の事実上の価格標準の変動と物価・為替相場・金「価格」の関係と連動性については，前掲拙稿「日米貿易関係を規定する基礎要因」（67-68頁）を参照。

45) 物価指数とは，個別商品の価格変動をなんらかの方法で合成することによって作成するものであるから，ウェイトとして基準時の購入量をとるにしても（ラ

スパイレス指数），比較時の購入量をとるにしても（パーシェ指数），できるだけ個別商品の側の物価の変動要因を消去して，商品価格の一般的・共通的変動要因を求めることにあるといえる。そして，この商品の一般的・共通的変動から逆に貨幣価値の変動を測ることも，物価指数作成の1つの大きな経済的意味がある。

しかしどのような合成方法をとるにしても，商品価値の変動，価値の価格からの乖離，貨幣の固有の価値の変動による要因を，物価指数から消去することは難しく，そこで得られる貨幣価値の変動とは，貨幣の固有の価値の変動，本来的な貨幣の相対的価値（貨幣の価値を他の商品の量で表したもの，いわゆる貨幣の購買力）の変動，通貨減価（価格標準の変動）を含むものである。したがって，合成方法をどのように操作したとしても物価指数のみからは，他の要因とは別に通貨減価（価格標準の変動）だけを取り出して測ることはできない。ここに物価指数を通貨減価の指標として用いる限界があり，金「価格」および為替相場との比較検討を通じて，この限界を乗り越えることで，物価指数を正確な意味で通貨減価の指標として利用することができる。とはいえ，不換制下の物価変動の主要な要因は通貨減価にあることがわかっているのであるから，物価指数のみであっても，そのような限界に留意したうえであればさしあたって通貨減価の近似的な指標として利用する経済的意味は十分に存在する。

なお，貨幣価値変動の指標としての物価指数の意義については，是永純弘「インフレーションと物価指数論」（松井安信・三木毅編著『信用と外国為替』ミネルヴァ書房，1978年，296-231頁），および山田喜志夫「物価指数論」（前掲『現代インフレーション論』207-226頁）を参照。

46) K. Marx, *Das Kapital*, Bd. III, S. 224（『資本論』3巻1，269頁）。
47) *Ebd.*, S. 848（同上，3巻2，1075頁）。
48) 山田喜志夫，前掲『再生産と国民所得の理論』46頁。
49) 「マルクス主義経済学も近代経済学も，国民所得を『一定期間内に発生した純生産物の価値である』としているのであって，表面的には全く同じなのだが，『生産』のとらえ方が両者のあいだに大きなひらきがあるため，けっきょく両者の概念規定は大きく違ってしまうこととなるのである」（川上正道『国民所得論』新日本出版社，1973年，13頁）。
50) 山田喜志夫，前掲『再生産と国民所得の理論』49頁。
51) 国際間での1人当たり国民所得の格差を「価値法則の修正命題」とかかわって理解されているのは，木下悦二氏と村岡俊三氏である。「国民的生産力の発展した国ほど，労働強度と労働時間の等しい労働日が生み出す，貨幣で測られた価値生産物は大きい」（木下悦二，前掲「国際価値論の課題（1）」25頁）。「世界市場で

は労働強度と労働生産性の価値形成労働に占める意義が……『修正』されて，その結果，甲国1労働日＝乙国2労働日＝丙国3労働日……という関係が成立するのであるが，そのことは，裏を返していうと，各国の1労働日の生産する価値量には相違があるということに他ならない。そして各国の1人当りの国民所得の相違はこのことの現実的な現れである」（村岡俊三，前掲『世界経済論』59頁）。

52) K. Marx, *Das Kapital*, Bd. I, S. 584（『資本論』1巻2，728頁）.
53) *Ebd.*, Auf1, S. 549（同上，639頁）.
54) *Ebd.*, S. 554（同上，689頁）.
55) この個別商品の国際価値規定については，本書第2章「国際価値と金」を参照。

# 第4章　世界市場の拡大とドルの減価

はじめに

　一時「ニュー・エコノミー」ともてはやされ，10年にわたる長期の好景気の持続で，もはや景気循環をまぬがれたといわれたアメリカ経済も，2000年代に入るとともにLTCMの救済劇やワールドコム，そして規制緩和の落とし子であるエンロンの破綻によって変調をきたしてきた。やはりニュー・エコノミーなど存在せず，アメリカ経済といえども不況からまぬがれないことが，はっきりした。日本は，バブルの負の遺産を解決できず長期の不況の過程にある。またEUの中心であるドイツは不況のため，財政赤字がEU「経済安定・成長協定」の基準であるGDPの3％を超えるのではないかと予想され，ドイツが無理に財政赤字を減らそうとするとEU全体に不況が及ぶのではないかと懸念されている。世界経済の中心である3つの国・地域で景気の後退，不況がはっきりした。一部では世界同時不況，世界恐慌を懸念するむきもある。
　資本主義は変質したとはいえ，過剰生産からはまぬがれず，依然として過剰生産の処理，過剰商品の処理，過剰資本の処理が課題であることが明らかとなった。変化したのはその処理形態であったのである。
　金本位制（兌換性）のもとでは恐慌という形態で過剰が処理されたのであるが，管理通貨制（不換制）のもとでは典型的には中央銀行の救済融資や国債の中央銀行引受けで得た資金を用いた政府の有効需要政策によって，恐慌を緩和し長期の不況に変えることで，過剰生産を処理する。このため流通に必要な貨幣量を上回る過剰な通貨が発行されて，通貨の「価値」の低下すなわち金代表量の低下（価格標準の切下げ）が生じ，その結果，商品価格の名目的価格上昇，インフレーションが発生したのである。管理通貨制下の現代資本主義では，インフレ政策すなわち経済拡張政策によって，破壊的な恐慌，商品価格の暴落とそれにともなう企業の連鎖的な倒産，その結果としての資本蓄積の停滞は回避され，その代償としてインフレーション，すなわち通貨の「減価」（価格標準の

切下げ)が起こってきたのである。このように比喩的に言えば,金本位制では商品価値を犠牲にして(商品価格の暴落),貨幣価値(価格標準)を守り,管理通貨制では貨幣価値を犠牲にして商品価値を守るのである[1]。

　このインフレ政策は,形式的には1971年の金・ドル交換停止以前の,実質的には68年の金二重価格制以前の,国際通貨体制(旧IMF体制)の固定相場制のもとでは,まずは主として国民経済内の問題であり,国内市場の拡大による過剰商品の処理のためのものであって,その代償としての各国通貨の価値の低下が通貨危機,ドル危機として現れてきたのである。

　インフレーションの過程は同時に過剰な貨幣資本の累積の過程でもあった。インフレーションによって過剰な通貨が滞留し,それが投資場所を求めて運動した。国際的に過剰な貨幣資本の累積の原因のひとつは,アメリカの国内のインフレ政策に出自のあるアメリカの国際収支の赤字,アメリカからのドル流出であることは確かである。これらの過剰な貨幣資本は投資場所を求めて世界中を移動し,ユーロ市場,オフショア市場を生み出し,また為替相場を大きく変動させ,時には通貨危機を発生させ,各国経済に大きな影響を及ぼしている。

　戦後の国際通貨体制である金・ドル体制,そして現在のドル体制は,管理通貨制下の通貨の「減価」による世界市場の拡大,過剰な商品の処理の歴史であり,この通貨の「減価」が為替相場水準の変化とドル危機・通貨危機の一因である。現在の変動相場制下において世界市場の拡大がどのように行われ,過剰な商品資本の処理がどのような形で行われ,それは貸付可能貨幣資本の運動とどう関係し,どのような問題を引き起こしているのであろうか。また,それはドル体制,途上国の債務累積,通貨危機とどう関係しているのか。本章では,これらの問題を素描することで,現代の国際金融問題と貿易問題の接点について後の研究の材料としてまとめておきたい。

## 第1節　固定相場制と変動相場制

### 1　固定相場制

　旧IMF体制の2つ柱は,アメリカによる金・ドル交換(金1オンス＝35ドル)と固定相場制であった。旧IMF協定によってアメリカ以外の各国通貨当局

は為替平価（たとえば日本の場合1ドル＝360円）の上下1％の範囲内に自国通貨の為替相場変動が収まるように無制限に介入することを義務づけられていた。各国通貨当局は自国通貨がこの範囲を超えて下落する場合は，ドルで自国通貨を買い支え，この範囲内に戻さなければならない。この場合，各国通貨当局はドルを前もって外貨準備として保有しなければならない。また自国通貨がこの範囲を超えて上昇する場合は，自国通貨でドルを買い支え，この範囲内に戻さなければならない。このように固定相場を維持するためには，各国通貨当局には外貨準備としてドルをもつ必要があった。しかし，このドルの価値が保証されていなければ，各国通貨当局はドルを保有し，対ドル相場を維持するために為替市場に介入することはない。そこで，各国の保有するドルの価値を保証するため，アメリカの財務省は金1オンス＝35ドルの公定価格で金とドルを交換したのであった。このように管理通貨制のもとで国内的には不換のドルが，流通必要貨幣量を上回る過剰な発行によって「減価」（価格標準の切下げ）する可能性のあるドルが，対外的に固定した金量との交換を保証されていたところに旧IMF体制の固定相場制の矛盾があった。

　この旧IMF体制は金・ドル交換にもとづく固定相場制であるから，アメリカを含めて各国政府に国際収支の節度を課することになった。アメリカ以外の国は，国際収支の赤字が続けば，平価を維持するために介入する結果，外貨準備（金またはドル）が減少する。しかし一定以上の外貨準備の減少は為替平価の維持を困難にする。このため結局は外貨準備を守るために，インフレが原因であれば総需要抑制政策，緊縮政策を実施し，インフレを抑制し，また生産性の立ち遅れが原因であれば生産性を高めて，国際収支を均衡化させることを強いられる。他方アメリカは，為替平価を維持する必要はないが，アメリカの国際収支の赤字が続けば，ドルが下落し，他国が平価を維持する結果，他の国の公的部門がドルを保有することとなり，このドル残高は結局金1オンス＝35ドルの公定価格で金との交換を求められ，アメリカから金が流出することになる。アメリカから金が流出し続ければ，アメリカの金準備が減少することになる。アメリカは国際収支が赤字の場合には，当面はドルで支払うことができるが，最終的には金で決済することが，金・ドル交換の意味であった[2]。すなわちアメリカにとっては金・ドル交換が国際収支節度を保たせ，過剰なドルの流

出を防ぐ機能を果たしていた。それは金と交換に対外的な過剰ドルが収縮するルートでもあった。

このように旧IMF体制のもとでは，アメリカを含めて各国は国際収支節度を保ち，またインフレーションを抑制し，各国民通貨の「価値」（事実上の価格標準）を維持する機構が備わっていたのである。ただし，金本制と違って，国際収支の赤字が，各国の外貨準備（金，ドル）を一定程度減少させるまでの一定期間は，各国は拡張的な経済政策，インフレ政策，景気刺激政策を実施することで，恐慌を回避し，失業率を低下させ，国内均衡を達成することができるのである。しかし，一定程度外貨準備が減少すると，今度は外貨準備を守るため国際収支の均衡あるいは黒字を達成することによって，国際均衡を達成するのである。このようにして各国には国際均衡と国内均衡の矛盾を調整する時間的余裕が与えられていた。

大戦直後，アメリカは，圧倒的な生産力（資本主義世界の総工業生産高の約62％，資本主義世界輸出総額の約33％——1947年）と豊富な金準備（世界の公的保有金の約75％——1949年）をもち，国内均衡と国際均衡を同時に追求できる唯一の国であった。対外援助や海外軍事支出，民間投資などによって他国に出て行ったドルはアメリカの商品を買うために使われて，アメリカに還流してきたのである。こうしてアメリカは世界に購買力であるドルを供給し，アメリカ自身の商品はもとより，資本主義世界の商品の販路を拡大してきたのである。そして，ドルはアメリカに還流するかぎり，世界経済は安定していた。しかし，西ヨーロッパと日本が経済復興するとともに，しだいにアメリカの生産力が相対的に低下し，アメリカ商品が国際競争力を失い，流出するドルに見合うだけの商品輸出ができなくなるとともに，アメリカの国際収支赤字の結果，ドルが流出し，対外ドル残高が累積し，金・ドル交換によって大量の金がアメリカから流出したのである。

アメリカは，国内均衡と国際均衡を同時に追求することができなくなった。大量の金流出の結果，金準備が減少し，ドル危機が発生すると，アメリカは，金準備を守るために，国際収支の赤字の原因である拡張主義的経済政策をやめるかわりに，1971年8月15日に金・ドル交換を一方的に停止してしまったのである。金・ドル交換は，アメリカの拡張的な経済政策にもとづくインフレー

ションおよびその結果としての国際収支赤字の歯止めとなっていたが，金・ドル交換停止によりこの歯止めはなくなり，アメリカのインフレーションが進み，ドルの流出を促進させ，金とは交換されない，決済不能の「過剰」ドルを世界に散布することになった。アメリカは，金・ドル交換を停止することで，国際均衡を無視して，国内均衡を重視して，拡張的な経済政策を追求できるようになったのである。

## 2　変動相場制

　金・ドル交換が停止されると，各国通貨当局にとって，もはや金での価値保証がなくなり，しかもアメリカの国際収支赤字の歯止めがなく，たえず減価する可能性のあるドルに対して，固定相場を維持するために介入することは無意味となり，先進諸国は1973年に変動相場制に移行した。介入の結果，ドルを保有してもドルが減価すれば，各国の通貨当局は損失を被り，ドルの減価が自国通貨の減価を引き起こし，インフレーションを波及させる可能性があるからである。

　変動相場制の特性は，このように旧IMF体制の2つの柱がなくなったこと，すなわち金による最終決済がないこと，通貨当局の介入による為替平価の維持がないことである。変動相場制とは，為替取引によって対外的債権債務を相殺の形で国際決済し，相殺しきれない差額を未決済残高として繰り延べる，国際的に貸し付けておく，逆から見れば借り入れておくというものである。したがって変動相場制は国際的な短期資本移動を基礎としている。旧IMF体制の固定相場制下では大量のドル残高が短期資本移動として国際間で移動してドル危機を発生させて固定相場制を崩壊させる要因となったのであるが，変動相場制はこのドル残高を最大限利用することで成り立っている。外国為替の需給調整や国際収支調整をこの国際的な短期資金移動に依存して行おうとするのが変動相場制の特徴である[3]。要するに経常収支の赤字・黒字を国際的な短期資本移動でファイナンスして，決済を繰り延べようとするのが変動相場制である。

　旧IMF体制のもとでは経常取引の決済における為替取引の自由化は協定されていたが（8条国），資本取引の自由化は強制されていなかった。むしろ固定相場制を維持するために，各国は資本移動を制限していた[4]。たとえばアメ

リカは，ドル危機のとき国際収支赤字の原因であった資本流出規制をするために，1965年と1968年の2度にわたり対外投融資規制を実施している。イギリスはポンド防衛のため為替管理を実施し，日本は「外国為替管理法」で外国為替取引を「原則禁止」していた。変動相場制になると資本移動を規制しておく必要はなくなる。むしろ資本移動によって経常収支を調整するという意味でも資本自由化が求められることになる。アメリカは変動相場制に移行した翌年に金利平衡税を含む対外投融資規制措置を撤廃した。西ドイツは74年に為替管理を自由化した。78年にはシンガポールが為替取引を自由化し，79年にはイギリスが為替管理を廃止し，80年には日本が外為法を改正し，資本移動を「原則自由」とした。フランスとイタリアは少し遅れるが，90年になって資本移動を自由化した。こうして変動相場制の移行とともに金融のグローバル化が始まることとなる。

　変動相場制になってもドルは依然として国際通貨として機能している。アメリカは国際収支の赤字を自国通貨ドルで支払うことができる。こうして国際決済の繰り延べられた「過剰」ドルがアメリカの国際収支赤字の結果として流出し，対外ドル残高が形成された。これはアメリカにとっては対外債務である。

## 第2節　アメリカの債務

### 1　アメリカの国際収支節度の喪失

　旧IMF体制においては金・ドル交換という形で最終的にドルは金で決済され，それがアメリカに国際収支節度を保たせていた。金は価値物であり，過去において自国で生産したか，輸出によって得た資産である。金流出はアメリカの資産の減少を意味するし，アメリカは金とドルの交換の義務を果たすためには，金準備を守る必要があった。そのためアメリカは他の国と同様に国際収支を均衡化させるために，所要の政策をとる必要があった。アメリカは，総需要抑制政策を実施し，輸出を増大させ輸入を減少させ，対外債権を得て，これにより自国の対外債務（国際収支の赤字＝ドル残高）を相殺することによって，国際収支を均衡または黒字化することで金準備を守る。旧IMF体制においてはアメリカも最終的には，輸出で得た金あるいは対外債権で対外債務を支払わ

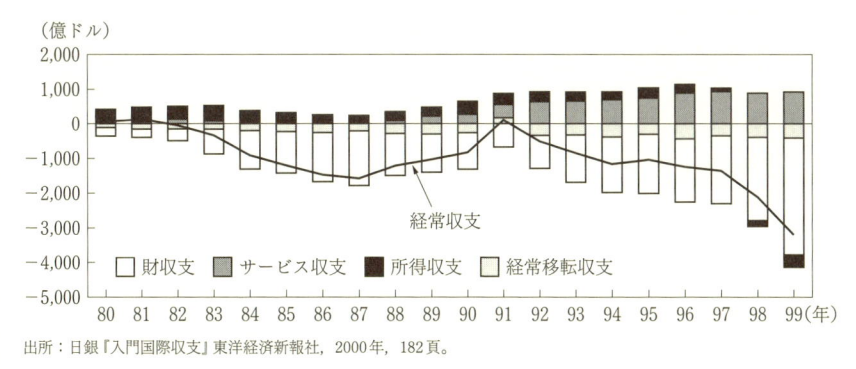

図4-1 アメリカの経常収支の内訳

(億ドル)

凡例：財収支、サービス収支、所得収支、経常移転支

出所：日銀『入門国際収支』東洋経済新報社，2000年，182頁。

なければならなかったのである。

　金・ドル交換停止以後もドルは国際通貨として機能している。「ここに『ドル本位制』という見解が生まれた。ドルは実質的にも法制的に金による価値の裏付けを失い，それ自身の購買力に基づいて使用されるという表象に加え，ドルの受け渡しのみによって国際決済が完結する，つまりドルが国際的にも最終決済手段になった，という認識が生まれた」のである[5]。つまり，「ドル本位制」とは金・ドル交換停止以降の変動相場制のことで，それゆえ金による最終決済のない国際通貨体制である。

　金による歯止めがなくなり，アメリカは国際均衡よりも国内均衡を重視して，拡張的な経済政策を続けることができるようになった。たとえば，第1次オイル・ショック後の世界不況のもと，フォード政権は拡張的な財政政策をとり，カーター政権もそれを引き継いだ。カーター政権にかわったレーガン政権は，理念としては「小さな政府」を掲げていたが，実際には国内均衡を重視して，減税と軍事支出を増大させ，財政支出を拡大させ，それがクラウディング・アウトと高金利を発生させ，ドル高を生んだ。ドル高はアメリカ商品の国際競争力を失わせ，貿易収支，経常収支の赤字を増大させ，双子の赤字を生み出した。その後，現在まで貿易収支，経常収支の赤字の傾向は基本的に続いている。

　このようにアメリカは国際収支節度を失い，経常収支の赤字を拡大してきた。1971年には貿易収支が戦後はじめて赤字となり，73年，75年の一時的黒字への回復を経て，76年以降は赤字が定着している。それにともなって経常収支

表4-1 アメリカの対外資産負債残高 (単位：億ドル)

|  | 1992年 | 1993年 | 1994年 | 1995年 | 1996年 | 1997年 | 1998年 | 1999年 | 2000年 | 2001年 |
|---|---|---|---|---|---|---|---|---|---|---|
| 資産計 | 24,665 | 30,577 | 32,799 | 39,649 | 46,508 | 53,791 | 61,791 | 73,997 | 74,012 | 69,305 |
| 公的部門 | 2,304 | 2,483 | 2,471 | 2,612 | 2,468 | 2,210 | 2,328 | 2,206 | 2,136 | 2,157 |
| 民間部門 | 22,360 | 28,093 | 30,326 | 37,034 | 44,040 | 51,581 | 59,464 | 71,790 | 71,876 | 67,149 |
| 負債計 | 29,188 | 32,357 | 34,504 | 42,704 | 50,109 | 62,019 | 72,499 | 84,371 | 89,822 | 92,699 |
| 公的部門 | 4,373 | 5,094 | 5,352 | 6,829 | 8,208 | 8,737 | 8,962 | 9,511 | 10,307 | 11,091 |
| その他部門 | 24,815 | 27,263 | 29,152 | 35,875 | 41,900 | 53,281 | 63,537 | 74,860 | 79,515 | 81,609 |
| 純資産 | −4,523 | −1,780 | −1,705 | −3,058 | −3,600 | −8,227 | −10,708 | −10,374 | −15,810 | −23,394 |

資料：*Survey of Current Business* 各年版より作成。

の状態も悪化して，82年以降は赤字が継続，しかも年々増大して2000年には4447億ドルの巨額の赤字となっている[6]。この赤字は国際的資本移動によってファイナンスされざるをえない。アメリカの財政収支と経常収支の赤字をファイナンスしているのは経常収支黒字国の日本と西ヨーロッパの諸国である。日欧の経常収支黒字は主として対米証券投資としてアメリカに還流した。その背景にはアメリカの相対的高金利にもとづく日欧とアメリカとの国際金利格差があった。とくに日本資金の占める割合はきわめて大きい。たとえば，1983年から89年に生じた日本の対米長期投資と外貨準備増（日本の通貨当局保有のドル建て短期債権の増加）は同じ期間のアメリカの経常収支全体の4割強にも達するといわれる[7]。これに対して当時日本に次ぐ黒字国であった西ドイツの貢献は規模が限られていた。その結果，アメリカは1985年に（簿価評価額，時価評価額でも86年に，また市場評価額でも87年に）純債務国すなわち借金国に転落した。2001年現在，アメリカの対外純債務は2兆3394億ドル（市場評価額）にも達する[8]。

## 2 経常収支赤字下の資本輸出国

　1990年代に入るとアメリカは景気が回復するとともに再び経常収支の赤字を拡大させていった。しかしその一方で経常収支赤字を大きく上回る資本収支の黒字を確保して，途上国への資本輸出を拡大している点が特徴である。たとえば1995年から98年の対米資本流入は平均するとアメリカの経常収支赤字の約2.8倍であった[9]。そしてアメリカは経常収支の赤字国でありながら，国際

表4-2 アメリカの国際収支　　　　　　　　　　（単位：百万ドル）

|  | 1993年 | 1995年 | 1997年 | 1998年 | 1999年 | 2000年 |
|---|---|---|---|---|---|---|
| 経常収支 | −99,720 | −115,210 | −143,850 | −220,559 | −338,916 | −444,690 |
| 資本収支 | 56,170 | 130,970 | 286,482 | 210,475 | 378,039 | 444,260 |

資料：日銀『国際比較統計』各年版, 2000年は総務省『世界の統計』より。

資金循環の中心的地位を占めているのである[10]。

　この時期はアメリカの景気が回復するなかで，日本，西ヨーロッパの不況という国際的な景気循環のズレとそれにともなう日欧の低金利政策によって国際金利格差が長期化した。そのため，日欧の先進諸国は対米証券投資を急増させた。それはアメリカにとっては経常収支赤字をはるかに上回る資本輸入であった。その経常収支を超過する資本輸入の余剰部分は株高や社債ブームをつくりだし，その取引や処理のためにIT産業が発展し，IT革命を成功させて，アメリカは潜在成長率を上回る高い経済成長を実現した[11]。それは日欧のさらに多くの対米証券投資を生み出した。アメリカはそれを利用して，またドルが国際通貨であることを利用して，エマージング・マーケットやその他の途上諸国に証券投資や直接投資を積極的に展開している。こうして途上諸国はアメリカを中心とする国際的資金循環，ドル体制に巻き込まれていくことになった。アメリカは経常収支をファイナンスする資本輸入と途上国への資本輸出のために金融の自由化，金融のグローバリゼーションを推し進める必要があるのである。この途上国への証券投資を担ったのが，年金基金と投資信託を中心とする機関投資家である。

　経常収支の赤字国でありながら，資本輸出ができるのは，ドルが国際通貨であるからである。アメリカは経常収支が赤字であっても，対外投資資金を銀行の信用創造で供給できるのである。経常収支赤字にもかかわらず，資本輸出することの矛盾としてドル相場が暴落する危険があるが，これを防ぐためにはアメリカに世界から資金が流入する必要がある。資本を輸入するためにはアメリカの金利あるいは利回りが，その他の地域より高くなければならない。しかし，アメリカの経常収支は依然として大きな赤字である。その結果として，アメリカの対外純債務も巨額となってきた。アメリカ経済の対外純債務の累積と所得

表 4-3　アメリカの所得収支　（単位：百万ドル）

| 1993年 | 1995年 | 1996年 | 1997年 | 1998年 | 1999年 |
|---|---|---|---|---|---|
| 25,316 | 20,891 | 22,318 | 12,609 | 3,754 | 13,185 |

資料：*Survey of Current Business* 各年版より。

収支の動向には注目する必要がある。2000年の経常収支の赤字額は GDP 比4.5％である。対外純債務額は22％を超えている。そのためアメリカの所得収支の黒字は年々減少し，1998年には37億5400万ドルまで落ち込んでいる。1999年に回復したとはいえ131億8500万ドルにすぎない。アメリカへの資本輸入を支えていたネット・バブルが崩壊し，エンロン，ワールドコムの粉飾決算事件で株も下がり始めた。アメリカは低金利政策で株高を維持しようとしているが，それは結局，日欧との国際金利格差を縮小させている。経常収支赤字国のアメリカが資本輸出する矛盾がドル暴落として現れる危険はしだいに増しているのである。

## 第3節　途上諸国の債務危機

### 1　オイル・マネーと途上諸国の債務危機

　オイル・ショックの結果，1970年代後半には産油諸国に巨額のオイル・マネーが流れ込み，巨額の経常収支黒字をもたらした。産油国の経常収支黒字額は，第1次石油危機では，1974〜77年合計で1600億ドルに達し，第2次石油危機では，1979〜81年合計で2180億ドルにのぼっている[12]。しかし，産油諸国は自らこの巨額の経常収支黒字を資金不足の途上国に投資するだけの情報や経験，機構をもっていなかった。そこで，それらは主として先進国の銀行や「ユーロ・ダラー」市場に流れ込んだ。

　しかし，この頃の先進諸国はオイル・ショックの影響で長期の不況に陥っていたために，大企業の資金需要は減少しており，オイル・マネーはその貸付先を見出すことができなかった。一方，中南米やアジアの中所得国が工業化に成功し，新興工業国＝NICsと呼ばれ，その成長性に大きな期待がもたれるようになっていた。事実，1970年代後半に，先進4ヵ国（フランス，ドイツ，イギ

リス, アメリカ) のGDP成長率の単純平均が3.7% であったのに対し, ラテン・アメリカのNICs (アルゼンチン, ブラジル, チリ, コロンビア, メキシコ) の成長率の平均は5.3%, さらに東アジアのNICsの平均は8.8% であった[13]。このような高い成長率を反映して, 中所得途上国への貸付には高収益が見込まれたのである。

　欧米の銀行の多くは, 変動金利のシンジケート・ローンの形で, 資金を必要とするこれら途上国への貸付を増大させた。シンジケート・ローンとは, 幹事行となる大銀行が多くの銀行を募ってシンジケート団を組織し, 共同して融資する形式であるが, 幹事行は資金量が大きく, 国際業務にも精通しており, 国際的に張り巡らせた支店網をとおして貸付先についての情報を多く持っていたから, それまで国際貸付の経験のない中小銀行も安心してシンジケート団に加わることができた。その結果, シンジケート団を組織する幹事行——通常アメリカの巨大銀行であった——には膨大な手数料収入がもたらされた。シンジケート・ローンによってこれまで以上に巨額の資金貸付が可能となって, 途上国向けの多国籍銀行による貸付が急速に増大していった。また, 貸付は固定金利制でなく, 変動金利制で行われたために, 貸付銀行は金利変動のリスクを貸し手に転嫁することができた。

　多国籍銀行による途上国向け長期貸付は, 1970年の40億ドルから80年には1350億ドルと10年間で30倍以上に増大した。そのなかではブラジルとメキシコの占める割合が大きく, 2国合わせて全体の37% を占めていた[14]。このように多国籍銀行による貸付は途上国を選別することで少数の国に集中したのである。

　この時期には, アメリカの「双子の赤字」がドル高と高金利をもたらしていた。したがってドル建ての変動金利で借りていた途上国にとっては二重の負担増となった。同時に, 世界的な高金利によってインフレが押さえ込まれてきたので, 債務の変動金利は実質ベースで (インフレ率を控除した値), 1977～80年にはマイナス8.7% であったものが, 81～83年にはプラス15.7% にまで上昇した。その差は実に24.4% にも及んでいる[15]。

　一方, 先進諸国の不況によって途上国からの輸出は伸び悩んだ。途上国は先進国への輸出によってあてにしていた外貨収入を得ることができず, 債務の返

済に苦しむことになった。このように途上国では金利負担が増大したばかりでなく,輸出の伸び悩みで支払能力が減退して,利払いの継続に困難をきたした。1982年8月にはメキシコが金利支払い困難に陥った。これが80年代の債務危機の始まりとなった。メキシコは産油国であり,最も支払能力のある国と思われていただけに,銀行の途上国融資に対する態度が急変し,輸出余力のない途上国には銀行資金の流れが止まってしまった。そのためメキシコに続いてブラジルまで金利支払いの停止に追い込まれ,債務危機は途上国全体に拡がった。

　債務危機の裏側には借入国からの大量の「資本逃避」もあった。ある推計によると,1978～81年の間に契約された借入額に対して,資本逃避はアルゼンチンで60%,メキシコで40%,ベネズエラでは100%以上に達したという[16]。これだけの資本逃避がなければ,中南米諸国における債務危機はまぬがれたという見方もある。国内の富裕層や企業が,自国通貨の切下げ前に資金をドルに転換して利益を得ようとしたのである。

　中南米の債務国への貸付残高の40%をアメリカの多国籍銀行が占めており,日本は16%,イギリス15%,フランス11%,西ドイツ10%であった(1986年の数値)。また,アメリカの銀行の非産油途上国向け貸付の約60%は9大銀行によって占められていた[17]。このため中南米の債務問題はアメリカの多国籍銀行に深刻な影響をもたらし,国際金融システム全体を動揺させるものと考えられた。こうして債務危機対策はもっぱら銀行救済のために行われることとなった。債務危機は,途上国の開発と成長の危機であるにもかかわらず,資金を貸し付けた多国籍銀行の危機であると強調されたのである。

## 2　金融自由化と途上諸国

　メキシコの債務危機に対するアメリカ政府の対応は素早やかった。アメリカ政府はIMFと他の先進諸国に支援を呼びかけ,銀行団と債務国が債務返済の繰り延べ(リスケジューリング)交渉に入り,銀行団は債務の繰り延べと「借り換え」に応じた。IMFは,財政赤字の大幅改善,対外債務の圧縮,インフレ抑制のための金融引締め,政府補助金のカット,賃上げの抑制,輸出の促進,増税,経済と金融の自由化,市場開放など一連の構造調整プログラムの実施を条件に50億ドルの追加融資に応じた。IMFの構造調整政策は,実質金利の急

騰と経済不況を債務諸国にもたらした。政府補助金の削減と賃上げの抑制は国民生活を直撃し，失業の増大，生活苦，格差の拡大，政治的・社会的不安を蔓延させた。1980年代は債務諸国にとって「失われた10年」と呼ばれている。

しかし，この債務国のデフレ政策はアメリカの途上国向け輸出の減少をももたらした。これに対しては，アメリカの当時の財務長官ベーカーによる「ベーカー案」が提唱された。ベーカー案は，成長促進のための融資を債務国に継続する一方で，国際収支の改善，インフレ抑制などのための構造調整政策を求めるもので，基本的にIMFの路線と大差はなかった。ベーカー案はその後，「メニュー・アプローチ」（1987年）に引き継がれたが，そこには資本市場を活用して累積債務を証券化する試みが含まれていた。

このように途上国の累積債務問題に対してはさまざまな試みが行われたが，それらはいずれも成功しなかった。その原因は「これらの提案の第1目標が債務サービスの継続（多国籍銀行の経営の安定化）を前提にした『債務繰り延べ』を基本とするものであり，累積債務国の再建・発展ではなかったからである。途上国向け貸出債権の相当部分を不良債権化させた多国籍銀行が経営危機に陥って国際金融危機へと発展するのを防止することに最優先課題が与えられていた」ためであるといわれている[18]。

こうした状況のもとで，アメリカの債務戦略を「債務繰り延べ」から「債務削減」へと大転換させる「新債務戦略」が1989年に当時の財務長官ブレイディによって提案された。それは要するにIMF，世界銀行や債権国政府が債務の削減・利払いの削減に応じ，その見返りにIMFの構造調整政策を実施させるというものであった。たとえば，メキシコでは，メキシコが新規に発行する国債と銀行債務を割り引いて交換するという債務の証券化の手法がとられた。構造調整政策は，債務の削減とともに経済再建の条件を整えるものとみなされたのである。1989年にメキシコと銀行団の間で合意が成立したのち，コスタリカ，ベネズエラ，ウルグアイがこれに続いた。92年には，メキシコに次いで債務残高の多かったアルゼンチン，ブラジルもIMFの構造調整政策を受け入れた。債務削減の取決めが整うとともに途上国への民間資本の流入も再開された。こうして80年代の途上国の債務危機は一応の決着をみたのである。

メキシコの救済を先例として，1980年代から2003年までの間に，IMFは，

支援を要請する70ヵ国以上の途上諸国や市場経済移行国（ロシア・東ヨーロッパ諸国）に対して，融資の条件として経済と金融の自由化，規制緩和，民営化，賃銀抑制，緊縮財政を認めさせた（これらの政策はワシントン・コンセンサスと呼ばれる）。このようにして途上国の経済と金融の自由化，規制緩和が急速に進むことになった。IMFと世界銀行は，このように多くの途上国に対して援助と引き換えに金融と経済の自由化を迫ることで，これら諸国の金融市場，国内市場を先進国の多国籍銀行と多国籍企業のために開放する役割を演じた。また，これらの国際機関はこれ以後繰り返し発生した途上国の債務危機に対して，多国籍銀行に代わって融資を肩代わりし，債権銀行が時間をかけて融資を回収できるように支援することで，銀行の利益を守るために保証人としての役割を演じている。その背後には，つねに先進国政府と多国籍銀行，多国籍企業の存在があるのである。「OECDに加盟する（すなわち金持ちの）国々の間では，世界経済をさまざまな次元で自由化すべく行動することで一定の合意が成立している。すなわち，資本市場に関するすべての規制の撤廃を加盟国に要請するようIMF協定を改定すること，世界貿易機関（WTO）とOECDの多国間投資協定によって金融サービス貿易を自由化し，産業政策を抑制することなどがある……。こうした動きは，すべて，世界中の市場にスムーズにアクセスしたいという，国際的銀行や多国籍企業からの強いニーズに応えようとする」[19]ものなのである。

## 3 エマージング・マーケットへの投資拡大

1990年代になると，ようやく立ち直りとみせたメキシコなど途上諸国に，再び民間資金が大量に直接投資や証券投資の形で流入するようになる。それはベーカー財務長官の「メニュー・アプローチ」や「ブレイディ案」の債務削減策が債務の証券化を含むものであったことから，セキュリタイゼーション（証券化）を途上諸国にも及ぼすものであった。途上諸国は従来，外資による自国企業の支配を恐れて，外資の流入を規制してきたが，累積債務問題によって銀行融資に頼る資金調達が困難になるとともに，新たな資金調達手段として証券市場に依存するようになった。また，国営企業の民営化のためにも証券市場の整備・開放が進められ，これが証券市場の発展をもたらした。債務危機時に国有

化された銀行の再民営化も証券市場に活況を呼び込んだ。こうしてラテン・アメリカやアジアの途上諸国の証券市場が「エマージング・マーケット」と呼ばれてもてはやされ，ポートフォリオ投資（証券投資）が増大していった。アメリカ国内の金利低下を背景に，年金基金と投資信託を中心とする機関投資家が，高収益とリスク分散のための国際分散投資の一環として，このエマージング・マーケットへの投資を拡大したのである。

こうしてこれ以後，途上諸国の証券市場は先進国資本に組み込まれ，金融市場のグローバリゼーションの渦中に身をさらすこととなり，途上国は不安定な資金に依存するようになった。セキュリタイゼーションは短期的資金が証券市場に流入しやすくする条件を生み出した。80年代のような銀行融資であれば貸付期間が存在し，その間，資金の移動はない。だが，証券の場合は，投資家は流通市場において証券を売却することで容易に資金を移動させることができるのである。

メキシコは80年代には，インフレを終息させるために自国通貨ペソを一定程度ドルに固定するドル・ペック制を採っていたが，これは同時に外資流入を促進する役割も果たした。外資流入の結果として，ペソの過大評価とそれにともなう貿易収支の赤字，経常収支の赤字が増大した。また，アメリカは，94年からの景気回復の結果，物価の上昇に対して金融引締め政策に転じ，高金利政策へと転換した。その結果，メキシコへの証券投資の有利さがしだいに失われただけでなく，逆にメキシコの経常収支の赤字拡大がいずれは為替の切下げにいたるとの予想を生み，切下げを予想した資本流出によって外貨準備の減少が続き，ペソはついに1994年12月に変動相場制への移行に追い込まれた。為替相場の下落につれて，株価も急落してパニックをもたらしたが，パニックはメキシコにとどまらずアルゼンチン，ブラジルなどの中南米諸国やアジアのエマージング・マーケットにまで波及した[20]。

アメリカの対応は80年代同様このときも素早かった。アメリカ政府はIMFや先進諸国政府と合わせて総額500億ドルを超える金融支援を決めた。80年代の債務危機と同様に，ブームのあとの破綻で債務国と大銀行が救済されたのである。メキシコは1995年に激しい不況に襲われたが，96年には早くも景気回復の兆しが現れ，アメリカの金融支援を繰り上げて返済している。こうしてみ

ると90年代の危機にはメキシコの国内問題があったことは否めないが，それ以上に金融自由化の結果としての先進諸国からの莫大な短期資金の証券市場への流入・流出によって引き起こされたもので，金融・経済の自由化等，経済のグローバル化の要因も見落とすことはできない。当時のIMF専務理事M.カドムシュはこれを「21世紀型金融危機」と呼んでいる。

　注意しなければならないことは，90年代の途上諸国向けの資金移動は民間資金が中心だったとはいえ，その移動先は東アジアやラテン・アメリカのような経済状態のよい国々であって，南アジアやサハラ砂漠以南のアフリカの後発途上諸国は依然として公的資金に頼らざるをえなかったことである。このように，発展途上国全体の約3分の1を占める後発途上諸国は，国際金融機関による選別の結果として，開発のために必要な資金に接することもできず，世界経済の発展から取り残されて，人口爆発，貧困増大，環境悪化に苦しんでいるのである。こうして一部の中所得諸国と後発途上諸国との途上諸国間の格差は拡大している。

## 4　アジアの通貨・金融危機

　それまで総じて高い成長を見せていたアジアでも，97年のタイ・バーツの暴落をきっかけとして通貨・金融危機が引き起こされている。アジアでは1970年代にNICsと呼ばれた韓国，台湾，香港，シンガポールなどが輸出指向工業化で目覚まし経済発展をとげて注目されたが，80年代にはマレーシア，タイ，インドネシアなどのASEAN諸国が外資を積極的に導入して，急速に経済発展をとげている。これらの諸国は投資を自由化して外国企業を誘致し，国内の工業化を達成しようとしたのである。しかし，外国企業を誘致するためには貿易の自由化だけでなく，外国企業の資金調達のために金融市場の自由化も避けられなかった。インドネシアやフィリピンなどの債務問題を経験した諸国では，国際機関から「構造調整政策」として金融市場の自由化が求めたれた。このようにして，ASEAN諸国では1980年代に金融制度と対外資本取引の自由化が実施された。

　東アジア諸国はドルにリンクする為替制度を採ってきた。自国の通貨供給量をドル準備に合わせる「カレンシー・ボード制」，あるいはドルのウェイトの

表 4-4　東アジア諸国の貿易相手国別比重　　　　　　（単位：％）

|  |  | 輸出 | | | | 輸入 | | | |
|---|---|---|---|---|---|---|---|---|---|
|  |  | 1980 | 1985 | 1991 | 1997 | 1980 | 1985 | 1991 | 1997 |
| 東アジア | アメリカ | 19.9 | 27.0 | 20.6 | 19.5 | 17.4 | 18.4 | 15.2 | 14.5 |
|  | 日本 | 21.4 | 18.0 | 14.0 | 12.0 | 24.0 | 31.0 | 22.4 | 19.3 |
| NIEs | アメリカ | 24.8 | 35.0 | 24.5 | 20.2 | 17.6 | 23.6 | 16.4 | 15.3 |
|  | 日本 | 10.1 | 10.1 | 10.5 | 8.2 | 23.4 | 32.0 | 22.7 | 18.1 |
| ASEAN | アメリカ | 16.4 | 19.8 | 18.6 | 18.9 | 15.4 | 15.2 | 14.5 | 15.2 |
|  | 日本 | 29.6 | 26.1 | 18.2 | 13.6 | 21.9 | 20.9 | 24.2 | 20.0 |

注：東アジア＝香港，韓国，台湾，シンガポール，インドネシア，マレーシア，フィリピン，タイ，ブルネイ，ベトナム，中国。
　　NIEs＝香港，シンガポール，韓国，台湾。
　　ASEAN＝シンガポール，インドネシア，マレーシア，フィリピン，タイ，ブルネイ。
　　1997年はベトナムを含む。
原資料：IMF, *Direction of Trade Statistics*. 台湾については ADB, *Key Indication of Developing Asia and Pacific Countries*.
出所：石見徹『全地球化するマネー』講談社，2001年，123頁。

大きい「通貨バスケット制」などであり，事実上ドルと固定相場で結びついていた。東アジア諸国にとってはアメリカが主要な輸出国であるからである。また，これが円相場との関係では，日本の直接投資を増大させ，経済発展を刺激した一因といえる。1985年の「プラザ合意」以降，それまでのドル高（円安）局面から，ドル安（円高）局面へと転換することとなったが，東アジア諸国の為替相場はドルと連動して動くために，日本で生産された商品の国際競争力が高まることになったのである。こうして日本企業ばかりでなく，アメリカやヨーロッパの企業も東アジア諸国に進出し，それらの諸国に高い経済成長をもたらした。もっとも東アジア諸国は，主要部品は先進国，とくに日本からの輸入に頼らなければならず，また直接投資にともなう投資収益の送金，特許使用料の支払いなどで，90年代に入ると貿易収支，経常収支は赤字傾向にあり，それを海外からの資本流入でファイナンスする必要があったという側面も見過ごせない。こうして東アジア諸国は注目され，金融自由化のもとで，外国の投資家（商業銀行，投資銀行，年金基金，投資信託，ヘッジ・ファンド）による大量の資金がこれらの諸国に流入することになった。

　一方，日本は不況対策として金利を引き下げ続け，95年には超低金利状況にあったから，外国の投資家（主としてアメリカの金融機関）は，金利の安い

表 4-5　東アジア諸国の輸出入の伸び率

|  | 輸出（％） | | 輸入（％） | | 貿易収支（億ドル） | |
| --- | --- | --- | --- | --- | --- | --- |
|  | 85～90年 | 91～96年 | 85～90年 | 91～96年 | 85～90年 | 91～96年 |
| 韓国 | 18.4 | 10.5 | 18.1 | 12.1 | 165 | －638 |
| 台湾 | 14.8 | 9.7 | 19.9 | 11.2 | 825 | 602 |
| 香港 | 19.9 | 14.2 | 18.8 | 16.0 | 5 | －562 |
| シンガポール | 14.9 | 15.9 | 14.4 | 13.9 | －280 | －455 |
| タイ | 21.6 | 16.2 | 23.5 | 14.3 | －237 | －668 |
| インドネシア | 3.9 | 11.7 | 9.6 | 12.2 | 382 | 382 |
| マレーシア | 11.2 | 17.9 | 14.9 | 18.4 | 185 | －45 |
| フィリピン | 9.3 | 15.7 | 14.0 | 17.7 | －124 | －514 |
| 中国 | 15.7 | 16.4 | 13.6 | 17.5 | －363 | 337 |

注：1）輸出入（ドル建て）の前年比単純平均。
　　2）貿易収支は期間の累積額。
資料：IMF, *International Financial Statistics*, 各国統計。

円を借りて，金利の高い東アジア諸国の通貨に換えて投資をするという「円キャリー・トレード」を行った。東アジア通貨はドルと結びついているために為替リスクの心配がなく，安心して投資ができたのである。「円資金を調達し，それをタイ・バーツで運用すれば95年後半期には年率で換算して時には100％の高い利回りを獲得できた。96年に入ってからも20％以上の高い利回りが確保されて」[21]いたといわれる。もちろん日本の銀行も同様の投資を行って膨大な利益を得ている。

　東アジア諸国は全体として証券市場が未発達で，金融システムは銀行制度を中心とする「間接金融」であった。このため外資の多くは，海外の銀行の現地銀行と企業に対する短期融資の形態で流入した。先進国の銀行が短期融資を行ったのは，BISの自己資本比率規制（自己資本／総資産の比率を8％にする）の影響がある。分母の総資産には貸出形態によってリスク・ウェイトが付けられているからである。たとえば，非OECD向け短期融資は総貸出額の20％を総資産に組み込めばよいが，長期融資は100％組み込まなければならない。このようにBIS規制が結果的に銀行を発展途上国向けの短期融資に走らせることになったのである。

　95年の超円高を境に為替相場が円安に転じると，東アジア諸国の商品の国際競争力は日本に対して低下し，経常収支の赤字の増大をもたらした。経常収

図 4-2　東アジア諸国向け貸出残高（貸し手の国籍別）

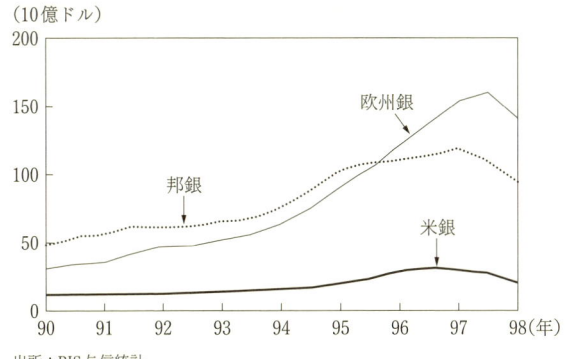

(10億ドル)

出所：BIS与信統計。
出典：日銀，前掲『入門国際収支』244頁。

支赤字の拡大は，為替の切下げ期待を生じさせた。タイの中央銀行によるタイ最大の金融会社のひとつであるファイナンスワンに対する支援打切りをきっかけとして，外資の大量流出，バーツ暴落が起こり，通貨危機が発生したことで，タイは変動相場制に移行した。通貨危機は他の東アジア諸国に波及していった。自国通貨の下落によって，銀行は返済のためにより多くの自国通貨を必要とすることから，外資の流出は銀行の貸付を二重に圧縮させ，それが途上国企業の資金繰りを悪化させて，通貨危機から経済危機へと危機を拡大させたのである。

　こうした状況下で，マレーシア政府は，ヘッジ・ファンドによる通貨投機が今回の危機の原因であるして，危機の最中に包括的な資本移動規制を実施した。マレーシアは，経済活動に大きな混乱やデフレをもたらすことなく，1年後には経済の安定化，外資流出への備えができたことを理由に規制を一部解除している。これは危機において資本移動規制が有効であることを，実例をもって示したものといえる[22]。

　当初，IMFとアメリカは，アジアの「クローニー（仲間うち）資本主義」が危機の原因とする立場から，金融支援と引き換えに，従来の債務危機の場合と同じように，財政の健全化，金融引締め，自己資本比率規制の遵守，不良銀行の閉鎖，対外的には関税の引き下げ，直接投資の自由化などの「ワシントン・コンセンサス」にもとづいた構造調整政策を勧告した。しかし，アジアの通貨危

表 4-6　東アジア諸国の対外債務構造

| | 対外債務／名目GDP | | | | 対外短期債務／外貨準備高 | | M2／外貨準備高 | |
| --- | --- | --- | --- | --- | --- | --- | --- | --- |
| | | | うち短期 | | | | | |
| | 90年 | 96年 | 90年 | 96年 | 90年 | 96年 | 90年 | 96年 |
| 韓国 | 13.8 | 33.9 | 4.3 | 19.2 | 90.0 | 272.9 | 654.8 | 650.5 |
| 台湾 | 11.0 | 10.1 | 9.8 | 6.9 | 20.0 | 20.1 | 275.5 | 518.2 |
| 香港 | 16.5 | 24.4 | 7.7 | 9.2 | 23.4 | 22.2 | 245.7 | 296.8 |
| シンガポール | 10.2 | 10.6 | 2.0 | 2.1 | 2.7 | 2.6 | 123.0 | 103.3 |
| タイ | 32.9 | 50.1 | 9.8 | 20.7 | 56.3 | 97.3 | 418.7 | 380.5 |
| インドネシア | 61.1 | 56.8 | 9.7 | 14.2 | 130.7 | 167.2 | 539.0 | 615.9 |
| マレーシア | 35.8 | 40.1 | 4.5 | 11.2 | 19.3 | 40.8 | 287.1 | 363.9 |
| フィリピン | 69.0 | 49.7 | 10.0 | 9.6 | 216.2 | 67.9 | 736.8 | 384.2 |
| 中国 | 14.3 | 15.8 | 2.4 | 3.1 | 30.8 | 23.6 | 1,016.1 | 850.0 |

注：対外債務，外貨準備は各年末時点のデータ。
資料：World Bank, *Global Development Finance*, 各国統計。

機は98年にはロシア，ブラジルへと拡大し，途上諸国全体を巻き込んで，世界の金融市場に大きな混乱をもたらした。アメリカにおいても，ヘッジ・ファンドLTCMが破綻に瀕したが，これはニューヨーク連銀が仲介して欧米有力金融機関の緊急資本注入を実施することで救済された。これによってアメリカにも「金持ちの仲間うち主義」が存在することが明らかになった。このLTCM救済をきっかけとしてアメリカは，通貨危機の原因はアジア諸国の国内要因によるものではなく，不安定な国際資本移動が原因であることを認めざるをえなくなった。これ以後，アジア通貨危機の原因に関する論争はクローニー資本主義説から国際資本移動の不安定性へと移ることになる。

## 第4節　アメリカと途上諸国の債務

　これまで見てきたように，アメリカの債務と途上国の債務とはアメリカが国際資金循環の中心を占めていることによって一定の関連性を持っているのである。それは金・ドル交換停止以後もドルが国際通貨であることと関係している。
　ドルが国際通貨として機能するということは，国内で商業銀行の当座預金が預金通貨として小切手による口座振替をとおして決済手段となっているのと同じように，アメリカの市中銀行にあるドル建て当座預金が口座の振替をとおし

て国際決済に使われるということである。国際間の取引は外国為替によって行われるが，為替銀行がドル為替を保有するということは，コルレス契約にもとづいてアメリカの市中銀行にドル建て当座預金（コルレス残高）をもつことである。国際決済をドルで行うとは，アメリカの銀行に開設されているドル建て当座預金間の預金振替という帳簿上でのことである。コンピュータの発達によって，この振替処理がきわめて容易になった。このようにドル資金をある国から他の国に動かす場合も預金振替という帳簿上での移動なので，瞬時に大量のドルをどこの国へでも移動させることができるのである。物理的制約や輸送期間がないために，グローバル化は金融において最も進むことになる。

　ドルが国際通貨となったのは，アメリカが巨大な経済大国であり，国際的な規模での再生産の中心であるとともに国際取引の中心でもあること，その国際金融市場は非居住者に開放されており，アメリカの銀行組織も多数の周辺非居住者に預金口座を開放しているからである[23]。

　ドルが国際通貨であるということから，アメリカは国際収支の赤字をアメリカの市中銀行の信用創造によって創出された預金で決済できるのである。つまり，国際収支の赤字という対外債務を市中銀行の対外債務（非居住者預金）の増加で決済できる，つまり負債を負債で決済できるのである。このためアメリカは国際収支節度を失い，不断に経常収支の赤字を生み出し，それを増大させているのである。アメリカとは異なり，途上諸国の場合は，債務の元利払いのためには経常収支の黒字を生み出して，対外債権（ドル債権）を獲得しなければならない。したがって，途上諸国の債務には，銀行の新規融資と経常収支の黒字という歯止めがある。しかし，アメリカにはこの歯止めはないのである。国際収支の赤字はアメリカの市中銀行の信用創造で，必要ならば中央銀行の信用創造でまかなうことができる。それはいうまでもなくアメリカのドル債務の増大にほかならない。

　これを黒字国の視点から見れば，「アメリカは世界市場に対して赤字分の有効需要を対外債務の増大という形で提供しており，いわば国際的規模でケインズ政策を実施している」[24]のと同じことなのである。黒字国とくに日本は，総輸出の30％を対米輸出が占めており（2000年），過剰商品のはけ口をアメリカへの輸出に求めることによって成長を支えているといえるのである。その連鎖

がアメリカの経常収支の大きな赤字であり，ドル債務の増大であり，ドル相場の長期的な下落傾向をもたらしている元凶なのであるが，資本主義世界はこの連鎖を断ち切ることができずに，ドル体制＝アメリカの国際通貨国特権を受け入れざるをえないのが現状である。だが，アメリカの国際収支の赤字は債務であり，その最終決済はなされていない。なされていないからこそドルの債務残高は増大し続けており，ドルが暴落する危険をつねに内包しているのである。しかし，資本主義世界は，アメリカの国内市場の拡大をとおして市場問題の解決をはからざるをえず，その代償がドルの減価，ドル相場の下落傾向であり，さらに過剰なドルと過剰な貨幣資本の発生である。ここに現代資本主義の矛盾があるといえるのである。

　途上諸国の債務危機も先進資本主義諸国による過剰商品，過剰貸付可能資本の処理と関係している。たとえば，1982年の中南米の債務危機にさいして，「先進国の政府，たとえばアメリカの財務省が銀行に対途上国融資を促したという説もある。赤字国に対するオイル・マネーの還流は世界経済の安定にとって不可欠であったが，政府や国際機関が直接その役割を担うのに消極的であり，代わりに民間銀行に押し付けた」という[25]。このことは先進諸国政府が輸出拡大のために自国の銀行を利用したということを意味する。なぜなら，オイル・マネーの還流は途上諸国にとって必要であったばかりでなく，先進国にとっても不況から脱するために必要であったからである。先進諸国の大銀行はオイル・ショックによる不況のもとで，国内においては貸付需要を見出せないために途上諸国に貸出を拡大していったのであるが，それは結果として途上諸国に開発のための工業製品の輸入増大をもたらした。1970年代，途上諸国の貿易収支はおおむね赤字であったが，不況にあえぐ先進諸国が輸出によってその状況から抜け出すためには，途上諸国に購買力を移転しなければならない。銀行は自らの利潤追求のために途上諸国に貸出を拡大したのであるが，その結果，途上諸国は先進諸国からの工業製品の輸入をも拡大したのである。このように，先進諸国の銀行が途上諸国に貸し出す資金によって，先進諸国の製造業の輸出拡大が可能となった。先進国にとっては過剰な貨幣資本は途上国に貸し付け（処理され），そして過剰な商品の販路を得た（処理された）ということである。その代償が途上国の債務危機となって現出したのである。

図4-3 日本の地域別輸出シェア（通関ベース）の推移

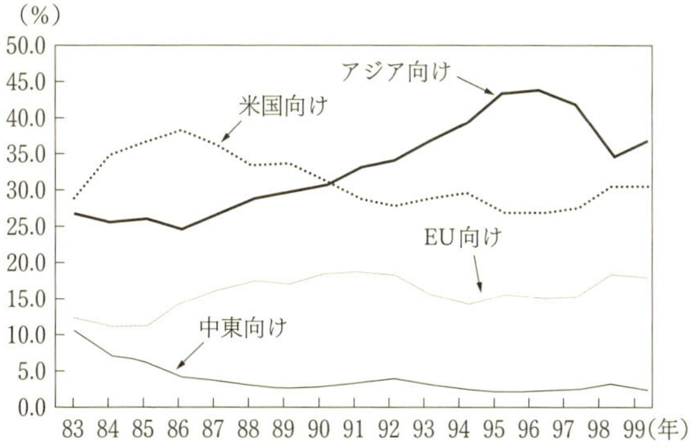

出所：日銀、前掲『入門国際収支』128頁。

　このように先進諸国は途上諸国を過剰な貨幣資本と過剰な商品のはけ口にしたのである。これを可能にしたのが先進国の大銀行の途上諸国への融資拡大であった。この視点から1980年代の途上諸国の債務危機を見ると，危機の基本的要因は，先進諸国がオイル・ショックによる不況から抜け出すための政策，つまり先進諸国の製品を途上国に輸出し，自らはそれによって不況から立ち直るために，途上国に貿易赤字を転嫁する政策にあったといえる。

　1990年代の通貨危機についても同じことがいえる。実際，通貨危機以前にはアジアに大量の貸付可能貨幣資本が流入しており，世界輸入に占めるアジアNIEsとASEANのシェアは11％前後から94～97年にはほぼ13％を占めていたものが，通貨危機後には10％を切るまで落ち込んでいる。先進諸国は，アジアへの過剰な貨幣資本を流し込んで輸出を増大させ，世界市場の拡大をはかったとみることができる。

おわりに

　アメリカの経常収支赤字の継続，対外純債務の増大によるドル暴落の危険，さらに途上諸国の通貨危機によって「ドル体制」の限界は明らかとなった。EUは，この不安定なドルに振り回されることを嫌って，1999年にユーロを導入し，2002年からは域内の各国通貨を廃止して，単一通貨ユーロが流通し始

めた。

　ドル体制のもとでの世界経済の不安定性を除くためには，アメリカの国際通貨国特権を廃止し，アメリカに国際収支節度を回復させなければならない。たとえば，他の赤字国と同じようにアメリカが国際競争力を回復して対外債権を獲得することによって対外債務を相殺する方法がある。しかし，そのためには生産性の急激な上昇が必要であるが，多国籍化しているアメリカ企業がアメリカ本国で生産性を急速に上昇させるとは考えにくい。金・ドル交換の再開によってアメリカの国際収支節度を回復する方法もある。しかし，これはアメリカの国際通貨国特権を廃止するものではないから，再びドルの減価に道を開くことになろう。目標相場圏構想（ターゲット・ゾーン制）といわれる考え方もあるが，これもアメリカの国際通貨国特権を廃止するものではなく，固定相場制と変動相場制の中間に位置する構想であり，根本的な解決をもたらすものとはいえない。

　EUにおけるユーロの導入が一定程度発展すれば，ドルが唯一の国際通貨ではなくなり，複数の国際通貨が出現することになるが，それによってグローバル化とリージョナリズムの動きが並行して進んでいくのではないか思われる。その際，ユーロがドル対してどのような影響を及ぼすかが問題となろう。

　アメリカの国際通貨国特権を廃止しない以上，もはやアメリカ一国ではドルの暴落を回避することは不可能である。したがって，ドルの価値を維持するたの為替相場への協調介入，アメリカとの金利格差を保つための国際政策協調がしばしば必要となろうが，ドル維持のための日本の低金利政策が80年代後半のバブルとその崩壊を引き起こしたように，その弊害は諸国に及ぼす恐れがつきまとっている。

　アメリカの国際通貨国特権にもとづくドルの過剰が，金融自由化，金融グローバル化の背景にある。とくに途上諸国は過剰な貨幣資本の動きに大きな影響を受けている。対外証券投資を積極的に展開する機関投資家やヘッジ・ファンドは現在20兆ドルを超える資産を運用しているが，そのわずか1％を国際分散投資に振り向けるだけでも2000億ドル以上が国境を超えて瞬時に移動することになるのである[26]。アメリカが国際通貨国特権をもつかぎり，このような投機的資金に対抗するには，チリの資本流入規制やマレーシアのような資本移動

を規制する政策が有効であろう。IMFやG7によって提案されている改革案は，資本の自由化を前提としている。「透明性」とか「監視」の必要性を口実にIMFの支配のもとでの資本の自由化を進めようとするものである。それは危機の管理案であって，危機の予防案ではない。投機資本から自国を守るためには，とりわけ途上諸国にとっては，トービン税などの資本の移動規制政策が必要である。

　第2次世界大戦後の国際通貨体制である金・ドル体制，そして現在のドル体制は，管理通貨制下の通貨の「減価」にもとづく世界市場の拡大，過剰な商品処理の歴史であり，通貨の「減価」こそ為替相場の混乱とドルの危機，途上諸国の債務・通貨危機の一因であるといえるのである。


註
1）　山田喜志夫『現代インフレーション論』大月書店，1977年，27-28頁を参照。
2）　「合衆国ドルは広く周辺諸国の間の支払い差額の決済手段として機能し，その結果，合衆国とその周辺諸国との間のみならず，その他諸国間の支払い差額も，最終的には周辺諸国とアメリカとの間の公的な債権債務関係に集約されることとなったのである。この振り替えられ集約されたドル債務の最終決済，それが合衆国によるドルの金交換の意味である」（平勝廣『最終決済なき国際通貨制度』日本経済評論社，2001年，173-174頁）。
3）　片岡尹『ドル本位制の通貨危機』勁草書房，2001年，11頁参照。
4）　「マンデル＝フレミング・モデル」のトリレンマと呼ばれるもので，①為替相場の固定，②自由な国際資本移動，③金融政策の自主性の3つを同時に達成することはできず，1つを犠牲にしなければならないという命題である。
5）　片岡尹，前掲書，9頁。
6）　総務省統計局・統計研修所編『世界の統計 2002』より。
7）　奥田宏司「ドル体制の変遷と現局面」九州大学『経済学研究』第66巻第4号，1999年参照。
8）　*Survey of Current Business*, july 2005.
9）　*Survey of Current Business*, july 1998; july 1999.
10）　山本栄治（西村閑也編集）『国際通貨と国際資金循環』日本経済評論社，2002年，69頁。
11）　「金融活動はその国の経済活動を支えるものであることにとどまらず，近年で

は通信，情報処理装置の大きな需要先であり，その活動状況はこれらの産業の拡大と成長，ひいてはその国の経済成長にも深く関係している」（片岡，前掲書，142頁）。

12) 石見徹『全地球化するマネー』講談社，2001年，110頁。
13) 同上，115頁。
14) R. ソロモン『マネーは世界を駆け巡る』（佐久間潮訳），東洋経済新報社，1999年，50頁。
15) 石見徹，前掲書，115頁。
16) 同上，116頁。
17) 徳永芳郎『累積債務問題と日本経済』東洋経済新報社，1988年，24-25頁。
18) 山本栄治，前掲書，82頁。
19) J. L. イートウェル・L. J. テイラー『金融グローバル化の危機』（岩本武和・伊豆久訳），岩波書店，2001年，222-223頁。
20) 片岡尹，前掲書，176頁を参照。
21) 奥田宏司『ドル体制とユーロ，円』日本経済評論社，2002年，315頁。
22) マレーシアの資本取引規制の国内的背景および資本取引規制の評価の難しさについては，西口清勝「アジア経済危機とマレーシアの資本取引規制」（西口清勝・西澤信善編『東アジア経済と日本』ミネルヴァ書房，2000年）を参照。
23) 国際通貨の成立条件については，木下悦二『外国為替論』有斐閣，1991年，3章「外国為替と国際通貨」を参照。
24) 山田喜志夫『現代貨幣論』青木書店，1999年，153頁。また，次も同様な見解である。「ドルが基軸通貨であることによって経常収支，とくに貿易収支の赤字を大幅かつ継続的に出すことによって，海外に需要を散布したことである。1980年代からアジアNIEs，ASEANの諸国への米国からの消費財需要はこうしてつくり出された。これは海外への国際的スペンディングというべきものであろう」（深町郁彌『国際金融の現代』有斐閣，1999年，22頁）。
25) 石見尹，前掲書，114頁。
26) 山本栄治，前掲書，70頁。

# 第5章 グローバリゼーションと
## 1人当たりの国民所得の格差,賃銀格差

## はじめに

　経済のグローバリゼーションによって多国籍企業が途上国に進出し,世界的な国際分業・貿易ネットワークに途上国が組み込まれると,途上国で部品,中間財,製品がつくられ,途上国の貿易が拡大し,経済成長が高まるといわれている。途上国は,この国際分業・貿易ネットワークの労働集約的部門・工程に組み入れられて,その意味ではこのネットワークの低技術組立作業に位置づけられているにすぎないのであるが,途上国の貿易の増大となって現れる。

　そしてここから現在では国際間で工程間分業がおこなわれ,部品の輸出入が増大し,これがまた途上国の輸出と経済成長をもたらしているともいわれる。現に東アジア諸国の域内貿易は増大している。しかし,その多くは部品の輸出入であって,そこで組み立てられた完成品は最終消費市場としてのアメリカと日本に輸出される。その1つの大きな要因は労働賃銀格差であるというが,そもそも労働賃銀の格差はなぜあるのか。労働賃銀格差と並んで国際間での大きな格差は,1人当たりの国民所得である。この両者は関係があるのであろうか。

　そこで本章では,各国の対外的生産性格差と1人当たりの国民所得の格差と賃銀格差の関係を明確にすることで,労働集約部門や労働集約的工程が賃銀格差によって途上国に移転される意味を明らかにしてみたい。それは,現代のグローバリゼーションの最も基礎にあって,途上国への生産工程移転を規定しているであろうからである。

## 第1節　商品の国際競争力の基礎

　はじめに貿易の基礎理論としての商品の国際価値および国際価格についてここで必要なかぎり考察しておこう[1]。いまここでは国民的平均労働の基本的関

係を簡単化してみるために，不変資本部分を捨象する。国際間では各国の国民的平均労働と標準的な生産諸条件とが結びついて形成される国民的生産諸力格差が存在する。国際間ではある国の標準的生産諸条件が他国よりも優れている結果，その国の国民的平均労働が世界市場で高い評価を得たとしても，他国の国民的平均労働はその優れた生産諸条件に結びつくことができず，それから疎外されている。そのため，各国の国民的平均労働は世界市場では異なった評価を受ける。このように，世界市場は国民的生産諸力体系が異なる国民経済の複合市場として構成されているのである。

　国民的生産諸力が異なった国々では同じ労働時間に同種の商品が異なった分量生産されるが，世界市場では一物一価の法則のもとでそれらの1単位当たりの商品は同じ国際価値をもつものとして同じ貨幣量で表現される。そして，国民的生産諸力の違いのために，各国の国民的平均労働は，同じ労働時間に生産する同種の商品の生産分量に応じて，異なった国際価値を生産し，異なった貨幣表現を受け取ることになるのである。このように国民的生産諸力の違いによって，各国の国民的平均労働は国際的価値生産度が異なり，それに応じて貨幣量表現が違うことになる。だから，国民的生産諸力の高い国はその低い国に比べれば，同一時間により大きな価値生産物，より大きな国際価値を生産し，その結果，それらがより多くの貨幣量で表現されることになるのである[2]。

　これを逆に貨幣から見ると，貨幣の同一量は，国民的生産諸力の高い国ではその低い国の国民的労働量より少ない量の国民的労働量を含む商品量と等置されていることになる。国際価値論で問題となっている「貨幣の相対的価値」は，同一量の貨幣に等置される各国の商品量に含まれる国民的労働量の違い，そしてこれを媒介として，同一量の貨幣に含まれる国民的労働量の違いという特殊な意味となるのである。その結果，「貨幣の相対的価値」[3]は生産性の高い国のほうがその低い国よりも小さいということを意味している。

　ところで，各国の部門ごとの対外的生産性格差に違いがあるとき，どの水準に国民的平均労働の国際的価値生産度格差とその相互関係，貨幣量表現が決まるかという問題がある。というのも，同一国内では同一労働同一価値の法則が働き，各国の国民的平均労働は統一的な関係になり，さらに，同一の貨幣量表現を受け取るからである。現実には生産価格法則に媒介されることになるが，

表5-1 国際価値と対外的生産性格差

| | A商品1単位 | | | B商品1単位 | | | C商品1単位 | | | 金3g | | |
|---|---|---|---|---|---|---|---|---|---|---|---|---|
| | 国民的労働 | 国際価値 | 価格 | 国民的労働 | 国際価値 | 価格 | 国民的労働 | 国際価値 | 価格 | 国民的労働 | 国際価値 | 価格 |
| Ⅰ国 | 30時間 | 30k | 金90g 90,000円 =300ドル | 40時間 | 40k | 金120g 120,000円 =400ドル | 50時間 | 50k | 金150g 150,000円 =500ドル | 1時間 | 1k | 3000円 |
| Ⅱ国 | 180時間 | 45k | 金135g 450ドル | 160時間 | 40k | 金120g 400ドル | 100時間 | 25k | 金75g 250ドル | 4時間 | 1k | 10ドル |

注：為替平価1ドル＝300円
　　Ⅰ国の価格標準：1円＝金0.001g、金1g＝1000円
　　Ⅱ国の価格標準：1ドル＝金0.3g、金1g＝10/3ドル
　　1時間当たり労働力の価値：Ⅰ国1/3時間 (1/3k)＝1000円 (10/3ドル)、Ⅱ国0.5時間 (0.125k)＝1.25ドル

　競争の結果，同一国内では，同一の国民的平均労働が世界市場でより少ない貨幣で表される部門から，より多くの貨幣で表される部門への，国民的労働の移動が生じる。言い換えれば，他の部門との関係で，他国の国民的平均労働に対してより低く評価された部門から，より高く評価された部門への，国民的労働の移動が生じる。このようにして，世界市場における各国の国民的平均労働の相互関係と国民的平均労働の貨幣量表現が規定されるのである。

　これを対外的生産性格差の観点から見ると，競争の行き着く先では，各部門の対外的生産性格差が異なっているとき，世界市場における各国の国民的労働の相互関係と「貨幣の相対的価値」は，各部門の対外的生産性格差の平均（加重平均）の水準，すなわち国民的生産諸力の格差と一致する[4]。

　これを図式であらわすと表5-1のようになる。

### 国際価値表式の前提

　いまⅠ国とⅡ国があり，①それぞれA商品1単位を生産するのにⅠ国30時間，Ⅱ国180時間，②B商品1単位を生産するのに同じく40時間，160時間，③C商品1単位を生産するのに50時間，100時間とする。そして，④貨幣金3gの国民的労働量はⅠ国1時間，Ⅱ国4時間とする。

　Ⅱ国に対するⅠ国のA部門6倍，B部門4倍，C部門2倍の対外的生産性格差の平均に対応して，貨幣3gの国民的労働量のⅠ国とⅡ国での違いは，Ⅰ国1時間，Ⅱ国4時間となっており，これが両国の国際的価値生産度を示している。Ⅰ国のⅡ国に対する対外的生産性格差は，平均して4倍である。だから，

Ⅰ国の国民的平均労働1時間はⅡ国の国民的平均労働4時間に相当する。そこで国際価値として両国の国民的平均労働を比較するためには，以下の換算が必要になる。

**同一時間内の国際価値生産の換算**

　Ⅰ国の1時間の国民的平均労働が生産する国際価値＝Ⅱ国の1時間の国民的平均労働が生産する国際価値×4倍（→Ⅱ国の1時間の国民的平均労働が生産する国際価値＝Ⅰ国の1時間の国民的平均労働が生産する国際価値×1/4）。

　この換算によってはじめて国際価値の比較が可能となり，これを貨幣で表したものが国際商品価格で，商品の国際価格競争力がこれによって決定される。

　そこでいまⅠ国の国民的平均労働が国際的な平均労働であるとし，これを基準として国際価値kを示すと，次のようになる。

**Ⅰ国とⅡ国のA商品の国際価値**

　　Ⅰ国のA商品1単位の国際価値＝30 k

　　Ⅱ国のA商品1単位の国際価値＝45 k

　（Ⅱ国の国民的平均労働がⅠ国の国民的平均労働の1/4の国際価値を生産するものと世界市場では評価されるため）

　Ⅰ国A商品＝30 kおよび，Ⅱ国A商品＝45 kが国際価値として示されている。

**Ⅰ国とⅡ国のB商品の国際価値**

　　Ⅰ国のB商品1単位の国際価値＝40 k

　　Ⅱ国のB商品1単位の国際価値＝40 k

　（Ⅱ国B商品の国際価値はⅡ国の国民的平均労働160時間の1/4と換算されるため）

国際価値で換算されたⅡ国のB商品は国際価値と等しくなる。

**Ⅰ国とⅡ国のC商品の国際価値**

　　Ⅰ国のC商品1単位の国際価値＝50 k

　　Ⅱ国のC商品1単位の国際価値＝25 k

　（Ⅱ国のC商品の国際価値はⅡ国の国民的平均労働100時間の1/4と換算されるため）

**Ⅰ国とⅡ国の貨幣商品金の国際価値**

　　金3gの国際価値は両国ともに1kとなる。

（Ⅱ国の貨幣商品金3gの国際価値はⅡ国の4時間の1/4と換算されるため）

　これらからわかることは個別部門の生産性の格差は，国民的平均生産性の格差によって規定される国際価値生産度格差を控除した後にのみ意味があるということである[5]。表5-1の例（Ⅱ国に対するⅠ国の場合）では次のようになる。

**個別部門の対外的生産性格差が国民的平均生産性の格差よりも大きい部門**

　A商品部門の生産性格差→Ⅰ国：Ⅱ国＝6：1

　（個別部門の対外的生産性格差6倍＞両国の国民的平均生産性格差4倍）

　Ⅰ国のA商品部門は，国際的にも生産性が高いものとして1単位当たりの国際価値が小さくなり，国際的に価格が低くなり，したがって国際価格競争力が強いのである。

**個別部門の対外的生産性格差が国民的平均生産性の格差よりも小さい部門**

　C商品部門の生産性格差→Ⅰ国：Ⅱ国＝2：1

　（個別部門の対外生産性格差2倍＜両国の国民的平均生産性格差4倍）

　反対に国民的平均生産性格差より生産性格差が2倍と小さいC商品は相対的に生産性が低くなり，1単位当たりの価格は高くなり，したがって国際価格競争力が弱くなるのである。

　B部門は両国の国民的平均生産性格差と同じ生産性格差であるので，国際的には同じ生産性のものとして，1単位当たり同じ国際価値を持ち，価格が等しくなるのである。

　これらの価格表現はどうなるであろうか。前提条件は以下のとおりとする。

　①Ⅰ国の価格標準が1円＝金0.001gで，金1gの円価格はこれの逆数の1000円であるとする。

　②Ⅱ国は独自の貨幣を持ち，米ドルに完全に固定されていると仮定するが，ここでは換算の手数を省くためにドルで表示する。

　③1ドルの価格標準は金0.3g，金1gのドル価格＝10/3ドルである。

　④金本位制

　以上の条件から為替平価は1ドル＝300円となる。こうした前提条件のもとでの両国通貨での価格表現も表5-1に示してある。これを見ればわかるように，両国通貨を為替平価で換算し共通にドルで表現すれば，商品価格は国際価

値を反映し，また金本位制下では当然に金量表現をも反映したものとなり，さきに述べたことはそのまま当てはまる。

## 第2節　国際価値生産度格差および国民所得と賃銀の国際格差との関係

さて，以上の議論を前提とすると，国民的生産諸力の高い国の国民的平均労働は，その低い国の国民的平均労働に比べれば，同一時間により多くの価値生産物を生産し，より多くの貨幣で表現される。価値生産物は価値的には $v+m$ である。さきの表5-1で見れば，Ⅰ国はⅡ国に比べて，平均して4倍の生産性の高さがあるので，1時間に平均して4倍の価値生産物が生産される。しかし，それは世界市場での一物一価の法則により4倍の国際価値を生産するとみなされる。その結果，1時間にⅠ国は金3g，3000円（10ドル）を生産し，Ⅱ国は同一時間に金0.75g，2.5ドルを生産することになる。それは逆に同一量の貨幣からすれば，金3g＝10ドルはⅠ国の国民的平均労働1時間，同時に，Ⅱ国の国民的平均労働4時間を表し，「貨幣の相対的価値」は国民的生産諸力の高い国ではその低い国に比べて小さいことを意味する。

一国の国民所得である「総収入は，総生産物のうち，前貸しされて生産で消費された不変資本を補塡する総生産物中の価値部分およびそれによって計られる生産物部分を引き去ったあとに残るところの，総生産物中の価値部分およびそれによって計られる生産物部分」[6]であり，これを貨幣額で表現したものである。要するに，労働者がその生きた労働によって新たに創出した価値生産物およびその価値部分（$v+m$）であって，労働力の価値と剰余価値の合計である。それを産業部門で合計したものが国民所得である。ただし，現行の国民所得は，「商品が実現されて貨幣形態をとったいわば付加価値の産業別合計であり，価値と使用価値との統一としての商品の大量としての国民所得を反映するものではなく，総産出高マイナス経費（使用者費用）としての貨幣額」[7]として表現されたものである。一定期間（たとえば1年）に労働者1人が生産する価値生産物が1人当たりの国民所得を基本的に規定するといえ，その意味では，1人当たりの国民所得の国際間での格差は，国民的平均労働の生産する価値生産物の

格差を反映し,国際価値生産度と「貨幣の相対的価値」の国民的相違を反映する[8]。

そして,その価値生産物の一部である労働力の価値を貨幣で表したものが賃銀であるから,剰余価値率の違いによる影響があるとはいえ,基本的には貨幣賃銀も価値生産物の格差,国際価値生産度と「貨幣の相対的価値」の国民的相違を反映しているといえる[9]。

労働力の価値は基本的には一定量の生活手段の価値によって決まり,生活手段の範囲と種類は文化的歴史的な要素が影響し,簡単に与えられるものではないが,ここではたとえば,国民的生産諸力が高いⅠ国では,生活手段部門の生産性もⅡ国に比べて全体的に高いと想定し,次のような前提をおいてみる。

① Ⅰ国の1時間当たりの労働力の国民的価値を1/3時間(1/3 k)
② Ⅰ国の剰余価値率は200%
③ Ⅱ国の労働力の国民的価値を0.5時間 (0.125 k)
④ Ⅱ国の剰余価値率は100%

すると,

Ⅰ国の1時間当たり賃銀=金1 g=1000円(=10/3(約3.33)ドル)

Ⅱ国の1時間当たり賃銀=金0.375 g=1.25ドル

両国の賃銀格差は国民的生産諸力の格差を反映する国際価値生産度と「貨幣の相対的価値」の国民的相違,およびこれによって規定される1人当たりの国民所得と一定の関係がある。1時間当たりの貨幣賃銀の国際的格差(Ⅰ国1000円=10/3ドルに対するⅡ国1.25ドル)は,国民的生産諸力の格差によって規定される「貨幣の相対的価値」の違い,すなわち,Ⅰ国10ドル=1時間,Ⅱ国10ドル=4時間(これは国際的価値生産度の格差によって規定され,価値生産物の貨幣量表現でもある)[10][11]と剰余価値率(m/v)とによって規定されることがわかる[12]。

これを確認しておこう。1時間の貨幣賃銀は次のように表すことができる。

$$1時間当たりの貨幣賃銀 = \frac{1時間の労働力の国民的価値(v)}{貨幣1単位の国民的価値(「貨幣の相対的価値」)} \times 貨幣1単位の価格(価格標準の逆数) \quad (1)$$

## I 国の 1 時間当たり賃銀

I 国は 1 時間当たりの労働力の国民的価値は 1/3 時間である。したがって，I 国の 1 時間当たりの労働力の国民的価値 1/3 時間÷I 国の貨幣金 1 g の国民的平均労働 1/3 時間
= I 国の 1 時間当たり賃銀の貨幣量表現金 1 g

I 国の賃銀の貨幣量表現金 1 g×(金 1 g の価格＝1000 円：価格標準 1 円＝金 0.001 g の逆数)
= I 国の 1 時間当たり賃銀 1000 円(＝10/3 ドル)

## II 国の 1 時間当たり賃銀

II 国の 1 時間当たり労働力の国民的価値 0.5 時間÷貨幣金 1 g 当たりの II 国の国民的平均労働 4/3 時間
= II 国 1 時間当たり賃銀金 0.375 g

II 国 1 時間当たり賃銀金 0.375 g×(金 1 g の価格＝10/3 ドル：価格標準 1 ドル＝金 1/3 g の逆数)
= II 国の 1 時間当たり賃銀 1.25 ドル

上記(1)式は次のように書き換えられる。

$$1時間当たりの貨幣賃銀 = \frac{価値生産物(v+m) \times [v/(v+m)]}{貨幣1単位の国民的価値} \times 貨幣1単位の価格(価格標準の逆数) \qquad (2)$$

この式によって 1 時間当たりの貨幣賃銀は，1 時間当たりの価値生産物($v+m$)と剰余価値率(労働分配率はこれを反映)と「貨幣の相対的価値」によって規定されることがわかる。たとえば，I 国で見てみると，1 時間の生産する価値生産物の貨幣量表現：I 国金 3 g＝3000 円(＝10 ドル)が，その加除部分[$v/(v+m) = 1/3$]である 1 時間当たりの賃銀 1000 円(＝10/3 ドル)を規定する。同様に，II 国で見てみれば，1 時間に生産する価値生産物の貨幣量表現：金 3/4 g＝2.5 ドルがその加除部分[$v/(v+m) = 1/2$]である 1 時間当たりの賃

銀1.25ドルを規定する。すなわち，「より強度でより生産的な一国の労働日は，一般的に言って，世界市場では，強度または生産性がよりわずかな一国の労働日に比べて，より多くの貨幣表現で表される。労働日についてあてはまることは労働日の可除部分についてもあてはまる」のである。

　両国の貨幣賃銀を比較すると，国民的生産諸力の高いⅠ国の1時間当たりの賃銀1000円（10/3ドル）のほうが，その低いⅡ国の1時間当たり賃銀1.25ドルより高いのであるが，Ⅰ国の労働者の「相対的労賃」1時間当たりに生み出す価値生産物3000円や剰余価値2000円に比べた1時間当たりの労賃1000円は，価値生産物で見ると1/3であり，剰余価値で見ると1/2と低いのである。Ⅱ国の労働者はⅠ国の労働者に比べれば，1時間当たり貨幣賃銀は低いが，「相対的労賃」は価値生産物で見ると1/2，剰余価値では1/1と高いといえる。このことは，「相対的労賃，すなわち，労働者が生み出す剰余価値または彼の全価値生産物または食料品の価格と比べた労賃が，より低いものであっても，労働の絶対的な貨幣価格は，一方の国では他方の国においてよりもいっそう高いことがありうる」ことを示しているといえる。

　個別商品の国際競争力は，さきにみたように個別部門の対外的生産性格差と国民的生産諸力の格差によって決まる「貨幣の相対的価値」とによって規定される。しかし，資本家的意識のなかでは，国民的生産諸力も「貨幣の相対的価値」も直接認識することは不可能であるため，剰余価値率の違いによる影響も受けるが，さきに述べた「貨幣の相対的価値」と貨幣賃銀の関係から，貨幣賃銀の格差と個別部門の対外的生産性の格差によって商品の価格競争力が決定されると意識するのである。たとえば，さきの表5-1のＣ商品1単位の価格は，Ⅰ国では賃銀がⅡ国より高いから，高くなり，国際競争力がないと意識するのである。Ⅰ国ではその生産にⅡ国の100時間に比べて50時間と生産性は高いにもかかわらず，1時間当たり賃銀がⅠ国では1000円（＝10/3ドル）と高く，Ｃ商品1単位を生産するのに必要な賃銀総額は50時間で50,000円（＝500/3ドル）となってしまう。一方，Ⅱ国では100時間と生産に要する時間は長いが，1時間当たり賃銀が1.25ドルなので賃銀総額が125ドルとなり，Ⅱ国のＣ商品のほうが安くなると意識するのである。しかしこれは現象であり，本質はさきに述べた関係である。

表 5-2 1人当たり名目国民所得の国際比較

(単位:ドル)

| 順位 | 国名 | 2002年 | 2003年 | 2004年 | 2005年 |
|---|---|---|---|---|---|
| 1 | ルクセンブルク | 43,838 | 51,945 | 60,780 | 65,316 |
| 2 | ノルウェー | 42,034 | 49,204 | 55,721 | 64,289 |
| 3 | スイス | 38,945 | 47,114 | 52,283 | 53,631 |
| 4 | アイスランド | 30,476 | 36,835 | 42,725 | 52,421 |
| 5 | デンマーク | 31,962 | 39,428 | 45,184 | 47,920 |
| 6 | アメリカ | 36,319 | 37,408 | 39,590 | 41,657 |
| 7 | アイルランド | 25,804 | 33,518 | 38,485 | 41,283 |
| 8 | スウェーデン | 27,195 | 34,267 | 38,727 | 39,468 |
| 9 | オランダ | 27,362 | 33,559 | 38,433 | 38,887 |
| 10 | イギリス | 27,030 | 31,059 | 36,781 | 37,845 |
| 11 | フィンランド | 26,107 | 31,152 | 36,255 | 37,307 |
| 12 | オーストリア | 25,392 | 31,174 | 35,295 | 36,646 |
| 13 | 日本 | 31,348 | 33,795 | 36,780 | 36,494 |
| 14 | ベルギー | 24,685 | 30,286 | 34,646 | 35,789 |
| 15 | オーストラリア | 20,890 | 26,512 | 31,453 | 34,581 |
| 16 | カナダ | 22,831 | 26,704 | 30,396 | 34,491 |
| 17 | フランス | 23,750 | 29,244 | 33,250 | 34,091 |
| 18 | ドイツ | 24,150 | 29,349 | 33,251 | 33,904 |
| 19 | イタリア | 21,159 | 25,949 | 29,473 | 30,014 |
| 20 | スペイン | 16,360 | 20,783 | 24,108 | 25,595 |
| 21 | ギリシャ | 15,462 | 19,957 | 23,638 | 25,237 |
| 22 | ニュージーランド | 14,506 | 19,076 | 22,635 | 24,843 |
| 23 | ポルトガル | 12,081 | 14,692 | 16,756 | 17,134 |
| 24 | 韓国 | 11,500 | 12,723 | 14,185 | 16,294 |
| 25 | チェコ | 7,043 | 8,569 | 9,995 | 11,577 |
| 26 | ハンガリー | 6,206 | 7,916 | 9,513 | 10,311 |
| 27 | スロヴァキア | 4,546 | 6,081 | 7,836 | 8,579 |
| 28 | ポーランド | 5,140 | 5,583 | 6,312 | 7,668 |
| 29 | トルコ | 2,621 | 3,361 | 4,191 | 5,023 |
|  | メキシコ | 6,280 | 6,106 | 6,467 | n.a |

出所:内閣府『国民経済計算年報』平成19年度。
原資料:OECD, *National Accounts*, 2007.

であるから,賃銀が高いから国際競争力がないとか,国際競争力を維持するためには賃銀を引き下げねばならないという議論は一面的な現象にとらわれたものである。

以上の国民的生産諸力の国際的な格差と価値生産物の国際的な格差,貨幣賃銀の国際的な格差の関係は,現在の不換制のもとにあっても妥当するものであ

第5章 グローバリゼーションと1人当たりの国民所得の格差, 賃銀格差　163

表5-3　アジア地域・諸国の1人当たり名目国内総生産　（単位：ドル）

| 国名 | 2002年 | 2003年 | 2004年 | 2005年 |
|---|---|---|---|---|
| シンガポール | 21,248 | 21,974 | 25,161 | 26,969 |
| 香港 | 24,067 | 23,021 | 23,826 | 25,242 |
| マレーシア | 3,974 | 4,254 | 4,759 | 5,159 |
| タイ | 2,027 | 2,263 | 2,539 | 2,750 |
| 中国 | 1,126 | 1,268 | 1,481 | 1,732 |
| インドネシア | 932 | 1,092 | 1,156 | 1,263 |
| フィリピン | 976 | 993 | 1,062 | 1,184 |

出所：表5-2と同じ。
原資料：IMF, *International Financial Statistics*.

表5-4　各国の名目賃金（製造業・男女計，実収賃銀）

| 計算単位<br>国 | 月（円） | 日（円） | 時（円） |
|---|---|---|---|
| 日本 | 332,784 | 16,892 | 2,199 |
|  | 272,047 (2004年) | 13,809 (2004年) | 1,929 (2004年) |
| ノルウェー |  |  | 2,332 (2003年) |
| スイス | 532,115 (2002年) |  |  |
| デンマーク |  |  | 3,389 (2002年) |
| アメリカ |  |  | 1,746 (2004年) |
| スウェーデン |  |  | 1,968 |
| オランダ |  |  | 2,332 (2003年) |
| カナダ |  |  | 1,526 (2002年) |
| フランス | 325,991 (2003年) |  |  |
| イギリス |  |  | 2,108 (2004年) |
| ドイツ |  |  | 1,976 (2003年) |
| 韓国 | 211,800 (2004年) |  |  |
| シンガポール | 208,993 |  |  |
| 香港 | 192,167 (2002年) |  |  |
| 台湾 | 136,859 (2004年) |  |  |
| ハンガリー | 63,913 (2002年) |  |  |
| ポーランド | 62,466 (2002年) |  |  |
| フィリピン | 24,749 (1998年) |  |  |
| タイ | 18,069 (2004年) |  |  |
| 中国 | 13,883 (2002年) |  |  |

資料：社会経済生産性本部『活用労働統計 2007』より。
注：換算率は IMF, *International Financial Statistics* の該当年為替レートを使用。

る。表 5-2, 5-3, 5-4 のような国際的格差, 1 人当たりの名目国民所得 (アジア諸国は 1 人当たり国内総生産) と名目賃銀の格差を見れば, 通常途上国の年間労働時間のほうが先進国よりはるかに長いにもかかわらず, 生産性の高い先進国では 1 人当たり国民所得も名目賃銀も高く, 生産性の低い途上国ほど低い。しかも格差は大きく, 為替相場の変動で説明できるものではなく, 年ともに変化している。また, 先進国に対する途上国の 1 人当たりの国民所得の格差と名目賃銀の格差との間には一定の対応関係が見られる。このようなことを考慮すると, 現在でも 1 人当たりの国民所得の格差と賃銀の格差を最も基礎的に規定するものは, 国民的生産諸力格差であり, 国際的な価値生産度格差であるといえる。

## 第 3 節　変動相場制下の為替相場の変動と国際価値

不換制下では法制上の価格標準はなく, 価格標準は固定されていない。したがって価格標準は変動せざるをえないが, 価格標準そのものが存在しないわけではない。価格標準は明示されておらず, 固定されてもいないが, 事実上の価格標準を想定することはできるし, また事実上の価格標準の比率である事実上の為替平価を想定することもできるし, 想定せざるをえない[13]。価格標準や為替平価が変動していることと, 存在しないこととは別のことなのである。

現在の変動相場制では, 金現送もなく, 固定相場での通貨当局による介入もなく, 現実の為替相場は外国為替に対す需給関係によって大きく変動する。その変動が, 事実上の為替平価の変化と対応したものか, それから離れた実質的な変動かを判断することが難しい点に, 現在の変動相場制下での問題がある[14]。

いま現実の為替相場が, 事実上の為替平価と一致すると想定すると, 現実の為替相場で換算した価格は金本位制を想定したものと同じとなる。したがって, いままで述べてきたことはそのまま当てはまる。為替相場の変動が, 両国の事実上の価格標準の変動と対応したものであれば (為替の名目的変動), その為替相場は事実上の為替平価の変化を反映し, また両国内における物価の変動は価格標準の変化を反映したものとなるからである。つまり,「比較優位・比較劣位」関係と商品の国際競争力の基礎はこれまで述べてきたことがそのまま当

てはまる。

　問題は現実の為替相場が事実上の為替平価から離れた場合に，それが国際価値関係にどのような影響を及ぼすかである。そこでいま事実上の為替平価は1ドル＝300円であるにもかかわらず，為替需給から現実の為替相場が1ドル＝200円になったとしよう（為替の実質的変動）。その場合，各部門の生産性の格差や国民的労働には変化がなかったとする。すると現実の為替相場で換算した価格は表5-5のようになる。

　これは現実の為替相場で1ドル＝200円が等置されることにより，事実上の為替平価の背後にあってこれを規定している国際価値生産度格差にもとづく真実の国民的労働の交換比率，Ⅰ国国民的労働1時間＝Ⅱ国国民的労働4時間から現実の為替相場が乖離することを意味している。為替相場で1ドルが200円と交換されていることにより，為替相場の国民的労働の交換比率が「真実の国民的労働の交換比率」から乖離し，これによって国際価格の比較がおこなわれることを意味する。これは為替相場を通して国際価値から乖離した外貨価格で表示されることも意味し，「真実の国民的労働の交換比率」ではなく，為替相場の国民的労働の交換比率が，国際価格比較，国際交換の基準となり，それは同時に国際価値的にも不等価な交換がおこなわれることになる。

　現実の為替相場が1ドル＝200円となることにより，為替相場の国民的労働の交換比率は，Ⅰ国2000円（2/3時間）＝Ⅱ国10ドル（4時間）となり，「真実の国民的労働の交換比率」Ⅰ国1時間＝Ⅱ国4時間から乖離し，Ⅰ国国民的労働1時間＝Ⅱ国国民的労働6時間になってしまい，これが国際価格比較，国際交換の一時的な「仮想の基準」となってしまうのである。

　そこでさきに述べた国際価格の比較がこの一時的な「仮想の基準」によっておこなわれることによって，為替相場の国民的労働の交換比率が逆に各国の「仮想の国民的生産諸力」の格差を規定し，「仮想の貨幣の相対的価値」を規定してしまうことになる。したがって，為替相場が事実上の為替平価と一致した場合，国民的生産力格差と各部門の対外的生産性格差によって商品の国際価格競争力が決定されていたものが，為替相場が為替平価から乖離し，現実の為替相場によって決定される一時的な「仮想の国民的生産諸力格差」をとおして，国際価格比較がなされる。表5-5の事例ではⅠ国の国民的生産諸力はⅡ国の

表 5-5 為替相場 1 ドル＝200円で換算した国際価格

|  | A商品1単位 | | | B商品1単位 | | |
| --- | --- | --- | --- | --- | --- | --- |
|  | 国民的労働 | 国際価値 | 価格 | 国民的労働 | 国際価値 | 価格 |
| Ⅰ国 | 30時間 | 30k | 90,000円＝450ドル | 40時間 | 40k | 120,000円＝600ドル |
| Ⅱ国 | 180時間 | 45k | 450ドル | 160時間 | 40k | 400ドル |

それより6倍高いものとされ，Ⅰ国の国民的労働は同一時間にⅡ国の国民的労働より6倍の貨幣で表現されると，為替相場を通じて仮想の表現を受けてしまうのである。この一時的な「仮想の国民的生産力格差」と各部門の対外的生産性格差によって，商品の国際価格競争力はいまや決定されることになるのである。

たとえば，表5-1で見たように，事実上の為替平価と現実の為替相場が一致していたとすると，Ⅰ国の商品B部門はⅡ国の同部門に比べて対外的生産性格差が4倍高く，またⅠ国のⅡ国に対する国民的生産諸力の格差が4倍であるので，1単位当たりのB商品の為替相場で換算する外貨ドルで表示した価格は，同じとなったのである。しかし，いま現実の為替相場が1ドル＝200円と事実上の為替平価から乖離すると，この為替相場をとおしてⅠ国のⅡ国に対する一時的な「仮想の国民的生産諸力」の格差が6倍と表される。そのため，これと各部門の対外的生産性格差とによって商品の国際価格競争力が決定されるような現象が一時的に生じるのである。Ⅰ国のB商品部門は以前と同じくⅡ国の同部門より4倍生産性が高いにもかかわらず，いまや「仮想の国民的生産諸力」の格差が6倍と現れるので，現実の為替相場をとおしたC商品1単位当たりのドル価格はⅡ国の400ドルより高い600ドルとなってしまい，「仮想的な比較劣位部門」になってしまうのである。Ⅰ国C部門のドル価格は同じ理由で上昇し，さらに「比較劣位度」が大きくなってしまう。

比較優位部門であったⅠ国のA商品部門は，以前と同じくⅡ国の同部門に比べて6倍の対外的生産性格差をもっている。しかし，為替相場の変動によって「仮想の国民的生産力格差」Ⅰ国：Ⅱ国＝6：1が一時的な仮想の基準となる。そのため，1単位当たり同じドル価格となってしまい，比較優位部門でないものと現れてしまうのである。このように事実上の為替平価より現実の為替相場

| | C商品1単位 | | | 10ドル＝2000円 | | |
|---|---|---|---|---|---|---|
| 国民的労働 | 国際価値 | 価格 | 国民的労働 | 国際価値 | 価格 |
| 50時間 | 50k | 150,000円＝750ドル | 2/3時間 | 2/3k | 2000円 |
| 100時間 | 25k | 250ドル | 4時間 | 1k | 10ドル |

が過大に評価されたⅠ国は，国民経済的に「比較優位度」が減少し，「比較劣位度」が増大し，商品全般の国際的な価格競争力が弱まり，反対に過小に評価された国＝Ⅱ国は国民経済的に「比較優位度」が増大し，「比較劣位度」が減少し，商品全般の国際的な価格競争力が強まる。これはⅠ国にとっては貿易収支を悪化させ，Ⅱ国にとっては貿易収支を改善させる。資本収支を捨象すれば，これは外国為替市場でⅠ国通貨の為替に対する需要を減少させ，Ⅱ国通貨の為替に対する需要を増大させ，為替の需給関係を反転させる。つまり，一方で，Ⅰ国通貨の為替相場を引き下げるように，他方で，Ⅱ国通貨の為替相場を押し上げるように作用する。いわゆる実質為替相場の修正作用であるが，これは国際価値的には，為替相場が一時的に事実上の為替相場から乖離すると，その結果，為替相場が国民的生産諸力の格差を反映する国民的労働の交換比率から乖離し，商品の国際価格が国際価値から乖離する。そして，それが商品の国際的な価格競争力に影響し，国民的な生産諸力の格差を反映する国民的労働の交換比率に為替相場を戻し，商品の国際価格を国際価値に一致させる作用といえる。

　これまで述べたことは，為替相場が逆に1ドル＝400円と事実上の為替平価から乖離した場合には逆の作用を及ぼすことも意味する。結局，為替相場をとおした「仮想の国民的労働の交換比率」，そしてこれによって「仮想の国民的生産諸力」の格差が示され，これと各部門の対外的生産性格差とによって，商品の国際価格競争力が決定されるのである。このことはもちろん賃銀の国際比較にも影響する。

　以上のことが，現実の為替相場が為替平価から乖離した場合に商品の国際価格競争力に及ぼす影響の国際価値論的なインプリケーションである。このように事実上の為替平価から為替相場が乖離すると，一時的に国際価値から国際価格が離れることになる。次に，この現実の為替相場変動によって規定される一

時的な「仮想の国民的労働の交換比率」,「仮想の国民的生産諸力の格差」,「仮想の貨幣の相対的価値の相違」と, 各部門の対外的生産性格差によって「仮想の比較優位」「仮想の比較劣位」関係が決まり, これは各国の商品の国際競争力に影響を与える。いま資本収支を捨象すれば, こうした作用がその後貿易収支に影響し, 為替需給を反転させ, 為替相場を事実上の為替平価に戻し, 国際価格を国際価値に一致させるように働くのである。

## 第4節　工程間分業と国際価値

ここでは直接投資一般を考察するわけではない[15]。製造業に対象をしぼると, 企業が直接投資をおこなう動機はいろいろあるが, 自らが保有する独占的優位性[16]を背景として, 進出先で低賃銀労働を利用し, 費用価格を下げ, 本国よりもより高い利潤を得ることと, 貿易制限措置を回避し販路を拡大することが基本的なものである。アジアなど途上国への直接投資では現地の低賃銀労働を利用する動機が大きい。「投資誘因は, 比較優位部門と比較劣位部門とを問わず, 労働集約的な部門ないし工程で特に強いであろう。部門として見た場合には, 高所得国の比較優位部門は労働集約的であるよりは資本集約的であることが多く, 対外投資誘引はその分小さくなる蓋然性が高いといえる。だが, 工程ごとに見た場合には, 高賃銀国の比較優位部門といえども, 労働集約的な工程を低賃銀国に移すという事例は希ではないのであって, このことは, 誘因の強弱が比較優位の区分にではなく, 労働集約的であるか, 資本集約的であるかの区分に対応していることを示している」[17]。

ここでは貿易制限がないことを前提に賃銀格差と直接投資の関係について考察する。1985年のプラザ合意による「円高」のため, 日本企業は労働集約的な産業や生産工程の一部を, 輸出主導型工業化政策を採用した東アジア諸国に移転した。それがその後の東アジア諸国の経済成長と, 東アジアの域内貿易の発展をもたらし, 事実上の経済統合に導いた。これが東アジアでのグローバリゼーションを推し進めたといえる。

一般的にいって, これまで述べたように, 国民的生産諸力の高い国の賃銀水準は, 生産諸力が低い国よりも高い。それは国民的生産諸力の高い国は, その

低い国よりも国際価値生産度が高く，同じ貨幣量で表される国民的労働量が小さく，賃銀はその分高くなるからである（剰余価値率の違いによる影響を当面考えない）。このような国民的生産諸力の高い高賃銀国では，国民的生産諸力格差よりも対外的生産性格差が小さい比較劣位部門において，途上国の低賃銀が途上国への直接投資の誘因となる可能性がある。このように先進国の比較劣位部門を途上国に移す場合は，国民経済としての先進国と途上国の「比較優位・劣位」関係に変化はない。

たとえば，表5-1のＣ部門はⅠ国にとっては比較劣位部門であり，国際価格競争力がない。このような国際的競争に直面した当該部門の企業は，1つには国内にもっと利潤率の高い部門があり，またその部門に参入できるのであれば，そのような有利な部門に移るであろう。そのような部門が存在せず，たとえ存在したとしても，たとえば独占の存在によって参入が不可能であれば，低賃銀を利用するため途上国に直接投資する可能性は高い。なぜなら，Ⅰ国のこの産業部門の企業は，絶対的生産性は高いという技術的優位をもっているのであるから，その高い技術をもって途上国に直接投資すれば（現地の労働力の質がその高い技術を扱えることが前提である），途上国の低い国民的生産諸力の水準のなかでは当該部門の現地企業に比べて例外的に高い生産性を現地の労働力と結びつけることができるからである。その場合，Ⅱ国に投資されたⅠ国のＣ商品部門の企業は，自分のもつ高い技術を価値体系の違うⅡ国の労働と結びつけることによりⅡ国で比較優位となり，Ⅱ国の当該部門の企業よりも高い生産性を得て，競争上有利となる[18]。

Ⅱ国はⅠ国に比べて，国民的生産諸力が低く，そのためⅡ国の国民的平均労働は，Ⅰ国の国民的平均労働より，国際価値生産度は低い。このように両国は価値体系が異なっている。そこでⅠ国の「比較劣位」部門であるＣ部門の企業は，Ⅱ国に直接投資することによって，国際価値生産度の低い労働と自分のもつ高い生産性の技術とを結びつけることによって，国際個別価値を途上国の「比較優位」部門の企業よりも小さくできる。「比較劣位」部門は，労働集約的な産業に多くみられる。労働集約的[19]とは，労働を比較的多様に用いるということであるから，労働を機械によって代替することができず，生産性を急速に高めることが難しい。このような産業の生産性の対外格差は国民的生産諸力

表 5-6　工程間分業と国際価値

| | A商品の製造工程（1単位） | | | | | | B商品1単位 | |
|---|---|---|---|---|---|---|---|---|
| | 総国民的労働30時間, 30k (金90g) 90,000円＝300ドル | | | | | | | |
| I国 | A1 | | A2 | | A3 | | | |
| | ①5 h<br>②5 k | ③(金15g)<br>15,000円<br>＝50ドル | ①10h<br>②10k | ③(金30g)<br>30,000円<br>＝100ドル | ①15h<br>②15k | ③(金45g)<br>45,000円<br>＝150ドル | ①40h<br>②40k | ③(金120g)<br>120,000円<br>＝400ドル |
| II国 | 総国民的労働180時間, 総国際価値45k (金135g) 450ドル | | | | | | | |
| | ①90h<br>②22.5k | ③(金67.5g)<br>225ドル | ①60h<br>②15k | ③(金45g)<br>150ドル | ①30h<br>②7.5k | ③(金22.5g)<br>75ドル | ①160h<br>②40k | ③(金120g)<br>400ドル |

注：1ドル＝300円（事実上の為替平価）

の格差より小さいはずである。

　表 5-1 の例を用いれば，I国のC部門の企業は，国民的生産諸力の低く，国際価値生産度の低いII国に移ることによって，II国の国民的平均労働50時間でC商品1単位を生産できる。II国の国民的平均労働はI国の1/4の国際価値生産度であるから，II国で生産されたI国C部門の企業の国際個別価値は12.5kとなり，II国のC商品1単位の国際個別価値25kよりも小さくなり，仮に国際市場価値がC商品1単位の最も低いII国の水準近くに決まるとしても，その差額12.5kは特別剰余価値としてI国C部門の企業が得ることになる。また，剰余価値率もI国内では200％（2000円÷1000円×100）で，II国内では100％（1.25÷1.25）であるが，II国に移ることによって，50時間でC商品1単位250ドル（＝5ドル／1時間）の価値生産物を生産し，1時間当たり1.25ドルの賃銀で3.75ドルの剰余価値を生み出すから，剰余価値率は300％と例外的に高くすることができる。

　この特別剰余価値は個別企業が直接投資をすることによって，すなわち，国民的生産諸力が高く，その国民的平均労働の国際価値生産度が高い，それゆえ貨幣賃銀が高い本国から，国民的生産諸力が低く，その国民的平均労働の国際的価値生産度が低い，それゆえ貨幣賃銀が低い途上国へと移ることによって，国際的な価値体系の格差を利用して得られたのである。国際価値生産度が低く，したがって価値生産物の価値部分（v＋m）が小さい途上国へ，国民的生産諸力

| C商品1単位 | | 10ドル（金3g） | |
|---|---|---|---|
| ①50h<br>②50k | ③（金150g）<br>150,000円<br>＝500ドル | ①1h<br>②1k | ③3000円 |
| ①100h<br>②25k | ③（金75g）<br>250ドル | ①4h<br>②1k | ③10ドル |

が高い国で用いられている生産性の高い技術を持ち込むことによって，たとえ賃銀は労働力価値どおりに支払われたとしても，大量の生産量に小さな付加価値をもつ商品を生産することで，国際個別価値を小さくし，特別剰余価値を得ることができるのである。この国際的な価値体系の格差は，個別資本がつくったものでなく，各国の発展段階の違いが生み出す国際社会的なものである。このようにして得られる特別剰余価値は国際社会の価値体系の格差がもたらす，国際社会的な利益であるが，もちろん途上国の労働者に還元されることはなく，国際社会的にも還元されることはなく，個別企業の生み出す利益として，個別企業が得ることになるのである。

また，このように考えると，こうした特別剰余価値＝超過利潤獲得の本質は，低い賃銀を利用することで得られるのではないということがわかる。国際的な価値体系の格差を利用して，国際価値生産度が低く評価されている途上国の国民的平均労働と，先進国の高い生産性を体現する生産手段とを結びつけ，商品の国際市場価値より国際個別価値を小さくすることで，特別剰余価値を得ることができるのである。こうして，剰余価値率を異常に高め，利潤率を高くするのである。しかし，国民的生産諸力や国際価値生産度，「貨幣の相対的価値」はそれ自体としては認識できないので，第2節で述べたように，これは資本家的意識では個別的費用価格のなかの重要な部分としての賃銀格差として意識されるのである。

さて，次に先進国の比較優位産業の一部の工程を途上国に移す場合について考察してみよう。現在，半導体をはじめとするエレクトロニクス産業は先進国の比較優位産業であるが，労働集約的な組立て，加工部門は途上国に配置されることが多くなっている。このように先進国の比較優位産業である一般機械，電気機械，精密機械，輸送機械などの労働集約的な工程が途上国に移されているのが現代の直接投資の1つの特徴である。

そこで，さきの表5-1のなかのA商品部門が3つ工程に分割されていると仮定しよう（表5-6）。

この表が示している前提は，A商品がA1, A2, A3工程でつくられ，これらの工程の対外的生産性格差が異なるということである。Ⅰ国にとってはA1が資本集約的であり，A3が労働集約的であり，A2はその中間になる。各工程の価値生産物の価値部分（v＋m, 概念的には違うが付加価値と同じ）を比べると，部門間と同じように両国の国民的生産力格差（4倍）よりも個別工程の対外的生産性の格差が上回るⅠ国のA1工程（18倍）とA2工程（6倍）の付加価値の価格表現はⅡ国より低くなる。一方，国民的生産諸力格差（4倍）を対外的生産性格差が下回るⅠ国のA3工程（2倍）は，Ⅱ国の同工程の付加価値の価格表現よりも高くなる。このように全体としての生産性の対外格差は6倍と，国民的生産諸力格差4倍よりも大きい比較優位部門でも，生産工程の一部は対外的生産性格差が下回ることがある。これらの工程は途上国へ移すことで，A商品1単位の国際個別価値を下げ，国際競争力の強化と，超過利潤の源泉となる。

工程別に見てみると，

〔A3工程〕

① Ⅰ国のA3工程とⅡ国A3工程の個別部門間対外的生産力格差（2倍）＜国民的生産諸力格差（4倍）
② 価値生産物（付加価値）の国際個別価値：Ⅰ国＝15k, Ⅱ国＝7.5k
③ 貨幣量表現：Ⅰ国＝150ドル，Ⅱ国＝75ドル

〔A1, A2工程〕

A1, A2工程は，Ⅱ国に比べて，Ⅰ国のほうが，国民的生産諸力の格差（4倍）に比べて同工程の対外的生産性格差が大きいので（A1工程＝18倍，A2工程＝6倍），国際個別価値的にも，国際価格的にも低くなる。

こういう状態であれば，Ⅰ国のA商品部門の資本は，A3工程を自国でおこなうことは労賃コストがかかり，競争上不利と感じることになる。直接には，A3工程のⅠ国の賃銀総額は，表5-1の労働力価値と時間賃銀，剰余価値率を前提にすると，10/3ドル×15＝50ドルに対して，Ⅱ国は1.25ドル×30ドル＝37.5ドルである。したがって，付加価値総額がⅠ国150ドル，Ⅱ国75ドルとなり，Ⅰ国で生産をおこなうことは不利であり，Ⅱ国でおこなうことが有利に

なる。そこで，A3工程をⅡ国に移し，A1，A2工程をⅠ国でおこなうことが，A商品1単位の国際個別価値を小さくし，したがって国際価格を低くすることになる。この結果，国際価格競争力が強まり，その企業は先進国内にとどまりまだ直接投資をしていないA商品部門の他の企業に対して競争上有利となり，超過利潤を得ることができると意識する。またある企業がこのような行動をとれば，競争上他の企業も直接投資せざるをえない。

Ⅰ国の企業がA商品をつくるのに，A1，A2工程をⅠ国でおこない，作業をおこなう労働力の質に問題がなければ，Ⅱ国でA3工程をおこなうことで，すべての工程をⅠ国でおこなうよりも国際個別価値を小さくすることができる。全工程をⅠ国ですれば，A商品1単位の国際個別価値は30k（＝300ドル）である。Ⅱ国にA3工程を移すことでⅠ国のA3工程で用いられている高い技術を，国民的生産諸力が低く，したがって国際価値生産度が低いと世界市場では評価されるⅡ国の国民的平均労働に結びつけることで，A3工程の国際個別価値は3.75k（＝37.5ドル）とすることができる。これをⅠ国でのA1，A2工程の国際個別価値15kと合わせることで総計18.75k（＝187.5ドル）になり，全工程をⅠ国でおこなう国際個別価値（30k＝300ドル）よりもその国際個別価値を小さくできる。仮にⅠ国の国際個別価値の水準近くに国際市場価値があるならば，A3工程を移すことで，11.27kの特別剰余価値を得ることができ，112.7ドルの超過利潤を得ることができる。国際市場価値よりも販売価格を低く設定すれば，A3工程を移すことで，Ⅰ国A商品部門の企業は特別剰余価値の取得と国際競争力の強化の両方が可能となるであろう。

しかし，この特別剰余価値の取得は，国際的な価値体系の違いを利用し直接投資することによって，国際社会的な利益を私的な企業の利益に転化するものであることは，前に述べたことと同じである。

不変資本部分を考慮してみよう。先進国であっても部門ごとに対外的生産性格差に違いがある。したがって，対外的生産性格差の高い部門は，生産性の高いことを反映し不変資本に対する可変資本部分の割合は相対的に小さい。そのため技術的構成を反映して，資本の価値構成，資本の有機的構成（c/v）は高く，対外的生産性格差の高い部門は資本集約的産業となる。反対に，対外的生産性格差が低い部門は，生産性の低いことを反映して，その高い部門に比べて不変

資本に対して可変資本部分は相対的に大きく，資本の有機的構成は低く，労働集約的な産業となる。また，先進国の比較優位部門であっても，各工程に対外的生産性格差があると，その高い工程は，当該工程の「資本の有機的構成」は高く，資本集約的と見える。対外的生産性格差が低い工程は，その「資本の有機的構成」は低く，労働集約的と見える。その労働集約的な部門や労働集約的な工程が途上国に移される契機は，各国の国民的生産諸力の格差に比べて，当該部門あるいは当該工程の対外的生産性格差が小さい場合であり，この場合，価値生産物の価格表現が高くなり，競争上不利となるからである。このことを，賃銀が高いから価値生産物の価格表現が高くなるというように構成価値説的に意識されれば，労働集約的部門・工程は賃銀の低いところに移転することに利益があると見られるようになるのである。

このように，先進国の資本は比較優位部門であっても，その国民的生産諸力格差と各工程の対外的生産性の格差との関係から，最も国際個別価値が小さくなり，最も特別剰余価値が多く，したがって超過利潤が多くなるように，各工程を各途上国に配置するのである。この工程が途上国に移されると当然のこととして，国民的生産諸力格差より対外的生産性格差の高い工程は先進国に残され，この工程でつくられた部品が，進出先に送られ加工され組み立てられて，製品として販売・輸出されることになるのである。これは途上国に，先進国の工業部門の一部が移されることを意味し，従来の「比較優位・劣位」関係を一部変化させ，工程間分業，新たな国際分業関係を生み出すことになる。

そしてさらに事実上の為替平価から為替相場が乖離し，過大に評価されるようになると，第3節で述べたように，現実の為替相場で換算される「仮想の国民的労働の交換比率」が過大になり，「仮想の国民的生産諸力」の格差が現実より大きく現れる。こうなると，事実上の為替平価と為替相場が一致したときに，対外的生産性格差が国民的生産諸力の格差より上回る。そして，途上国に移転する誘因のなかった工程においても，同工程の対外的生産性格差が「仮想の国民的生産諸力」格差を下回り，一時的ではあるが，同工程の付加価値の価格表現が高くなり，労賃コストが嵩むように見え，賃銀の低い途上国に同工程を移転しようという誘因が働くようになる。たとえば，表5-5で1ドル＝150円になると，仮想の「国民的労働の交換比率」はⅠ国1時間＝Ⅱ国8時間になり，

Ⅱ国に対するⅠ国の「仮想の国民的生産諸力」の格差は8倍となる。こうなると，A3工程（2倍）はもちろん，A2工程（6倍）までも，付加価値の価格表現がⅡ国の150ドルより高く200ドルになり，A2工程も賃銀の低い途上国に移転しようとする強い誘因が生まれることになる。

## おわりに

　1980年代初めの日本の集中豪雨的対米輸出が起こった後，1985年のプラザ合意の結果，それまでのドル高が解消されると，日本企業は輸出競争力の低下に直面し，東アジアへの直接投資を急増させることになった。1980年代後半にまずNIEsに投資され，次いでASEANへの投資がNIEsへの投資を上回るようになり，さらに90年代に入ると中国への投資が増大した。95年には，中国への投資が対NIEs投資，対ASEAN投資を超えるまでになった。この日本企業による直接投資がアジアにおける経済のグローバリゼーションをもたらした1つの要因である。このような直接投資を通じて日系企業は複雑な製品差別化や工程間分業を展開するのであるが，そのような動きの1つの最も基本的な契機はいままで述べてきたことがあるといえる。

　それはたしかに東アジア諸国の経済成長に寄与したといえよう。しかし，見方を変えれば，東アジアにある外国企業（とりわけ日本企業）が成長したのであって，現地の発展とは別のことである。現地の再生産構造とはまったく関係のない，一部の工程が移転されることで，それがただちに工業発展と結びつくことはない。かえって，部品は日本から輸入されることになる。「輸出の増加が工業発展とも無縁であることも注意すべきである。タイ，マレーシア，インドネシアでは自動車生産が盛んであるが，それは自動車を生産できるほどそれらの国々が工業発展したというわけではない。もっとも複雑で高度なエンジンなどの部品は日本から送られてくるのであって，それを現地で組み立てて販売・輸出しているわけなのだから，"Made In Asia" ということはできるにしても，その内実はといえば "Made BY Japanese"」[20]なのである。そして直接投資を自国の経済発展に結びつけることができるかどうかは，直接投資に対してさまざまな規制をかけることで自国の経済発展を促す国家の能力と，現地資本の

表 5-7　日本の地域別貿易収支　　　　　　　　　　　　（単位：100万ドル）

|  | 1999 | 2000 | 2001 | 2002 | 2003 | 2004 | 2005 |
|---|---|---|---|---|---|---|---|
| 世界 | 107,697 | 99,601 | 54,057 | 79,030 | 88,335 | 110,370 | 79,577 |
| 北米 | 60,184 | 69,242 | 56,928 | 61,027 | 56,541 | 63,577 | 70,219 |
| 米国 | 61,147 | 70,479 | 58,192 | 60,915 | 56,754 | 64,404 | 70,391 |
| カナダ | −963 | −237 | −1,202 | 173 | −142 | −760 | −103 |
| EU 29 | 32,957 | 32,791 | 21,136 | 18,936 | 25,280 | 31,107 | 28,970 |
| 東アジア | 32,902 | 40,125 | 15,298 | 33,567 | 49,134 | 68,843 | 60,124 |
| アジアNIEs | 54,033 | 68,351 | 49,412 | 58,890 | 71,509 | 92,890 | 94,419 |
| 韓国 | 6,873 | 10,256 | 8,098 | 13,093 | 16,834 | 22,174 | 22,344 |
| ASEAN 4 | −1,587 | −3,350 | −7,100 | −3,497 | −4,458 | −3,637 | −5,531 |
| 中国 | −19,545 | −24,876 | −27,014 | −21,826 | −17,974 | −20,409 | −28,765 |
| インド | −150 | 177 | −295 | −219 | 217 | 429 | 324 |
| 中東 | −20,741 | −39,657 | −34,036 | −29,316 | −38,071 | −48,240 | −71,092 |
| 中南米 | 9,810 | 10,081 | 8,191 | 6,648 | 6,190 | 7,907 | 9,005 |
| メキシコ | 2,736 | 2,828 | 2,093 | 1,972 | 1,855 | 3,013 | 4,369 |
| ロシア | −3,275 | −4,021 | −3,247 | −2,334 | −2,454 | −2,583 | −1,719 |
| アフリカ | 1,388 | 86 | −113 | −177 | −860 | −1,038 | −1,681 |

出所：ジェトロ『日本の貿易動向 2005』2006年。

能力にかかわることになる。

　このような日本の直接投資によって貿易関係がどのようになっているかを，地域別貿易収支で見ると（表5-7），日本はアメリカに対して巨額の貿易黒字を（2005年には703億9100万ドル），EUに対しても貿易黒字（同289億7000万ドル）を，アジアNIEsに対しても貿易黒字（同944億1900万ドル）をそれぞれ計上している。他方で，ASEAN 4（インドネシア，タイ，フィリピン，マレーシア）に対して貿易赤字（同55億3100万ドル）を，中国に対して大きな貿易赤字（同287億6500万ドル）を，そして石油の輸入のため中東に対しては巨額の貿易赤字（710億9200万ドル）を，計上している。

　中国に対して大きな貿易赤字を計上しているのであるが，これを資本財である機械機器で見ると，様相が異なる（表5-8）。中国は日本から2001年に264億2900万ドルを輸入し，132億1600万ドル輸出し，日本に対して132億1300万ドルの貿易赤字を計上している。アメリカに対しては同年輸入160億9500万ドル，輸出217億4300万ドルで，56億4800万ドルの貿易黒字を計上している。一般機械，電気機器，IT関連機器でも同じような傾向を示している[21]。

表 5-8　中国の対アジア貿易（機械機器）

輸入

| 相手国 | (順位) | 輸入額（100万米ドル） | | | | | シェア（%） |
|---|---|---|---|---|---|---|---|
| | | 1995年 | 1997年 | 1999年 | 2000年 | 2001年 | 2001年 |
| 世界 | | 56,806 | 56,925 | 74,991 | 99,675 | 116,944 | 100.00 |
| 日本 | (1) | 17,101 | 16,318 | 19,573 | 25,049 | 26,429 | 22.60 |
| アメリカ | (2) | 7,045 | 8,015 | 10,960 | 12,444 | 16,095 | 13.76 |
| 台湾 | (3) | 5,449 | 5,761 | 7,899 | 11,386 | 12,874 | 11.01 |
| 韓国 | (5) | 2,466 | 3,716 | 4,771 | 7,468 | 8,156 | 6.97 |
| 香港 | (7) | 3,831 | 3,074 | 3,150 | 4,759 | 4,771 | 4.08 |
| 中国 | (6) | 606 | 1,233 | 2,352 | 4,648 | 5,970 | 5.11 |
| インドネシア | (23) | 31 | 71 | 233 | 477 | 555 | 0.47 |
| マレーシア | (8) | 314 | 749 | 1,496 | 2,966 | 3,767 | 3.22 |
| フィリピン | (18) | 23 | 81 | 601 | 1,278 | 1,575 | 1.35 |
| タイ | (15) | 149 | 561 | 1,041 | 1,748 | 1,969 | 1.68 |
| シンガポール | (9) | 1,433 | 1,862 | 2,303 | 2,929 | 2,890 | 2.47 |
| ベトナム | (43) | 3 | 7 | 5 | 13 | 21 | 0.02 |
| 参考（地域合計） | | | | | | | |
| EAST ASIA 10 | | 31,404 | 33,425 | 43,419 | 62,677 | 68,957 | 58.97 |
| ASEAN 10 | | 1,955 | 3,330 | 5,682 | 9,383 | 10,781 | 9.22 |
| ASEAN 6 | | 1,951 | 3,323 | 5,674 | 9,368 | 10,757 | 9.20 |
| EU 15 | | 15,566 | 13,471 | 17,687 | 20,588 | 24,517 | 21.0 |

輸出

| 相手国 | (順位) | 輸出額（100万米ドル） | | | | | シェア（%） |
|---|---|---|---|---|---|---|---|
| | | 1995年 | 1997年 | 1999年 | 2000年 | 2001年 | 2001年 |
| 世界 | | 36,306 | 49,593 | 65,346 | 90,306 | 102,515 | 100.00 |
| アメリカ | (1) | 7,253 | 10,420 | 15,483 | 20,153 | 21,743 | 21.21 |
| 香港 | (2) | 9,808 | 11,088 | 12,316 | 18,066 | 20,951 | 20.44 |
| 日本 | (3) | 5,246 | 7,285 | 8,459 | 11,239 | 13,216 | 12.89 |
| 韓国 | (6) | 744 | 1,578 | 2,102 | 3,141 | 3,761 | 3.67 |
| 台湾 | (9) | 841 | 1,204 | 1,753 | 2,102 | 2,339 | 2.28 |
| 中国 | (—) | — | | | | 1 | 0.00 |
| インドネシア | (14) | 401 | 574 | 577 | 1,275 | 1,115 | 1.09 |
| マレーシア | (10) | 375 | 741 | 672 | 1,237 | 1,965 | 1.92 |
| フィリピン | (24) | 197 | 377 | 674 | 596 | 584 | 0.57 |
| タイ | (12) | 505 | 455 | 643 | 1,052 | 1,482 | 1.45 |
| シンガポール | (7) | 1,274 | 1,766 | 2,504 | 3,275 | 3,314 | 3.23 |
| ベトナム | (18) | 207 | 171 | 211 | 621 | 811 | 0.79 |
| 参考（地域合計） | | | | | | | |
| EAST ASIA 10 | | 19,391 | 25,067 | 29,700 | 41,981 | 48,729 | 47.53 |
| ASEAN 10 | | 3,255 | 4,395 | 5,454 | 8,288 | 9,528 | 9.29 |
| ASEAN 6 | | 2,755 | 3,915 | 5,071 | 7,436 | 8,462 | 8.25 |
| EU 15 | | 4,762 | 7,694 | 11,972 | 16,632 | 18,433 | 17.98 |

注：1）順位は2001年基準。
　　2）中国の輸出入統計における「中国」は，再輸出入を示す。
　　3）EAST ASIA 10 は，日本，中国，韓国，台湾，香港，シンガポール，マレーシア，タイ，インドネシア，フィリピンの合計。
　　4）ASEAN 10 は ASEAN 加盟10ヵ国の合計。
　　5）ASEAN 6 は，インドネシア，マレーシア，フィリピン，タイ，シンガポール，ブルネイの合計。
出所：国際貿易投資研究所『アジア貿易投資情報』No. 24, 2003年1月。
原資料：『中国貿易統計』，ITI「財別国際貿易マトリックス」2002年版。

この点をとらえてUNCTADは，日本経済が2003年後半にかなりの経済拡大を経験したが，それは政府支出や企業の投資の増加ではなく，個人消費の回復と，輸出にもとづくものであったとしている。このため「輸出ドライブの主要な要因は，2003年に40％を超える増大をした中国からの強い需要である（円換算で33％，財務省，2004年）。日本の対中国輸出の増加の多くは，輸出と中国国内向け製品の投入財に使われる中間財に対する在中国日系企業からの需要のためであった。（依然日本の輸出にとって最も重要な市場である）対アメリカ輸出は，2003年に6％減少した（IMF, *Exchange Rate Volatility and Trade Flows—Some New Evidence*, Washington, DC, 2004）。日本の対中国輸出の多くの部分は，結局在中国日系子会社経由で米国に向けられているのである。これが示すことは，日本からの米国への直接輸出の減少と，日本企業による中国からアメリカへの輸出の増大をともなう，貿易パターンの変化が進行中であるということである。だから中国は日本にとって輸出市場として重要となり始めたとはいえ，米国市場は近い将来日本の輸出実績に大きな影響を及ぼし続けると思われる」[22]という評価となる。

ここに見えてくるのは，日本が東アジアに生産工程の一部を移すことで，部品を日本が東アジア輸出し，東アジアでこれを加工し，組み立て，これを製品としてアメリカに輸出する工程間分業の姿である。工程の一部を直接投資するのであるから，当然「比較優位」のある工程の部品を日本から輸出することになる。東アジアと日本の間の貿易は日本の部品輸出が多くなる[23]。そして東アジアの域内に直接投資をとおして各工程が置かれているのであるから，域内貿易の増大はもっぱら部品の輸出入によるものとなる。そして最終消費市場としてはアメリカがあり，それを支えるのがドル体制である。日本企業は東アジア諸国へ直接投資を展開することで，日本の輸出におけるアメリカ依存構造を東アジア諸国へ拡散したといえる。

このような国際分業，工程間分業の最も基礎の部分にはこれまで述べてきた国際価値関係があるのであり，これを論ずる必要がある。

註
1) ここでは国際価値論全般については扱わない。国際価値論についての筆者の解

釈については本書3章「国民所得と労賃の国際的格差」を参照。また国際価値論についての最近の論文については，中川信義「世界労働および世界価値に関する諸学説（Ⅰ）（Ⅱ）（Ⅲ）（Ⅳ）（Ⅴ）（Ⅵ）」大阪市立大学『季刊経済学研究』第22巻第3号（1999年12月），第22巻第4号（2000年3月），第24巻第1号（2001年6月），第25巻第1号（2002年6月），第25巻第2号（2002年9月），第25巻第3号（2002年12月），一井昭「再論・国際価値論研究の現状」中央大学『経済学論纂』45巻第3・4合併号（2005年3月）を参照。

2）「強度のより大きい国民的労働は，強度のより小さい国民的労働に比べれば，同じ時間により多くの価値を生産するのであって，この価値はより多くの貨幣で表現されるのである。／価値法則は，それが国際的に適用される場合には，さらに次のようなことによっても修正される。すなわち，世界市場では，より生産的な国民的労働も，そのより生産的な国民が自分の商品の販売価格をその価値まで引き下げることを競争によって強制されないかぎり，やはり強度のより大きい国民的労働として数えられるということによって，である。／ある一国で資本主義的生産が発展していれば，それと同じ度合いでそこでは労働の国民的な強度も生産性も国際的水準の上に出ている。だから，違った国々で同じ労働時間に生産される同種商品のいろいろに違った分量は，不等な国際価値をもっており，これらの価値は，いろいろに違った価格で，すなわち国際的価値の相違に従って違う貨幣額で，表現されるのである。だから，貨幣の相対的価値は，資本主義的生産様式がより高く発達している国民のもとでは，それがあまり発達していない国民のもとでよりも小さいであろう。したがって，名目賃金，すなわち貨幣で表現された労働力の等価も，第一の国民のもとでは第二の国民のもとでよりも高いであろうということになる。といっても，このことが現実の賃銀にも，すなわち労働者が自由に処分しうる生活手段にもあてはまる，という意味では決してないのであるが。」(K. Marx, *Das Kapital*, Bd. I, S. 584.〔『資本論』第1巻第1分冊，大月書店，1971年，728-729頁〕)

3）したがって，国際価値論で問題となる「貨幣の相対的価値」という概念は，通常用いられている貨幣が相対的価値形態にあり，諸商品が等価形態にあるという本来の意味ではなく，等価形態にある商品総量に対象化されている各国の国民的平均労働量の違いという特殊なものと理解できる。

4）この点については木下悦二『資本主義と外国貿易』有斐閣，1963年，148-150頁を参照。また本書2章「国際価値と金」を参照。

5）「個別部門の生産性は，その国民的労働の国民的生産力水準に応じて相異なる国際価値を生産するという規定を媒介にしてはじめて国際価値生産における国際

比較が可能となる」（木下悦二，前掲書，137頁）。「当初に存した当該個別部門の生産力差より，強度と擬制される国民的労働の生産力差を控除した残余の生産力差——そして実際これのみがこの部門固有の生産力差である」（村岡俊三『マルクス世界市場論』新評論，1976年，137頁）。

6) K. Mark, *a. a. O.*, Bd. III, S. 848（『資本論』第3巻第2分冊，1971年，1075頁）。

7) 山田喜志夫『再生産と国民所得の理論』評論社，1968年，46頁。

8) しかしながら，次の点で純粋に理論的な意味からは歪められていることに留意が必要である。すなわち，現実の国民所得統計は，生産的労働と不生産的労働の違いを無視し，本源的所得と派生的所得の区別をせず，派生所得の分だけ重複計算し，また広告宣伝費や加速度償却による過度な償却部分などの利潤の費用化などによって歪められている。

9) ここでは名目賃銀といわず「貨幣賃銀」と呼んでおく。それは名目とは本来，表示する金量が同じであるにもかかわらず，価格標準の切下げによる貨幣名の変化によって名目的に賃銀が変化することを意味するが，ここで問題としている国際間での「賃銀格差」はこの要因を含まない，一定時間当たりの労働力の金量表現自体の違いを意味するものとして「貨幣賃銀」と呼んでおく。後掲注12のマルクスのいう「労働の絶対的な貨幣価格」のことを意味する。

10) 価格標準と金の価値・価格の関係については，山田喜志夫『現代インフレーション論』大月書店，1977年，第4章，同『現代貨幣論』青木書店，1999年，第5章，および本書1章を参照。

11) これが1人当たりの国民所得の国際間の格差の最基底にある。

12) 「世界市場では，より強度な一国の労働日が，より長い時間数の労働日として，計算されるばかりでなく，より生産的な一国が商品の販売価格をその価値まで引き下げることを競争によって強制されない場合にはいつでも，より生産的な一国の労働日が，より強度な労働日として計算されるのである。だから，より強度でより生産的な一国の労働日は，一般的に言って，世界市場では，強度または生産性がよりわずかな一国の労働日に比べて，より多くの貨幣表現で表される。労働日についてあてはまることは，労働日の加除部分についてもあてはまる。だから，たとい相対的労賃，すなわち，労働者が産み出す剰余価値または彼の全価値生産物または食料品の価格と比べた労賃が，より低いものであっても，労働の絶対的な貨幣価格は，一方の国では他方の国においてよりもいっそう高いことがありうる」（K. Marx, *Das Kapital*, Bd, I, 1. Aufl.〔青木書店復刻版〕, S. 549. 江夏美千穂訳『初版資本論』幻燈舎，639頁）。

13) 事実上の価格標準については山田喜志夫，前掲『現代貨幣論』第5章を参照。

14) これについては山田,同上書,第8章,松本朗『円高・円安とバブル経済の研究』駿河台出版社,2001年,第1章,吉田真広『今日の国際収支と国際通貨』梓出版社,1997年,第7章を参照。
15) 国際価値論と直接投資については,村岡俊三『資本輸出と国際金融』白桃書房,1998年,第1,2章,同『マルクス世界市場論』新評論,1976年,第6章,佐々木隆生「資本輸出と国際貿易」(久保新一・中川信義編『国際貿易論』有斐閣,1981年,5章所収),同『国際資本移動の政治経済学』藤原書店,1994年,第7章,柳田侃『資本輸出と南北問題』日本評論社,1979年を参照。
16) 「いくつかの企業は,特定の産業活動においてかなりの優位性を保持している。これらの優位性の保持が,企業活動をして一つの業種または他業種の対外事業活動に向かって手を広げることを可能にさせる」(S. H. Hymer, *The International Operation of National Firms*, MIT, 1976. 宮崎義一編訳『多国籍企業』岩波書店,1979年,35頁)。優位性としては,ブランド力のような市場独占力,マーケティング技術,製品や生産に関する技術,資金調達力,情報,経営上のノウハウなどがある。ここでは製品や生産に関する技術が優れ,高い生産性を誇っていることと考えておく。
17) 佐藤秀夫『国際分業＝外国貿易の基本理論』創風社,1994年,131頁。
18) 「対外直接投資は先進国諸国の低い利潤率を余儀なくされている括弧つきの『比較優位部門』の資本の,内地他部門への参入と並ぶ低利潤率克服の一方法である」(村岡俊三,前掲『資本輸出と国際金融』33頁)。この比較優位部門が低賃銀を利用する直接投資に強い誘引をもつ点については,各論者に大きな意見の相違はない。
19) 労働集約的・資本集約的という用語自体,資本を多用するか,労働を多用するかということであるので,技術的構成を反映した価値構成である,資本の有機的構成を現象的にとらえた用語といえる。これはつまり価値構成によって相対的な生産性の違いを一定程度反映しているといってよいであろう。
20) ユスロン・イーザ「日本と東南アジア,過去から未来へ」(平川均『新・東アジア経済論』ミネルヴァ書房,2001年所収) 261頁。
21) 国際貿易投資研究所『アジア貿易投資情報』No. 24, 2003年3月,参照。
22) UNCTAD, *Trade and Development Report*, 2004, p. 167.
23) 「日本の輸出総額に占める機械比率は,東アジア向けでは相対的に低いが,機械輸出に占める部品の割合はもっとも高くかつ速く上昇している。とくに東アジア向け電気機械輸出の部品比率は82.9％(2003年,2001年は84.9％)と高く,またASEAN向け電気機械輸出の部品比率はほとんど部品であるといっても過言で

ない」(青木健『変貌する太平洋成長のトライアングル』日本評論社, 2005年, 52-53頁)。

# 第6章　ドル体制と日・米・東アジア貿易

## はじめに

　サブプライムローン問題が先進国に広がっている。日本を含む東アジア（中国，韓国，台湾，ASEAN）においても株価が連動して下がり，アメリカの景気後退が，輸出減退を通じて，日本を含むアジアに大きな影響を及ぼすのではないかと懸念されている。この無理な低所得者向け住宅ローンという負債を通じて，住宅市況を上向かせ，さらには債権を証券化して世界中に売り出し，世界中から資金を取り入れ，消費をあおり，景気を維持してきたことの限界が現れた面があろう。

　これを見ても，資本主義はその本性として，過剰生産，景気変動からのがれられないことがわかるのである。これまでいくどとなく，資本主義はもはや過剰生産や景気循環からまぬがれた新しい段階に進んだと主張されたことがあったが，それは好景気のときの幻想であって，やがては現実によってそれは否定されてきた。新しくなったのは過剰生産処理の形態であって，過剰生産そのものが資本主義のもとで消滅したわけではない。それは高度に発展した現代の資本主義でも変わらない。

　そこで現代の過剰生産処理の形態という面から，現在の国際通貨体制と東アジアとアメリカ間の貿易を考察してみたい。

## 第1節　管理通貨制

　金本位（兌換）制下では過剰生産は恐慌という激烈な形態で処理された。管理通貨制（不換制）との対比で特徴づけると，いわば商品価値の実現を犠牲にし，商品価値を破壊して，貨幣の「価値」（価格標準）を守ったのである。商品価値が実現されず，破壊されると，資本蓄積は一時的に停滞することになる。

　管理通貨制下では，過剰生産の処理は，たとえば中央銀行の救済融資や国債

の中央銀行引受けで政府が得た資金を使って実施される有効需要政策によって行われる。そこで過剰生産の処理は，激烈な恐慌の形態を回避され，商品生産は維持され，資本蓄積も維持される形態に変わった。しかし，その過程で流通に必要な貨幣量を超える過剰な不換銀行券が発行されて，銀行券の「価値」低下（価格標準の切下げ）が起こり，名目的物価上昇すなわちインフレーションを引き起こした。過剰生産の処理の形態が，金本位制下の激烈な恐慌という形から，インフレーションという形に変わったのである。いわば，貨幣の価値（価格標準）を犠牲にして，商品の実現，商品生産を維持し，資本蓄積の停滞を回避するところに特徴がある。たしかに恐慌は回避されたが，その代償としてインフレーション，物価の名目的上昇が起こり，財政赤字が常態化し，国債が累積したのである。

　国内的な過剰な商品資本は輸出によっても処理された。国際競争力が強く他国に輸出できれば，その部分は価値実現され対外債権を取得することができる。それゆえ生産性上昇率が高く国際競争力が強い国は国内的に過剰な商品を輸出によって処理することで，国内的に過剰な商品を減少させ，有効需要創出政策（インフレ政策）に訴える必要は少なくなる。反対に生産性上昇率が低く国際競争力が弱い国は他国から商品が輸入されることで，国内的に過剰な商品がさらに増大し，有効需要政策に訴える必要性がさらに高まる。この点から生産性上昇率が低い国は過剰生産の処理のためインフレ政策に訴えることが多くなり，貨幣「価値」の低下は，生産性上昇率が高い国に比べて，激しいといえる。また生産性上昇率が低い国は，高い国の商品が輸入されることで，インフレ政策により創出された有効需要の一部が漏出することもある。

## 第2節　国内均衡と国際均衡

　また，インフレ政策による過剰生産の処理は，国内均衡と国際均衡の問題を引き起こす。ある国がインフレ政策によって国内の過剰商品資本を処理すると，たしかに国内均衡（景気回復，完全雇用）は達成されるが，インフレーションのため，インフレ政策をしない国に比べて，国際競争力は低下し，貿易収支，その結果として国際収支が悪化することになる（国際不均衡）。国際収支の悪

化を改善するため，インフレ政策を停止すれば，当該国は過剰生産が発現し不況に陥り，失業が発生し，国内均衡は達成できない。資本主義のもとでは国内均衡と国際均衡とを同時に達成することは難しいのである。

　大戦直後のアメリカは圧倒的な生産力を誇っていたので[1]，国内均衡と国際均衡とを両立できる例外的状況にあった。国内均衡を目指して，ケインズ主義的経済拡張政策（インフレ政策），また冷戦下の対外軍事支出，対外経済援助，そして多国籍企業が資本輸出を実施しても，その圧倒的な生産力の高さ，商品の圧倒的な国際競争力の強さのため，貿易収支の黒字で国際収支の悪化を防ぐことができた。いわば国際均衡を顧慮することなく，国内均衡を優先させることができたのである。しかし日本・西ヨーロッパの復興とともに，相対的に生産性上昇率が低下して，国内均衡のためインフレ政策を実施すると貿易収支の減少と国際収支の赤字が顕在化してきた。このときからアメリカも国民経済的には日本・西ヨーロッパと同じ「普通の」先進資本主義国になった。アメリカも国内均衡と国際均衡の矛盾に苦しむようになったのである。だが，アメリカも他の諸国と同じように国内均衡を重視せざるをえず，それが国際均衡と矛盾することになる。

## 第3節　旧IMF固定相場制

　旧IMF体制の固定相場制では，このアメリカの国際均衡と国内均衡の問題はドル危機と金問題として現れた。旧協定によって各国通貨は為替平価を，共通尺度としての金，または1944年7月1日現在の量目および純分を有する米ドル（1ドル＝金1/35オンス〔0.888671 g〕）によって表すことになっていた。また為替相場がこの公定平価から上下1％（実際には0.75％で介入した）以上変動した場合には，各国中央銀行はただちに介入し公定平価に戻す義務があった。したがって各国通貨当局は，介入の前提および結果としてドル準備をもつことになる。国際収支の赤字の結果として自国通貨の為替相場が下落した場合，ドル為替でもって自国通貨の為替相場を維持せざるをえない。そのためには前もって，ドル為替を外貨準備としてもつ必要がある。逆に国際収支の結果として自国通貨の為替相場が上昇した場合，自国通貨でもってドルの為替相場を維

持せざるをえない。その結果として外貨準備としてドル為替をもつことになる。しかし，各国通貨当局が保有するドル為替が「減価」するのであれば，ドル為替を外貨準備としてもつことは各国通貨当局の損失になり，各国通貨当局は為替平価を維持するために為替市場に介入することはないであろう。そこで，協定を実施し，固定相場制を維持するために，アメリカ財務省は金1オンス＝35ドルの公定価格で金とドルを交換し，ドルの価値を金で（対外的な価格標準といえる）保証したのである。つまり，旧IMF体制下の固定相場制はアメリカの金・ドル交換を前提としていたのである。

アメリカ以外の国は，国内でインフレ政策（国内均衡）を実行すると，結局は物価上昇を招き，商品の国際競争力を弱め，貿易収支，したがって，他の条件が同じであれば，国際収支を赤字化（国際不均衡）させる。それは自国通貨の為替相場を下落させることになるので，協定に従って固定相場を維持するために，各国通貨当局は為替市場でドルを売って自国通貨を買う介入をすることで，固定相場を維持する。一定程度介入が続き，ドル外貨準備が枯渇し，固定相場維持に困難をきたすまでになると，外貨準備を守るためにインフレ抑制策あるいは景気抑制策，総じて総需要抑制策，緊縮政策をとる。また国際収支の赤字の原因が生産性の立ち遅れであれば，リストラをして生産性を高めることを強いられる。その過程で不況（国内不均衡）になるが，物価を下落させることで，商品の国際競争力を強め，貿易収支，したがって国際収支を均衡化（国際均衡）させざるをえないのである。

他方でアメリカは，為替相場を維持する必要はないが，国内でインフレ政策（国内均衡）を実行すると，物価上昇の結果，商品の国際競争力を弱め，貿易収支，国際収支の赤字（国際不均衡）を発生させ，ドル相場を下げることになる。各国通貨当局はドル相場維持のため介入し，その結果としてドル残高を保有する。そしてドル残高が一定程度に達すると，協定にもとづいて，各国通貨当局は最終的に金1オンス＝35ドルの公定価格で金・ドル交換を求められ，アメリカから金が流出することになる。「ブレトンウッズ体制下で『資産決済の原理』の貫徹の要石となったのは，合衆国ドルの公的交換性であった。国際的に『資産決済の原理』が貫徹するには，最終決済手段（この段階では金）との公的交換性を維持する加盟国が，少なくとも一国は存在しなければならなかった

のである」[2]。これによって他国に流出したドル残高は，一部は金との交換によって収縮することが可能であった。アメリカから金が流出し続ければ，金・ドル交換の義務を果たせなくなる危険性が高まるので，アメリカは金準備を守るために総需要抑制策，緊縮政策（国内不均衡）をおこない，国際収支を一定程度均衡化（国際均衡）させざるをえなかった。

このように金・ドル交換にはアメリカにインフレ政策を抑制し，そして国際収支節度をもたせる働きが一定程度あったのである。また，各国は外貨準備が一定程度減少するまで，アメリカは金準備が一定程度減少するまで，インフレ政策によって，過剰生産恐慌を回避し国内均衡をめざすことができたのである。しかし，国際不均衡が一定程度まで進むと，今度は国内均衡を犠牲にしても国際均衡をめざさざるをえないメカニズムが組み込まれていたのが，旧IMF体制下の固定相場制と金・ドル交換であったといえる。ドルはアメリカ以外の国にとっては，対外資産である。それは本源的には自国民の労働によって生産された商品を輸出した対価である。したがって，アメリカ以外の国にとっては，ドルで支払うことは資産で決済することを意味する。それは自国民の労働の成果であり，支払いには痛みをともなうのである。ドルはアメリカにとっては債務である。しかし，「資産決済の原理」が働き，アメリカにとっての債務であるドルは金で支払われる。金は労働の成果であり，アメリカの国民が直接生産したか，あるいは商品を輸出した対価として得たものであり，アメリカにとっても資産である。金の流出はその意味でアメリカにとって痛みをともなう措置であった。それはまたアメリカに国際均衡を一定程度配慮させる，またインフレ政策を一定程度抑制する働きがあったのである。そして，旧IMF体制の固定相場制はさしあったては，国内的なインフレ政策，ケインズ政策を基本とする体制であったといえる。

## 第4節　変動相場制とアメリカの国際収支の赤字

1960年代以降，国内均衡と国際均衡を同時に追求できなくなり，大量の金流出の結果，金準備が減少し，ドル危機が発生すると，アメリカは金プール協定やIMFの一般借入協定，ローザ・ボンドの発行などの国際通貨協力や，金

利平衡税や対外投融資規制などの資本輸出規制を導入して[3]，ドル危機を回避しようとした。また国際収支の赤字を防ぐためのこの一連の資本輸出規制によって，アメリカは国際通貨国でありながら，国際信用供与機能を果たしえず，ためにそれを果たすものとしてユーロダラー市場が誕生し，アメリカは国際決済機能を行うという二分化が起こった[4]。しかし，アメリカはそれでも拡張主義的経済政策をやめず，国際収支の赤字は増加した。アメリカは金準備を守るために，国際収支の赤字の原因である拡張主義的経済政策と対外政府支出，資本輸出をやめるかわりに，国際均衡を顧慮せずに，国内での拡張主義的経済政策と対外政府支出，そして多国籍企業の資本輸出を容易にするため，ついに1971年金・ドル交換を停止した[5]。

金・ドル交換停止後アメリカは，金交換（資産決済）による歯止めがなくなり，ニクソンのあとを継いだフォードも，またカーターも，「小さな政府」を掲げたレーガンも，ブッシュ・シニアも，一時的には抑制的な経済政策をとったクリントンも，ブッシュ・ジュニア政権も拡張的な経済政策を継続し，いまに至っている[6]（図6-1参照）。貿易収支は1971年に戦後はじめて赤字となり，73，75年に一時的に黒字になるが，76年以降は赤字が定着し，しかも増大していく（図6-2参照）。これが世界経済に与えた影響は大きかった。アメリカは国際収支の赤字にもかかわらず，一方では国内均衡をめざした拡張的経済政策を実行して，これによって生まれた有効需要は，アメリカの商品の国際競争力の低下のもとで，アメリカ以外の国への漏出を招き，貿易収支の赤字を生んだ。他方で，一連の資本輸出規制は1974年までに廃止され，アメリカの多国籍企業は世界的に直接投資を実行し，国内で生産された商品の国際競争力をますます低下させる要因を生んだ。またアメリカの国際信用供与機能も回復し，対外融資を拡大する。

変動相場制下でもドルは国際通貨として機能している。ドルが国際通貨として機能するということは，国内で商業銀行の当座預金が預金通貨として決済手段に用いられるのと同じように，アメリカの市中銀行のドル建て当座預金を用いて国際決済がなされるということである。口座の振替にドル為替を用いるのである。このようにアメリカの信用制度を用いて国際決済をすることであり，国際通貨ドルとはアメリカの市中銀行のドル建て当座預金（為替銀行のコルレ

図 6-1　米国連邦政府の財政収支（オンバジェット）と対 GDP 比の推移

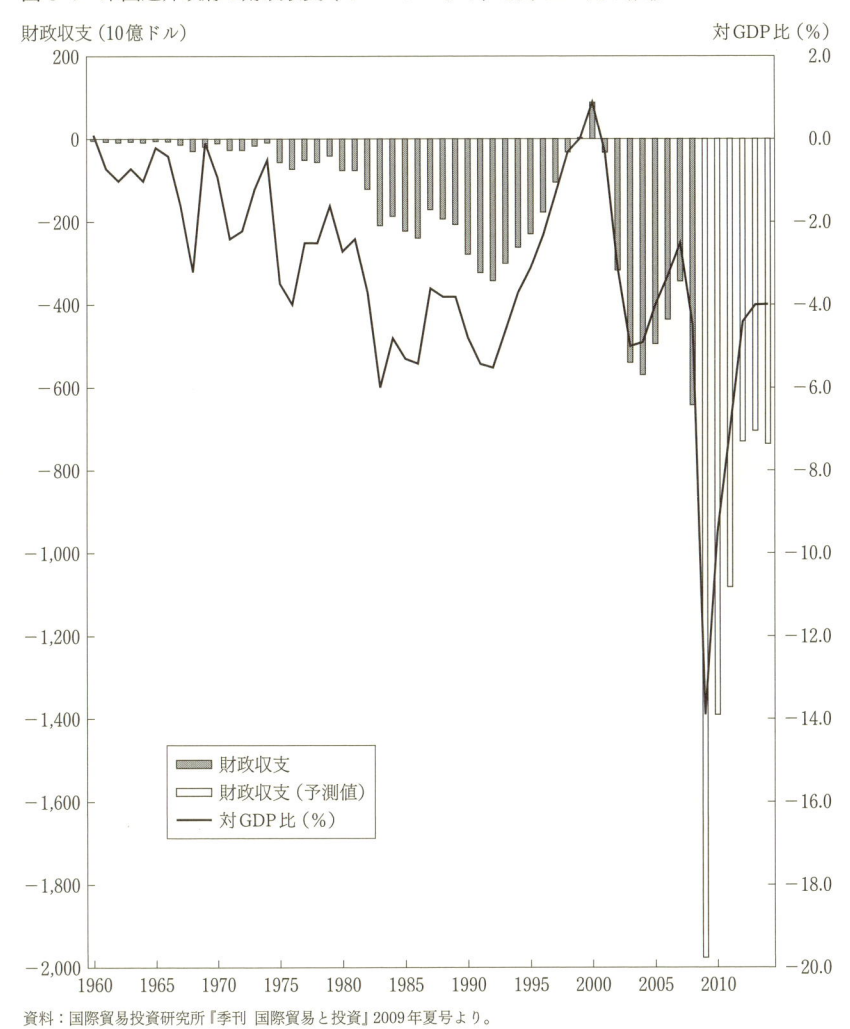

凡例：
- 財政収支
- 財政収支（予測値）
- 対 GDP 比（％）

資料：国際貿易投資研究所『季刊 国際貿易と投資』2009 年夏号より。

ス残高）であって，アメリカにとっては債務である。ドルが国際通貨であるのでアメリカは国際収支の赤字をアメリカの市中銀行の信用創造によって決済できるのである。たとえば，アメリカの企業が日本の企業から輸入し，それをアメリカの市中銀行から当座貸越で得た資金で支払うとすると，個別資本間では

図 6-2 米国の貿易収支尻と対 GDP 比の推移

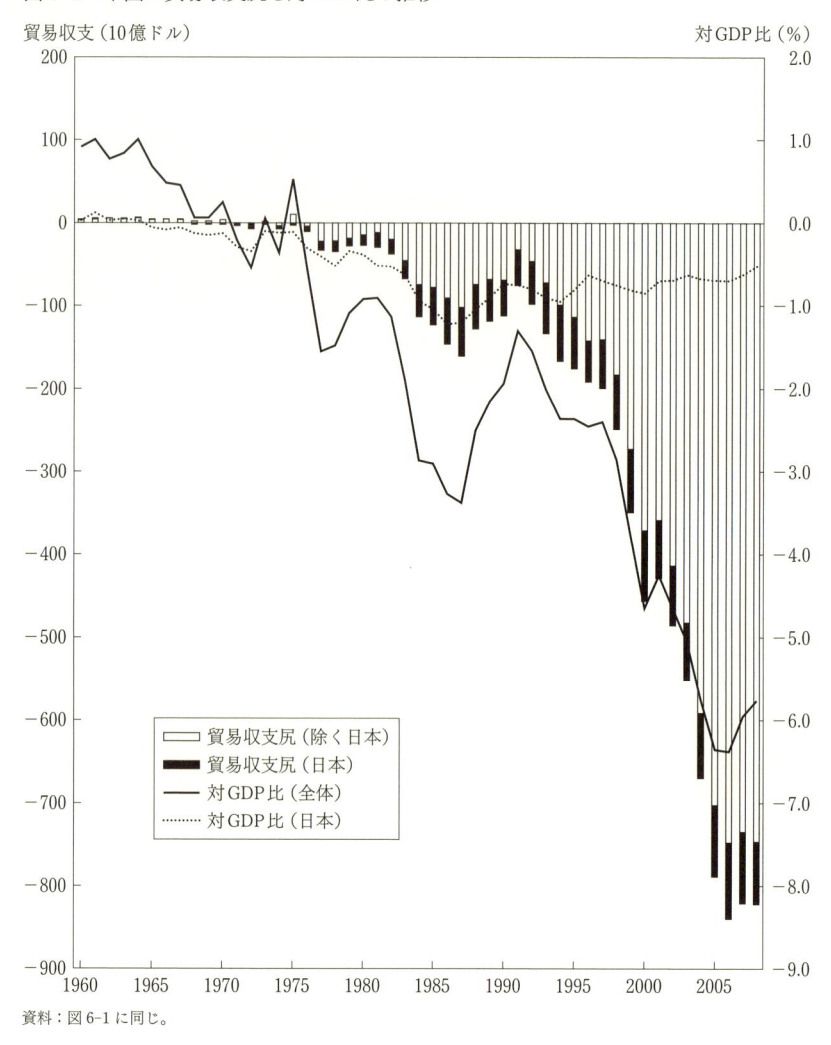

凡例:
- 貿易収支尻（除く日本）
- 貿易収支尻（日本）
- 対 GDP 比（全体）
- 対 GDP 比（日本）

資料：図 6-1 に同じ。

　国際決済は済んでいるが，居住者預金が非居住者預金に振り替わり，国民経済間ではドルは依然アメリカの負債として残るのである。このようにドルが国際通貨として保有されるかぎり，アメリカは国際収支赤字という対外債務を市中銀行の対外債務（非居住者預金）の増加で決済できるのである。このアメリカ

が資産決済ではなく負債決済できるということが、ドル体制の内実である。このように現在の変動相場制とは、いわばアメリカの最終的な国際決済を、負債のまま残し、したがって繰り延べる意味で、最終決済のない制度といえる。これをドル体制と呼んでいるのである。

　このためアメリカは国際収支の制約から解放され、一方で対外直接投資を容易にし、国際経済支配を容易にしたのである。他方で国際収支節度を度外視して、国際収支の赤字を出し続けることができるのである。そして、この「国際収支の長期赤字が、アメリカの国民経済において財政赤字や家計の赤字（消費者信用の膨張）等、一般的には国内過剰消費（負債経済）を、したがって国内市場の拡張を容易に」し[7]、アメリカの国内市場は他国の商品の輸出市場としての役割を果たしているのである。その意味で変動相場制は、事後的にはアメリカによる国際的なケインズ政策を結果としてもたらすことを可能にしたといえる。

　アメリカの貿易収支赤字は1970年代まではおもに日本と西ドイツに対してのものであったが、中国が78年の改革開放後、積極的に外資を導入すると、しだいに中国が最大の赤字要因になってくる。

## 第5節　日本の東アジアへの直接投資

　日本は戦後、低賃銀と長時間労働を基礎として、アメリカから最新鋭の重工業設備を導入し、高度経済成長を遂げて、生産性を当時としては世界最高水準に引き上げた。前期は設備投資主導型の内需要因で成長を遂げたが、設備投資主導の資本蓄積が、低賃銀と長時間労働による個人消費の比率の低さもあって、過剰設備と過剰生産、構造的過剰の結果として1965年不況が発生すると、主としてアメリカへ過剰商品・資本を輸出することで資本蓄積を遂げる外需依存型の経済成長に変わり、1965年に戦後はじめて対米貿易収支が黒字化し、現在に至っている[8]。表6-1を見ると、1965年からアメリカに対する貿易黒字がしだいに多くなっていくのがわかる。第一次、第二次オイル・ショックを、工業用ロボットなどのマイクロ・エレクトロニクス技術を生産設備に導入するFA化と合理化で乗り切り、さらに日本は対米輸出を伸ばしていく。1980年代

表 6-1　米国の貿易収支（国際収支ベース）

| 年 | 対日本 | | 対中国 | | 対EU | | 対ドイツ | |
|---|---|---|---|---|---|---|---|---|
| | 収支尻(10億ドル) | 対GDP比(％) | 収支尻(10億ドル) | 対GDP比(％) | 収支尻(10億ドル) | 対GDP比(％) | 収支尻(10億ドル) | 対GDP比(％) |
| 1960 | 0.23 | 0.04 | (na) | (na) | (na) | (na) | (na) | (na) |
| 1965 | ▲0.39 | ▲0.05 | (na) | (na) | (na) | (na) | (na) | (na) |
| 1970 | ▲1.24 | ▲0.12 | (na) | (na) | (na) | (na) | (na) | (na) |
| 1971 | ▲3.23 | ▲0.29 | (na) | (na) | (na) | (na) | (na) | (na) |
| 1972 | ▲4.11 | ▲0.33 | (na) | (na) | (na) | (na) | (na) | (na) |
| 1973 | ▲1.31 | ▲0.09 | (na) | (na) | (na) | (na) | (na) | (na) |
| 1974 | ▲1.69 | ▲0.11 | (na) | (na) | (na) | (na) | (na) | (na) |
| 1975 | ▲1.69 | ▲0.10 | (na) | (na) | (na) | (na) | (na) | (na) |
| 1976 | ▲5.34 | ▲0.29 | (na) | (na) | (na) | (na) | (na) | (na) |
| 1977 | ▲8.00 | ▲0.39 | (na) | (na) | (na) | (na) | (na) | (na) |
| 1978 | ▲11.57 | ▲0.50 | 0.49 | 0.02 | 2.83 | 0.12 | ▲2.79 | ▲0.12 |
| 1979 | ▲8.63 | ▲0.34 | 1.14 | 0.04 | 8.57 | 0.33 | ▲2.20 | ▲0.09 |
| 1980 | ▲10.47 | ▲0.38 | 2.76 | 0.10 | 16.47 | 0.59 | ▲0.38 | ▲0.01 |
| 1981 | ▲15.80 | ▲0.51 | 1.74 | 0.06 | 9.97 | 0.32 | ▲0.95 | ▲0.03 |
| 1982 | ▲16.99 | ▲0.52 | 0.64 | 0.02 | 4.56 | 0.14 | ▲2.67 | ▲0.08 |
| 1983 | ▲21.56 | ▲0.61 | ▲0.05 | ▲0.00 | 1.98 | 0.06 | ▲4.46 | ▲0.13 |
| 1984 | ▲36.98 | ▲0.94 | ▲0.10 | ▲0.00 | ▲7.84 | ▲0.20 | ▲8.65 | ▲0.22 |
| 1985 | ▲43.51 | ▲1.03 | 0.03 | 0.00 | ▲14.18 | ▲0.34 | ▲10.57 | ▲0.25 |
| 1986 | ▲54.40 | ▲1.22 | ▲1.62 | ▲0.04 | ▲22.32 | ▲0.50 | ▲14.07 | ▲0.32 |
| 1987 | ▲56.95 | ▲1.20 | ▲2.79 | ▲0.06 | ▲21.95 | ▲0.46 | ▲15.42 | ▲0.33 |
| 1988 | ▲52.62 | ▲1.03 | ▲3.44 | ▲0.07 | ▲11.57 | ▲0.23 | ▲12.06 | ▲0.24 |
| 1989 | ▲49.54 | ▲0.90 | ▲6.23 | ▲0.11 | ▲3.76 | ▲0.07 | ▲8.47 | ▲0.15 |
| 1990 | ▲42.38 | ▲0.73 | ▲10.42 | ▲0.18 | 1.95 | 0.03 | ▲9.89 | ▲0.17 |
| 1991 | ▲44.93 | ▲0.75 | ▲12.74 | ▲0.21 | 13.26 | 0.22 | ▲5.48 | ▲0.09 |
| 1992 | ▲50.45 | ▲0.80 | ▲18.34 | ▲0.29 | 3.91 | 0.06 | ▲8.23 | ▲0.13 |
| 1993 | ▲60.22 | ▲0.90 | ▲22.84 | ▲0.34 | ▲10.23 | ▲0.15 | ▲10.07 | ▲0.15 |
| 1994 | ▲66.71 | ▲0.94 | ▲29.57 | ▲0.42 | ▲15.44 | ▲0.22 | ▲12.94 | ▲0.18 |
| 1995 | ▲59.87 | ▲0.81 | ▲33.80 | ▲0.46 | ▲12.57 | ▲0.17 | ▲14.91 | ▲0.20 |
| 1996 | ▲48.71 | ▲0.62 | ▲39.58 | ▲0.51 | ▲21.41 | ▲0.27 | ▲15.98 | ▲0.20 |
| 1997 | ▲57.35 | ▲0.69 | ▲49.74 | ▲0.60 | ▲21.72 | ▲0.26 | ▲19.26 | ▲0.23 |
| 1998 | ▲65.60 | ▲0.75 | ▲57.01 | ▲0.65 | ▲30.26 | ▲0.35 | ▲23.65 | ▲0.27 |
| 1999 | ▲74.97 | ▲0.81 | ▲68.79 | ▲0.74 | ▲46.06 | ▲0.50 | ▲28.91 | ▲0.31 |
| 2000 | ▲83.24 | ▲0.85 | ▲83.97 | ▲0.86 | ▲57.72 | ▲0.59 | ▲29.67 | ▲0.30 |
| 2001 | ▲70.81 | ▲0.70 | ▲83.30 | ▲0.82 | ▲64.28 | ▲0.63 | ▲29.78 | ▲0.29 |
| 2002 | ▲71.95 | ▲0.69 | ▲103.28 | ▲0.99 | ▲85.42 | ▲0.82 | ▲36.51 | ▲0.35 |
| 2003 | ▲68.01 | ▲0.62 | ▲124.38 | ▲1.13 | ▲98.01 | ▲0.89 | ▲39.90 | ▲0.36 |
| 2004 | ▲77.81 | ▲0.67 | ▲162.34 | ▲1.39 | ▲110.98 | ▲0.95 | ▲46.51 | ▲0.40 |
| 2005 | ▲85.11 | ▲0.69 | ▲202.09 | ▲1.63 | ▲125.51 | ▲1.01 | ▲51.38 | ▲0.41 |
| 2006 | ▲90.97 | ▲0.69 | ▲233.09 | ▲1.77 | ▲120.21 | ▲0.91 | ▲48.49 | ▲0.37 |
| 2007 | ▲85.14 | ▲0.62 | ▲256.61 | ▲1.86 | ▲113.94 | ▲0.83 | ▲45.26 | ▲0.33 |
| 2008/P/ | ▲74.33 | ▲0.52 | ▲266.68 | ▲1.87 | ▲96.52 | ▲0.68 | ▲43.36 | ▲0.30 |
| 1961-1970（平均） | ▲0.37 | ▲0.03 | (na) | (na) | (na) | (na) | (na) | (na) |
| 1971-1980（平均） | ▲5.60 | ▲0.28 | (na) | (na) | (na) | (na) | (na) | (na) |
| 1981-1990（平均） | ▲39.07 | ▲0.87 | ▲2.22 | ▲0.04 | ▲6.32 | ▲0.12 | ▲8.72 | ▲0.19 |
| 1991-2000（平均） | ▲61.20 | ▲0.79 | ▲41.64 | ▲0.51 | ▲19.82 | ▲0.22 | ▲16.91 | ▲0.21 |
| 2001-2008（平均） | ▲78.01 | ▲0.65 | ▲178.97 | ▲1.43 | ▲101.86 | ▲0.84 | ▲42.65 | ▲0.35 |

注：平均は各年の値の平均を示す。
出所：国際貿易投資研究所『季刊 国際貿易と投資』2009年夏号より。

表6-2 アジアに対する主要直接投資国の推移　　　　　　　　　　（単位：100万ドル）

| 順位 | 1980～2003年 | | 1980～1989年 | | 1990～1999年 | | 2000～2003年 | | 2003年 | |
|---|---|---|---|---|---|---|---|---|---|---|
| 1 | 日本 | 103,358 | 日本 | 19,684 | 日本 | 65,426 | 米国 | 35,368 | 米国 | 7,432 |
| 2 | 米国 | 85,444 | 米国 | 4,821 | 米国 | 45,255 | 日本 | 18,248 | 日本 | 5,351 |
| 3 | 英国 | 23,288 | 英国 | 3,055 | 英国 | 14,133 | ベルギー | 8,112 | ベルギー | 5,049 |
| 4 | ドイツ | 15,234 | フランス | 648 | スイス | 10,643 | ドイツ | 6,722 | 英国 | 2,280 |
| 5 | フランス | 12,083 | ドイツ | 561 | ドイツ | 7,950 | 英国 | 6,100 | 韓国 | 1,684 |

注：1）アジアとは中国，インドネシア，マレーシア，フィリピン，シンガポール，タイ，インドの合計。
　　2）2000～2003年のベルギーはルクセンブルクを含む。
　　3）統計の変更から2000～2003年のベルギーは2000～2001年の2年間の投資額となっている。
原資料：社団法人日本経済研究センター「検証：日本の東アジアへの経済的貢献」2005年から作成。
出所：『通商白書』2006年版。

に入ると，レーガン政権の高金利，ドル高政策もあって，1981年のアメリカの対日貿易赤字は158億ドル，対GDP比で0.51％になり，その後も増大し，貿易摩擦として大きな問題となった。1980年代後半にはいると500億ドル，対GDP比で1％を超えた。

このレーガン政権の高金利・ドル高，それによるアメリカの貿易収支，ならびに経常収支の巨額の赤字の帰結である1985年のプラザ合意後の46％にも及ぶ円高，そしてその後に引き続く局面を迎えて[9]，日本企業は国内製造商品の国際価格競争力低下に直面し，コスト引下げと国際価格競争力強化を目指して，当初アジアNIEsに，その後アジアNIEsの賃銀が上昇すると，さらに賃銀の安いASEAN諸国に直接投資を行い，生産拠点を移転させる動きを見せた。また，逆にASEAN諸国はそれを梃子として外資政策を転換させ，積極的に日本企業を導入して，自国経済の近代化と工業化を促進し，輸出指向工業化戦略をとった。さらにASEAN諸国の賃銀が上昇すると，90年代には中国に対して直接投資を増大させることになる。こうして東アジア諸国・地域は，積極的に日本をはじめ欧米からの直接投資を導入して，高い経済成長を達成し，これがさらに投資を呼び込み「世界の成長センター」と呼ばれるまでになった。日本はアジアに対する直接投資国として重要な位置を占めている。アジアに対する直接投資の推移を見ると，表6-2のように日本は1980年代からの累計で1033億5800万ドルと1位であり，2位は米国の854億4400万ドルである。またそれぞれの期間別に見ても，日米は1，2位と主要な投資国である。

表6-3　世界の製造業生産に占める東アジアの比率　　　　　　　　　（単位：％）

|  | 1991 | 1992 | 1993 | 1994 | 1995 | 1996 | 1997 | 1998 | 1999 | 2000 | 2001 | 2002 | 2003 |
|---|---|---|---|---|---|---|---|---|---|---|---|---|---|
| NIEs | 2.6 | 2.5 | 2.7 | 2.8 | 2.9 | 3.0 | 2.9 | 2.2 | 2.6 | 3.1 | 2.9 | 3.1 | 3.0 |
| ASEAN 4 | 1.9 | 2.0 | 2.3 | 2.5 | 2.6 | 2.9 | 2.8 | 1.8 | 2.2 | 2.5 | 2.6 | 2.9 | 3.0 |
| 中国 | 2.9 | 3.1 | 3.3 | 3.9 | 4.5 | 5.2 | 5.8 | 6.1 | 6.3 | 6.9 | 8.0 | 8.6 | 9.1 |
| 日本 | 21.9 | 21.9 | 23.5 | 22.8 | 22.5 | 19.9 | 18.5 | 16.7 | 18.4 | 19.2 | 16.9 | 15.6 | 15.6 |

注：1）製造業生産額は名目ドルベースの付加価値生産額。
　　2）NIEsは韓国，香港，シンガポール，ASEAN 4はインドネシア，マレーシア，フィリピン，タイ，東アジアはNIEs，ASEAN 4，中国，日本の合計。
　　3）世界合計は世界銀行資料にデータが掲載されている約160ヵ国の合計。最新年の生産額がとれない場合は前年の生産額等で代用。
資料：世界銀行「WDI」から作成。
出所：『通商白書』2006年版。

　この結果，世界の製造業生産に占める東アジアの比率は中国を中心に高まり，「世界の工場」として存在感を高めている。「品目別に見ても，例えば，電気機械においては，携帯電話，パソコン等の製品や半導体等の部品の世界生産でアジアが高い比率を占めている。……また自動車においてもアジアが世界有数の生産地となっており，アジアの中では，日本についで，中国，韓国の生産が多い」[10]。

　表6-3を見ると，世界の製造業生産に占める東アジアの比率は90年代以降約30％を維持し，NIEs，ASEANはほぼ比率を維持し，日本の比率が減った分，中国の比率が増えていることがわかる。これは日本の中国への直接投資によって生産拠点が移転していることを反映していよう。

　このような東アジアの生産力の増大に見合う市場が必要であり，その輸出市場としてアメリカが重要であった。注意すべきは，ドルが国際通貨であることにより，アメリカは負債決済が可能であるので，国際収支節度をまぬがれて，「経常収支，とくに貿易収支の赤字を大幅にかつ継続的に出すことによって，海外に需要を散布したことである。1980年代からのアジアNIES，ASEANの諸国への米国からの最終消費需要はこうしてつくり出された。これは海外への国際的スペンディングというべきものであろう」[11]。またさらに「米国は市場経済世界の盟主であり，国際通貨国であるので，世界の市場であった。それゆえ自国のためのケインズ政策が世界のケインズ政策に拡散していくのを許容した」[12]。これは資産決済のない変動相場制下であるから可能であった。

こうして，アメリカの対日赤字が1990年代に入り対GDP比でしだいに低下してくると，次には対中国貿易赤字が急激に増大し，2000年には840億ドル，対GDP比で0.86％となり，対日貿易赤字の832億ドル，対GDP比で0.85％をわずかだが超えた。その後アメリカの対日，対中国赤字は完全に逆転し，対中国が対日貿易赤字を上回り，アメリカの貿易摩擦の相手国として中国が登場する。アメリカの対日貿易赤字の1981〜90年平均は年390億ドルで対GDP比0.87％，対中国はわずか22億ドルで同比0.04％であったものが，1991〜2000年平均は対日が年612億ドルで同比0.79％，対中国が416億ドルで同比0.51％，2001〜08年平均は対日が年780億ドルで同比0.65％，対中国は1790億ドルで同比1.43％となり，2000年代にはいっての対中国の増大ぶりが目を引く。2007年には対日貿易赤字は851億ドルで対GDP比0.62％に対して，対中国は2566億ドルで対GDP比1.86％にも達する（表6-1参照）。

## 第6節　東アジアの貿易

　東アジアへの日本を中心とする直接投資の結果，アメリカへの輸出の東アジア諸国を巡る関係が変化した。これを表6-4のアメリカの輸入で見ると，全体としてアジアからの輸入の割合が1963年の19.6％から2005年には36.8％まで高まり，2008年には35.1％である。ピークの1993年には42.5％にまでなっている。アジア内部で見ると，日本は1993年の18.3％をピークとして2008年には6.6％まで下げている。それに対して東アジアとくに中国の割合が高くなり，2008年には16.4％にまでなっている。

　日本は対米輸出比率をしだいに下げ，1990年の31.5％から2005年には22.6％，2007年には20.1％となっている。これに対して1990年代以降は東アジア諸国が日本の輸出相手国の上位を占めるようになり，2001年以降は中国が2位を占めている。2007年には中国が15.3％，韓国7.6％，台湾6.3％，香港5.5％，タイ3.6％，シンガポール3.1％となっている[13]。

　日本が対米輸出比率を下げている背景には，東アジアに進出した日本企業による「迂回輸出」がある。「1998年から2002年にかけて，東アジア全体の米国を中心とする北米向け輸出に占める日本企業による輸出の割合は11.7％から

表 6-4　米国の地域別商品貿易 (1963, 1973, 1983, 1993, 2003, 2005, 2008年)

| | 輸出 | | | | | | | | | |
|---|---|---|---|---|---|---|---|---|---|---|
| | 1963 | 1973 | 1983 | 1993 | 2003 | 2005 | 2008 | 1963 | 1973 | 1983 |
| 世界 (金額:10億ドル) | 22.9 | 72.4 | 206 | 465 | 724 | 904 | 1287 | 17.1 | 70.3 | 270 |
| 世界 (シェア:%) | 100 | 100 | 100 | 100 | 100 | 100 | 100 | 100 | 100 | 100 |
| 北米 | 21.2 | 26.4 | 25.4 | 30.6 | 36.9 | 36.7 | 32.1 | 25.7 | 28.6 | 26.1 |
| 中南米 | 11.6 | 9.5 | 7.9 | 7.9 | 7.1 | 7.9 | 10.5 | 20.1 | 10.3 | 9.5 |
| ヨーロッパ | 29.7 | 28.8 | 26.8 | 24.9 | 23.3 | 22.7 | 24.2 | 27.5 | 27.6 | 21.1 |
| EU 25 | — | — | — | — | 21.3 | 20.6 | 21.1 | — | — | — |
| 他のヨーロッパ | — | — | — | — | 2.0 | 2.1 | — | — | — | — |
| 独立国家共同体 (CIS) | — | — | — | 0.8 | 0.5 | 0.6 | 1.1 | — | — | — |
| ロシア | — | — | — | 0.6 | 0.3 | 0.4 | 0.7 | — | — | — |
| アフリカ | 4.3 | 3.1 | 3.7 | 2.0 | 1.5 | 1.7 | 2.2 | 4.7 | 4.3 | 5.6 |
| 南アフリカ | 1.2 | 1.0 | 1.0 | 0.5 | 0.4 | 0.4 | 0.5 | 1.5 | 0.5 | 0.8 |
| 他のアフリカ | 3.1 | 2.1 | 2.7 | 1.5 | 1.1 | 1.3 | — | 3.2 | 3.8 | 4.8 |
| 中東 | 2.4 | 3.0 | 6.5 | 3.6 | 2.7 | 3.5 | 4.3 | 1.8 | 2.4 | 2.8 |
| アジア | 20.6 | 23.3 | 26.0 | 30.1 | 27.9 | 26.8 | 25.6 | 19.6 | 26.1 | 34.5 |
| 日本 | 7.5 | 11.4 | 10.1 | 10.3 | 7.2 | 6.1 | 5.1 | 8.8 | 13.8 | 16.1 |
| 中国 | 0.0 | 0.0 | 1.4 | 1.9 | 3.9 | 4.6 | 5.4 | 0.0 | 0.1 | 0.9 |
| 東アジア6ヵ国 | 3.0 | 5.6 | 9.2 | 13.4 | 12.2 | 11.5 | — | 2.9 | 7.5 | 12.2 |
| 他のアジア | 10.1 | 6.3 | 5.3 | 4.5 | 4.6 | 4.5 | — | 7.9 | 4.8 | 5.3 |

資料:WTO, *International Trade Reort 2006; 2009*.

4.5%に低下しているが,東アジアに進出した日本企業の輸出額 (120億ドル) を日本から輸出したと仮定すると,日本の総輸出に占める (2002年の——引用者) 米国向けシェアは28.5%から30.5%に高まる」[14]のである。

　アジアの経済発展とともに,域内貿易が増大してきた。それを表 6-5 で見ると,2008年にアジア地域の対世界輸出総額は 4 兆3530億ドルで全世界輸出総額15兆7170億ドルの27.7%を占め,ヨーロッパ地域の 6 兆4466億ドル,41.0%には及ばないものの,北米地域の 2 兆357億ドル,13.0%を上回っている。また,アジア地域の地域内貿易総額は 2 兆1814億ドルで,各地域貿易総額に占めるシェアで見ると50.1%で,ヨーロッパ地域の総額 4 兆6950億ドル,シェア72.8%には及ばないものの,北米の 1 兆145億ドル,49.8%の水準を超えている。アジア地域からの北米地域への輸出額は7750億ドルで,北米地域の域内貿易額 1 兆145億ドルにはもちろん及ばないけれども,ヨーロッパ地域の北米地域への輸出額475億ドルをはるかに上回る。これを世界商品輸出全

| 輸入 | | | |
|---|---|---|---|
| 1993 | 2003 | 2005 | 2008 |
| 603 | 1305 | 1732 | 2170 |
| 100 | 100 | 100 | 100 |
| 25.6 | 28.2 | 26.8 | 25.8 |
| 6.1 | 6.4 | 7.5 | 7.7 |
| 20.1 | 21.7 | 20.0 | 18.9 |
| — | 20.0 | 18.3 | 17.4 |
| — | 1.7 | 1.7 | 1.5 |
| 0.4 | 0.8 | 1.1 | 1.8 |
| 0.3 | 0.7 | 0.9 | 1.3 |
| 2.6 | 2.6 | 3.9 | 5.4 |
| 0.3 | 0.4 | 0.3 | 0.5 |
| 2.3 | 2.2 | 3.6 | — |
| 2.7 | 3.4 | 3.8 | 5.3 |
| 42.5 | 37.1 | 36.8 | 35.1 |
| 18.3 | 9.3 | 8.2 | 6.6 |
| 5.6 | 12.5 | 15.0 | 16.4 |
| 14.4 | 10.6 | 9.4 | — |
| 4.1 | 4.6 | 4.3 | — |

体に占める貿易シェアで見ると，北米の地域内貿易は6.5％で，ヨーロッパ地域の北米地域への輸出は3.0％，アジア地域の北米地域への輸出は4.9％を占めている。

このようにアジア地域の域内貿易のシェアは高くなっている。しかし，アジアの各国・地域が生み出す付加価値額のうち，自国・他国の最終需要を充たす額の割合を見ると（表6-6），アジア地域では，当然自国で生み出された付加価値を自国内で実現する割合が非常に大きいものの，この割合が1990年から2000年の間に減少しており，需要を域内の他国・地域に相互に依存する傾向を強めている[15]。東アジア各国・地域が生み出す付加価値の最終需要地としてとくに重要なのは，アメリカと日本である。付加価値は価値的にはv＋mであるので，域内貿易の増大と，あわせて考えると，アジア域内貿易の増大はc部分，具体的には資本財，部品貿易の増大を意味し，最終需要地としては日本とアメリカ，とりわけアメリカ市場が重要であることがわかる。以上を図で示すと図6-3のようになり，東アジアでは域内では部品貿易が増大しこれが域内貿易を増大させているが，最終需要地としては日本，アメリカが存在するのである。

このようにアジア，とくに東アジアの成長は最終需要地としてのアメリカに依存しており，「アジアの『成長』は日本を媒介とした，最終消費者アメリカへの輸出によって支えられている」[16]といえる。このためアジアおよび日本の経済状態は，アメリカの景気によって大きな影響を受けるのである。

## おわりに

アメリカは国際通貨国特権をもち，黒字国が国際通貨ドルを保有し，アメリカに信用を供与し続けるかぎり負債で決済できる。このため，国際収支節度を

表6-5 地域間，地域内商品貿易（2008年）　　　　　　　　　　（単位：10億ドル，％）

| 輸出国＼輸入国 | 北米 | 中南米 | ヨーロッパ | CIS | アフリカ | 中東 | アジア | 世界 |
|---|---|---|---|---|---|---|---|---|
| 北米 | 1014.5 | 164.9 | 369.1 | 16.0 | 33.6 | 60.2 | 375.5 | 2035.7 |
| 中南米 | 169.2 | 158.6 | 121.3 | 9.0 | 16.8 | 11.9 | 100.6 | 599.7 |
| ヨーロッパ | 475.4 | 96.4 | 4695.0 | 240.0 | 185.5 | 188.6 | 456.5 | 6446.6 |
| 独立国家共同体（CIS） | 36.1 | 10.1 | 178.0 | 134.7 | 10.5 | 25.0 | 76.8 | 702.8 |
| アフリカ | 121.6 | 18.5 | 128.0 | 1.5 | 53.4 | 14.0 | 113.9 | 557.8 |
| 中東 | 116.5 | 6.9 | 87.0 | 7.2 | 36.6 | 122.1 | 568.9 | 1021.2 |
| アジア | 775.0 | 127.3 | 498.0 | 108.4 | 54.0 | 196.4 | 2181.4 | 4353.0 |
| 世界 | 2708 | 583 | 4398 | 517 | 458 | 618 | 3903 | 15717 |

各地域貿易総額に占める地域内貿易のシェア

| | 北米 | 中南米 | ヨーロッパ | CIS | アフリカ | 中東 | アジア | 世界 |
|---|---|---|---|---|---|---|---|---|
| 北米 | 49.8 | 8.1 | 18.1 | 0.8 | 1.7 | 3.0 | 18.4 | 100 |
| 中南米 | 28.2 | 26.5 | 20.2 | 1.5 | 2.8 | 2.0 | 16.8 | 100 |
| ヨーロッパ | 7.4 | 1.5 | 72.8 | 3.7 | 2.9 | 2.9 | 7.5 | 100 |
| 独立国家共同体（CIS） | 5.1 | 1.4 | 57.7 | 19.2 | 1.5 | 3.6 | 10.9 | 100 |
| アフリカ | 21.8 | 3.3 | 39.1 | 0.3 | 9.6 | 2.5 | 20.4 | 100 |
| 中東 | 11.4 | 0.7 | 12.3 | 0.7 | 3.6 | 12.0 | 55.7 | 100 |
| アジア | 17.8 | 2.9 | 18.4 | 2.5 | 2.8 | 4.5 | 50.1 | 100 |
| 世界 | 17.2 | 3.7 | 42.9 | 3.3 | 2.9 | 3.9 | 24.8 | 100 |

世界商品輸出全体に占める地域貿易のシェア

| | 北米 | 中南米 | ヨーロッパ | CIS | アフリカ | 中東 | アジア | 世界 |
|---|---|---|---|---|---|---|---|---|
| 北米 | 6.5 | 1.0 | 2.3 | 0.1 | 0.2 | 0.4 | 2.4 | 13.0 |
| 中南米 | 1.1 | 1.0 | 0.8 | 0.1 | 0.1 | 0.1 | 0.6 | 3.8 |
| ヨーロッパ | 3.0 | 0.6 | 29.9 | 1.5 | 1.2 | 1.2 | 3.1 | 41.0 |
| 独立国家共同体（CIS） | 0.2 | 0.1 | 2.6 | 0.9 | 0.1 | 0.2 | 0.5 | 4.5 |
| アフリカ | 0.8 | 0.1 | 1.4 | 0.0 | 0.3 | 0.1 | 0.7 | 3.5 |
| 中東 | 0.7 | 0.0 | 0.8 | 0.0 | 0.2 | 0.8 | 3.6 | 6.5 |
| アジア | 4.9 | 0.8 | 5.1 | 0.7 | 0.8 | 1.2 | 13.9 | 27.7 |
| 世界 | 17.2 | 3.7 | 42.9 | 3.3 | 2.9 | 3.9 | 24.8 | 100.0 |

資料：WTO, *International Trade Report 2009*.

失い，国際収支の赤字を長期にわたって放置できるため，信用を容易に膨張させることができる。このため，アメリカの国民経済において財政赤字や家計の赤字（消費者信用の膨張）等，負債を増大させて国内の過剰ともいえる消費によって国内市場を拡張することができる。これは輸入をとおして一部他国へ有効需要として漏出する。この国際通貨国特権をもつ最終需要者としてのアメリカへの輸出によって東アジアは経済成長しているのである。したがって，アメリカの負債にもとづいた消費に限界がくれば，日本を含む東アジアの対米輸出

表 6-6　各国・地域が生み出す付加価値額のうち自国・他国の最終需要を充たす額の割合

1990年　　　　　　　　　　　　　　　　　　　　　　　　　　　　　　（単位：％）

|  | インドネシア | マレーシア | フィリピン | シンガポール | タイ | 中国 | 台湾 | 韓国 | 日本 | 米国 |
|---|---|---|---|---|---|---|---|---|---|---|
| インドネシア | 87.9 | 0.1 | 0.0 | 0.2 | 0.0 | 0.0 | 0.0 | 0.0 | 0.8 | 1.1 |
| マレーシア | 0.1 | 63.4 | 0.0 | 2.5 | 0.2 | 0.1 | 0.3 | −0.2 | 1.0 | 5.3 |
| フィリピン | 0.0 | 0.2 | 97.4 | 0.1 | 0.0 | 0.0 | 0.1 | 0.1 | 1.2 | 4.8 |
| シンガポール | 0.9 | 5.3 | 0.3 | 66.3 | 0.6 | 0.4 | 0.7 | 0.5 | 2.4 | 15.4 |
| タイ | 0.1 | 0.4 | 0.1 | 0.5 | 98.1 | 0.0 | 0.2 | 0.0 | 1.7 | 4.1 |
| 中国 | 0.1 | 0.1 | 0.0 | 0.1 | 0.1 | 92.7 | 0.0 | 0.0 | 1.1 | 1.1 |
| 台湾 | 0.2 | 0.5 | 0.2 | 0.3 | 0.4 | 0.4 | 85.0 | 0.2 | 1.9 | 8.7 |
| 韓国 | 0.1 | 0.1 | 0.0 | 0.1 | 0.1 | 0.0 | 0.1 | 95.3 | 1.9 | 4.9 |
| 日本 | 0.1 | 0.1 | 0.0 | 0.1 | 0.1 | 0.1 | 0.2 | 0.2 | 96.4 | 1.9 |
| 米国 | 0.0 | 0.0 | 0.0 | 0.0 | 0.0 | 0.0 | 0.1 | 0.1 | 0.3 | 95.4 |

2000年

|  | インドネシア | マレーシア | フィリピン | シンガポール | タイ | 中国 | 台湾 | 韓国 | 日本 | 米国 |
|---|---|---|---|---|---|---|---|---|---|---|
| インドネシア | 78.3 | 0.4 | 0.1 | 0.4 | 0.2 | 0.1 | 0.3 | 0.1 | 1.3 | 3.0 |
| マレーシア | 0.3 | 57.6 | 0.4 | 2.9 | 0.7 | 0.7 | 0.9 | 0.5 | 5.5 | 11.5 |
| フィリピン | 0.1 | 0.3 | 84.1 | 0.1 | 0.2 | 0.2 | 0.2 | 0.3 | 2.8 | 7.1 |
| シンガポール | 0.3 | 2.0 | 0.7 | 61.4 | 0.8 | 0.7 | 1.0 | 0.9 | 2.8 | 7.5 |
| タイ | 0.3 | 0.5 | 0.2 | 0.7 | 79.2 | 0.3 | 0.4 | 0.2 | 3.7 | 5.6 |
| 中国 | 0.1 | 0.1 | 0.0 | 0.1 | 0.1 | 93.9 | 0.1 | 0.1 | 2.5 | 4.1 |
| 台湾 | 0.1 | 0.3 | 0.1 | 0.1 | 0.2 | 1.1 | 79.3 | 0.2 | 1.9 | 4.7 |
| 韓国 | 0.1 | 0.1 | 0.1 | 0.1 | 0.1 | 0.4 | 0.3 | 90.6 | 1.2 | 3.3 |
| 日本 | 0.1 | 0.1 | 0.0 | 0.1 | 0.1 | 0.2 | 0.3 | 0.1 | 95.3 | 1.6 |
| 米国 | 0.0 | 0.0 | 0.0 | 0.0 | 0.0 | 0.1 | 0.0 | 0.1 | 0.3 | 97.9 |

1990年との差

|  | インドネシア | マレーシア | フィリピン | シンガポール | タイ | 中国 | 台湾 | 韓国 | 日本 | 米国 |
|---|---|---|---|---|---|---|---|---|---|---|
| インドネシア | −9.6 | 0.3 | 0.0 | 0.2 | 0.1 | 0.1 | 0.3 | 0.1 | 0.5 | 1.9 |
| マレーシア | 0.2 | −5.8 | 0.4 | 0.5 | 0.4 | 0.7 | 0.6 | 0.7 | 4.5 | 6.2 |
| フィリピン | 0.1 | 0.1 | −13.3 | 0.0 | 0.2 | 0.2 | 0.1 | 0.1 | 1.6 | 2.4 |
| シンガポール | −0.6 | −3.4 | 0.4 | −5.0 | 0.2 | 0.2 | 0.3 | 0.3 | 0.4 | −7.9 |
| タイ | 0.2 | 0.1 | 0.1 | 0.2 | −18.9 | 0.3 | 0.3 | 0.2 | 1.9 | 1.5 |
| 中国 | 0.0 | 0.0 | 0.0 | 0.0 | 0.0 | 1.2 | 0.1 | 0.2 | 1.4 | 3.1 |
| 台湾 | −0.1 | −0.2 | 0.0 | −0.2 | −0.2 | 0.7 | −5.7 | 0.1 | 0.0 | −4.0 |
| 韓国 | 0.0 | 0.0 | 0.1 | 0.0 | 0.0 | 0.4 | 0.2 | −4.7 | −0.7 | −1.6 |
| 日本 | 0.0 | 0.0 | 0.0 | 0.0 | 0.0 | 0.1 | 0.0 | 0.0 | −1.0 | −0.3 |
| 米国 | 0.0 | 0.0 | 0.0 | 0.0 | 0.0 | 0.0 | 0.1 | 0.0 | 0.0 | 2.5 |

注：1）横に見ると，当該国の投入が充たす各国最終需要の，当該国の生み出す付加価値額に占める割合が示されている。
　　2）網掛けは，構成比が2％以上のもの，2000年と1990年との差については0.5％以上変化したものを示している。
出所：『通商白書』2006年版。

図6-3 アジアの分業構造

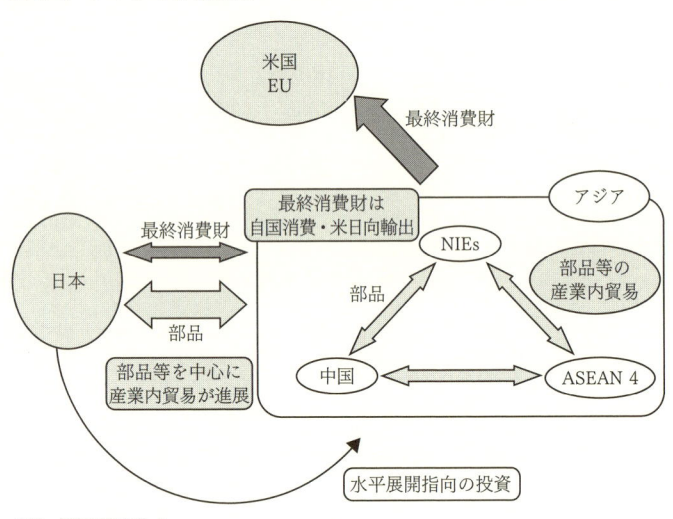

資料：経済産業省作成。
出所：『通商白書』2006年版。

は減少し，その結果，経済が停滞することになるのである。その意味ではドル体制とは，アメリカによる意図せざる国際的ケインズ政策体制といえ，その代償が過剰ドルの発生とドルの減価である。それが最終的にはドルの動揺，為替相場の動揺，通貨危機となって現れざるをえないのである。

　アメリカの経常収支の赤字は増大し続け，2006年には8035億4700万ドルにのぼっている。また，同年末の対外純債務は2兆2441億ドルに達している。このため所得収支の黒字幅が減少し，同じく2006年には481億ドルの黒字にとどまった[17]。このままアメリカの国際収支の赤字を放置し，経常収支の赤字を増大させ，対外純債務を増大させ続ければ，いずれは所得収支が赤字化し，対外純債務の雪達磨式増大となろう。この危ういアメリカへの輸出に日本を含むアジア諸国は依存しているのである。

註
1）　1947年当時アメリカは資本主義世界総工業生産高の62％，世界輸出の33％，そして1949年には世界の公的金保有高の約75％にあたる246億ドルにおよぶ金

準備を保有していた。
2）　平勝廣『最終決済なき国際通貨制度』日本経済評論社，173-174頁。
3）　アメリカの一連の資本輸出規制と国内でのそれを巡る議論については，中本悟『現代アメリカの通商政策』有斐閣，1999年，109-130頁を参照。
4）　この点については，海保幸世・居城弘・紺井博則『世界市場と信用』梓出版，1988年，216-245頁を参照。
5）　中本悟氏は，多国籍企業にとっての金・ドル交換停止の意味について「ニクソン政権は，アメリカ国内投資と国産財の輸出増加を図ってきた歴代政権とは異なり，多国籍企業による直接投資や在外生産を選好する政策に転換し，その前提として1971年8月には停止に踏み切った。金＝ドル交換という国際収支上の制約から解放されたアメリカ企業は，その後，対外直接投資や対外融資をいっそう拡大することになるのである」といわれる（萩原伸次郎・中本悟編『現代アメリカ経済』日本評論社，2005年，193頁）。
6）　連邦政府財政と財政政策については，十河利明「連邦政府財政と財政政策」，同上『現代アメリカ経済』105-126頁参照。
7）　山田喜志夫『現代貨幣論』青木書店，1999年，142頁。
8）　この点については，井村喜代子『現代日本経済論』（有斐閣，1993年），久保新一『戦後日本経済の構造と転換』（日本経済評論社，2005年），涌井秀行『現代アジア経済論』（大月書店，2005年）を参照。
9）　1985年プラザ合意以前の1ドル＝238円から1995年には最高値1ドル＝79円に達した。
10）　経済産業省『通商白書』2006年度版，61頁。
11）　深町郁彌『国際金融の現代』有斐閣，1999年，22頁。
12）　片岡尹『ドル本位制の通貨危機』勁草書房，2001年，31頁。
13）　ジェトロ『日本の貿易動向 2005』および財務省「貿易統計」。経済危機による影響で2009年には米国のシェアは16.1％になり，中国のシェアが18.9％で1位となった（本書第7章の表7-4を参照）。
14）　青木健『貿易から見るアジアのなかの日本』日本経済評論社，2006年，23頁。
15）　『通商白書』2006年度版，86頁参照。
16）　涌井秀行，前掲書，265頁。
17）　BEA, *Servey of Current Business*, july 2009.

# 第7章　世界金融危機から世界経済危機へ
——日本の産業構造と貿易構造の問題点——

## はじめに

　2008年の世界的な金融危機とそれにともなう経済危機によって，これまでの財政赤字にもとづく有効需要政策と輸出にもとづく経済成長の2つ限界が明らかになったといえる。いま先進資本主義諸国はこの2つの限界に直面している。日本も同じく，財政赤字にもとづく有効需要政策と輸出で景気を維持し，不況を回避するという日本経済のあり方自体が問われたといってもよい。

　アメリカのサブプライムローン証券市場から始まった金融危機が，ヨーロッパに波及したとき，日本にはさほど影響がないと思われていた。サブプライムローン関連金融証券の保有割合を，住宅ローン債権担保証券（MBS）の保有シェアで見ると，英国13％，オランダ8％，ルクセンブルグ7％，ドイツ7％，ベルギー5％に対して，日本は6％であり，その経済規模の大きさに比しては相対的に低かったといえるから，それからの影響は欧米に比べて大きくはなく，軽微といわれた[1]。バブル崩壊後の不良債権処理問題とその後の不況のなかで，日本の金融機関はリスクの高い証券を買うことに慎重であり，またそのゆとりもなかったのである。なかには野村證券やみずほフィナンシャルグループのようにサブプライムローン関連証券で数千億円規模の損失を被ったところもあったが，さほど大きな問題とはならず，欧米が金融危機に見舞われても，日本の金融機関は比較的安定していた。逆に，三菱東京UFJや野村證券などはアメリカの金融危機に乗じて，アメリカの一部の銀行や証券会社の買収を企て，結果として損出を被るほどであった。

　そのため2008年3月の時点における日本の金融機関全体のサブプライム関連証券保有額は1兆190億円で，評価損・実現損の合計は約8500億円となっているが，欧米の巨大金融機関は，1社の損失が3兆円から4兆円にものぼっているのと比較すると，サブプライム関連証券問題からの影響は小さかったと

いえよう[2]。

　日本が影響を受けたのは，欧米の金融危機がその実体経済に影響を及ぼし，景気後退の結果として，貿易面からである。そこには単に景気循環的な動きだけではなく，日本・米国の生産と消費の構造的矛盾，日本の産業構造のアンバランス，その結果としての日・米・アジア間の貿易構造の問題から生まれる構造的な要素も大きくかかわっている。本章では欧米で発生した金融危機がどのようにして日本経済に影響を及ぼしたかを，日・米・アジア貿易を中心に考えていきたい。そのなかで現代の日本経済が抱える問題のいくつかを探っていきたい。

## 第1節　国際通貨ドルと過剰生産の処理

　資本主義にとって過剰生産が避けられないことは，今回の金融危機が経済危機を招いたことでも確認できる。肥大化した金融の危機から始まったとはいえ，それは金融危機のみにとどまらなかった。過剰生産の処理の面から，金本位制と管理通貨制を対比して考えてみると，金本位制は，通貨の「価値」（価格標準）を守るために商品の価値を犠牲することに特徴がある。商品資本の価値実現ができないことは資本蓄積を停滞させる結果を招き，資本にとっても好ましくない。そこで管理通貨制のもとでは，中央銀行の救済融資や政府の有効需要政策によって恐慌を緩和し，長期の不況に変えることで過剰生産を処理する。その過程では通貨の過剰発行が避けられず，これにともなう通貨の「価値」の低下（価格標準の切下げ，通貨減価）が起こり，商品価格の横ばいあるいはインフレーションが発生するのである。いわば，管理通貨制は，通貨「価値」を犠牲にして，商品資本の実現をはかり，資本蓄積をできるだけ停滞させることなく，過剰生産を処理する点に特徴がある。過剰生産の処理形態に，金本位制と管理通貨制では違いがあるのであって，それは過剰生産があるかないかの違いではなく，過剰生産の処理の形態の違いである[3]。

　管理通貨制でも，旧IMFの固定相場制では，アメリカにとっては金・ドル交換が，またその他の国にとっては固定相場維持のための介入による外貨準備減少がインフレ政策の抑制と価格標準維持の機能を果たしてきた。外貨準備・

金準備が一定程度減少するまでは,アメリカを含む各国はインフレ政策を実施し,国内の資本蓄積を進めることができるが,その結果として貿易収支が赤字となり,為替相場の下落を招く。固定相場を守るために介入し外貨準備が減少すれば,一時的にインフレ政策をやめ,たとえ不況となっても,国際均衡を達成せざるをえなかった。アメリカは為替相場を維持するための介入は必要ないが,他国が介入した結果としてドル準備が増大すると,ドルと金の交換によって,アメリカの金準備は減少する。金準備が一定程度減少するとアメリカは金準備を守るためには不況になってもインフレ政策を一時停止し,国際均衡を達成しなければならなかった。このように固定相場制のもとでは最終的に金・ドル交換という形で資産決済が行われていた。

1971年の金・ドル交換停止にともなって生まれた変動相場制においてもアメリカのドルは国際通貨の位置を保持している。ドルが国際通貨として機能するということは,アメリカの市中銀行に開設されているドル建て当座預金が口座振替をとおして国際決済に使われるということである。つまり,アメリカの銀行制度における当座預金の振替をとおしてドル預金が国際決済に使われているのである。第三国間の取引の決済は,アメリカの非居住者口座間の振替で行われる。アメリカと外国との取引の決済は,居住者口座と非居住者口座間の振替で行われる。したがってアメリカは貿易赤字を自国内の市中銀行の信用創造で支払うことが可能である[4]。そこでアメリカは国際均衡に顧慮することなく,国内の資本蓄積のためのインフレ政策を実行することができるようになった。このためアメリカはドルを最終的にも決済しないですむようになり,国際収支の節度を度外視して,自国の景気回復のためのインフレ政策を実行したために,ドルは減価するようになった[5]。アメリカの産業空洞化は他国からの輸入を増大させ,アメリカの貿易収支の赤字の増大をもたらした。これは日本やドイツ,最近では中国を含む東アジアや世界全体の輸出を増大させ,それらの国の過剰生産を処理する,一種のケインズ主義政策[6]を行っていることになり,その代償がアメリカの貿易収支の赤字とドルの減価であるといえる[7]。

表 7-1　米国製造業の主要指標（2000年基準）

| 年 | 人口（千人） | GDP（10億ドル） | 製造業 | | |
|---|---|---|---|---|---|
| | | | 雇用者（千人） | 対GDP付加価値割合(%) | 稼働率(%) |
| 1979 | 225,055 | 5,173.4 | 19,426 | 21.2 | 84.2 |
| 1985 | 238,466 | 6,053.7 | 17,819 | 17.5 | 78.3 |
| 1990 | 250,132 | 7,112.5 | 17,695 | 16.3 | 81.6 |
| 1995 | 266,557 | 8,031.7 | 17,241 | 15.9 | 83.2 |
| 2000 | 282,407 | 9,871.7 | 17,263 | 14.5 | 80.1 |
| 2002 | 288,189 | 10,048.8 | 15,259 | 12.9 | 72.8 |
| 2007 | 302,045 | 11,523.9 | 13,884 | 11.7 | 79.4 |

資料：*U. S. Council of Economic Adviser, 2009*（萩原伸次郎監訳『米国経済白書 2009』）より作成。

## 第2節　アメリカ経済の衰退と貿易収支の赤字

　1980年に登場したレーガン政権が推し進めた新自由主義政策は，その意図と反して，製造業の供給力の増大ではなく，製造業の空洞化による供給力の低下を招いたといえる。80年代以降，雇用者数で見ると，アメリカの製造業の雇用者数は1979年に1943万人と最大となり，景気変動の影響で増減するとはいえ，傾向的には減少している。2007年には1388万人と，1979年と比べると555万人，ほぼ29％ も減少している。この間に人口が2億2506万人から3億205万7699万人，34％ も増加し，実質GDPは5兆1734億ドルから11兆5239億ドル（2000年基準）に2.2倍の規模に増大しているにもかかわらずである[8]。産業別付加価値のGDPに占める割合で見ると，製造業は1979年に21.2％ であったものが，1980年代には19～17％ へ，1990年代には16～14％ へ継続して下がり，2007年には11.7％ へとおよそ半減している。また，製造業の稼働率を見ると，1979年の84.2％ をピークとして，その後景気変動により多少上下するが，1980年代，90年代は70～80％ 程度で推移した。さらにITバブル崩壊後の2002年には72.8％ となり，2000年代は70％ 台で推移し，2007年には79.4％ である（表7-1参照）。このように稼働率が景気循環に応じて大きく変化しないということは，アメリカは国内需要の拡大・縮小に輸入の

表 7-2 米国の地域別貿易収支　　　　　　　　　　　（単位：億ドル）

| 年 | 全世界 | ヨーロッパ | ラテンアメリカ・他の西半球 | アジア・太平洋 | 中国 | 日本 |
|---|---|---|---|---|---|---|
| 2000 | −4,547 | −752 | −399 | −2,449 | −840 | −832 |
| 2001 | −4,299 | −778 | −410 | −2,227 | −833 | −708 |
| 2002 | −4,828 | −1,002 | −573 | −2,453 | −1,033 | −713 |
| 2003 | −5,490 | −1,160 | −696 | −2,629 | −1,244 | −674 |
| 2004 | −6,718 | −1,326 | −853 | −3,212 | −1,626 | −778 |
| 2005 | −7,909 | −1,479 | −1,041 | −3,727 | −2,028 | −853 |
| 2006 | −8,473 | −1,441 | −1,139 | −4,135 | −2,346 | −914 |
| 2007 | −8,310 | −1,318 | −1,071 | −4,174 | −2,589 | −856 |
| 2008 | −8,403 | −1,197 | −920 | −4,032 | −2,684 | −751 |

資料：*Survey of Current Business*, 各年版より作成。

増減で対応していることを意味する。

　このようなデータを見ると，アメリカ経済は巨大な国内需要に応える十分な生産能力を持っていないことがわかる。このため，景気が上昇し個人消費を含めて国内需要が増大しても国内供給では対応できず，輸入が増大して貿易赤字の増大となる。この赤字はアメリカの市中銀行の信用創造で支払われることになるのである[9]。これが可能であるのは，ドルが国際通貨だからである。アメリカの市中銀行の信用創造でアメリカは支払うことができ，個別資本レベルでは決済が完了する。しかし，国民経済レベルでは最終的に決済されないまま，赤字はアメリカの市中銀行の預金，アメリカの債務として存在しているのである。これはまたアメリカが過剰に信用を膨張させることが容易にできる制度でもある[10]。

　これはアメリカの貿易依存度にも現れている。輸出依存度を名目ベースで計算して見ると，1980年には8％であったものが，85年には5.1％とレーガン政権の高金利・ドル高政策の国際競争力低下の影響で低下し，プラザ合意後のドル高是正により6％台に回復し，90年代には6～7％台で，2000年代は7％前後で推移し，2007年は8.3％となっている。他方，輸入依存度は，1980年の9％から85年には8％となり，その後継続的に上昇し，95年には10％台になり，2007年には14.3％と上昇している。この貿易依存度，とくに輸入依存度の上昇はアメリカの多国籍企業のオフショア生産やアウトソーシング，

委託生産によっても生じ，アメリカの産業空洞化と供給能力の低下を表している。

その結果，アメリカは巨額の貿易収支の赤字を抱えることになる。2002年に4828億ドルであった貿易収支の赤字は，2007年には8310億ドルと1.7倍になる。同年の貿易収支赤字を地域別に見ると，ヨーロッパが1318億ドルで16％，アジア太平洋が4174億ドルで50％，うち中国が2589億ドルで31％，日本が856億ドルで10％を占めている（表7-2参照）。アメリカが国際均衡に顧慮することなく，巨額の貿易赤字を放置できるのは，ドルが国際通貨であり，アメリカの市中銀行の信用創造によって，貿易赤字を支払うことができるからである。中国，日本を含むアジア諸国は，アメリカの輸入によって過剰商品を処理し過剰生産を発現させずに成長できたのである。

このように景気上昇によって国内需要が増大すると，産業空洞化のため，また多国籍企業のオフショア生産やアウトソーシング，委託生産等のために輸入増大を引き起こさざるをえないというのがアメリカの貿易構造の特徴をなしているのである。これを国際通貨制度面から支えているのが，ドル体制であるといえる。このような経済構造と貿易構造をもつアメリカでサブプライム問題が起こったのである。

## 第3節　アメリカの信用膨張と輸入増大

信用とは将来貨幣の先取りを本質としている。資本にとって信用は資本の順調な還流に依存している[11]。サブプライムローンを含めて労働者向けの信用の本質は将来所得の先取りであり，労働力が順調に売れ，所得が順調に得られることに依存する。ただし，資本の環流や所得の順調な取得は，現在の日本を見ればわかるように，景気変動その他の要因でそもそも不安定なものである。資本の環流や所得の取得が順調であれば，信用を拡大し，再生産過程をその限界まで拡大できる。しかし，それは同時に過剰生産をはらむものとなり，商品が実現できなくなり，資本の環流が滞ると，過剰生産の結果，労働力商品の実現に失敗（失業）することにより，それまでの労働者向けの信用の拡大が過剰であったことが事後的に証明され，信用は収縮するのである。住宅ローンの場合

には，住宅価格の上昇による貨幣所得も将来所得ということで信用拡大の要因となりうる。証券化による住宅ローン債権担保証券（MBS）や資産担保証券（ABS），債務担保証券（CDO）は，信用膨張を容易にする金融技法であるといえる。これらに世界中の過剰な貸付可能貨幣資本が投資されることによって，信用が容易に，しかも異常に膨張したのである。これらのものは労働者の将来所得に対して請求権に請求権を積み重ねているのである。結局のところ本来的には労働者の順調な労働力の販売による所得の取得，さらに付随的には住宅価格の上昇にもとづく貨幣所得の実現による返済に依存し，これに対して請求権が何重にも次々とつくられているだけなのである。

　米国政府は2001年に，それまでニュー・エコノミーともてはやされたITバブルが崩壊したとき，政策金利を大幅に引き下げ（FF金利を順次引き下げ，03年6月には1.0％とした），超金融緩和政策をとると同時に，住宅需要拡大政策を中心とする景気対策を打ち出した。この結果，サブプライム層への住宅ローン提供が積極的に拡大され，サブプライムローン関連の証券化が急激に増大していくことになる。サブプライムローンの証券化，再証券化は，サブプライムローン貸付のオリジネーターのリスクを証券購入者に転嫁させ，貸付資金の回収を容易にし，サブプライムローンを増大させ，住宅価格を上昇させることになる[12]。住宅価格の上昇によりホームエクイティローンやキャッシュアウトなどによる信用をさらに膨張させ，その資産効果によって消費需要が増大し，さらに景気を押し上げる[13]。だが，さきに述べたように，この需要増大は構造的にアメリカ国内の供給によっては充たされず，輸入増大により充たされ，黒字国の対米輸出によって充たされる。このように現代のグローバリゼーションのもとにおいては，アメリカの信用膨張によるアメリカ国内での需要増大は，日本，中国などの対米貿易黒字国における生産拡大による輸出によって充たされることになるのである。このようにしてアメリカの信用膨張がアメリカの消費を拡大し，アメリカの供給力低下の条件下で，またドルの国際通貨国特権のもとで，他国への需要を増大させることで，結果として意図せざる国際的なケインズ政策，スペンディング政策を行っているのである。その代償がドルの減価，過剰な貨幣資本の累積である。こうしてアメリカの有効需要が日本・中国を含む東アジアへ漏出され，日本・中国の過剰生産をもたらすのである。アメ

表 7-3 米国の地域別輸入 (単位：億ドル)

| 年 | 全世界 | ヨーロッパ | ラテンアメリカ・他の西半球 | アジア・太平洋 | 中国 | 日本 |
|---|---|---|---|---|---|---|
| 2000 | 12,267 | 2,598 | 2,102 | 4,559 | 1,001 | 1,467 |
| 2001 | 11,486 | 2,560 | 1,999 | 4,115 | 1,024 | 1,267 |
| 2002 | 11,680 | 2,613 | 2,056 | 4,322 | 1,253 | 1,216 |
| 2003 | 12,649 | 2,853 | 2,187 | 4,621 | 1,527 | 1,183 |
| 2004 | 14,780 | 3,215 | 2,571 | 5,421 | 1,970 | 1,301 |
| 2005 | 16,832 | 3,554 | 2,963 | 6,087 | 2,439 | 1,384 |
| 2006 | 18,631 | 3,838 | 3,355 | 6,843 | 2,881 | 1,486 |
| 2007 | 19,694 | 4,112 | 3,494 | 7,186 | 3,217 | 1,460 |
| 2008 | 21,172 | 4,408 | 3,798 | 7,291 | 3,380 | 1,396 |

資料：*Survey of Current Business*, 各年版より作成。

リカで信用が拡大しているかぎりは，日本・中国の過剰生産，過剰商品資本・過剰設備は隠蔽され，拡大し続けることになる。アメリカの輸入は，2002年の1兆1680億ドルから2007年には1兆9694億ドルへ1.7倍に拡大しているが，アジア太平洋地域からの輸入は4322億ドルから7186億ドルへ1.7倍で，そのうち中国からの輸入は1253億ドルから3217億ドルへ2.6倍，日本からの輸入は1216億ドル1460億ドルへ1.2倍となっている。ヨーロッパからの輸入も2613億ドルから4112億ドルへと1.6倍に増大している（表7-3参照）。

## 第4節　日本の特化型貿易構造と輸出依存

　日本においては新自由主義政策のもとで，貿易自由化，金融の自由化，労働をはじめとする広範囲の規制緩和が実施された。貿易自由化は特定の部門だけが突出してさらに生産性を上昇させ，国際競争力を強化する状況を生み出し，以前にも増して特化型の貿易構造をつくりだした。他方で，大きく国際競争力を低下させる部門，たとえば農業部門を生む。生産性が上昇率の高い部門につられて国民的生産諸力が上昇すると，絶対的には生産性を上昇させていても，国民的生産諸力の上昇に比べて生産性を上昇させることのできなかった部門は，国際競争力を失うことになる（特定部門の生産性上昇率＞国民的生産諸力の上昇率＞農業部門等の生産性上昇率）。その結果，少数の輸出部門の対外的生産

表7-4 対外的生産性格差と国際価格

| | A商品1単位 | | | B商品1単位 | | | 金1g | |
|---|---|---|---|---|---|---|---|---|
| | 国民的労働量 | 金量 | 国際価格 | 国民的労働量 | 金量 | 国際価格 | 国民的労働量 | 価格標準 |
| 日本 | 30日 | 15g | 15000円<br>(150ドル) | 20日 | 10g | 10000円<br>(100ドル) | 2日 | 1000円 |
| 甲国 | 120日 | 20g | 200ドル<br>(20000円) | 40日 | 約6.667g | 約66.67ドル<br>(約6667円) | 6日 | 10ドル |

注：事実上の為替平価1ドル＝100円

性格差が国民的生産諸力格差を大きく上回るようになり（輸出部門の対外的生産性格差＞国民的生産諸力格差），ますます商品の国際個別価値は小さくなり価格競争力は強くなる。その反対に絶対的には生産性を上昇させたとしても，拡大した国民的生産諸力格差に比べて生産性格差がさらに小さくなった部門は（国民的生産諸力格差＞個別部門の対外的生産性格差），ますます商品の国際個別価値が大きくなり価格競争力を失うことになる[14]。

以上のことをわかりやすくするために具体的な数値を使って説明してみよう（表7-4）。

いま日本と甲国の2国がA商品とB商品を表のような状態で生産しているとしよう。甲国に対する日本のA部門の対外的生産性格差が4倍あり，同じくB部門の対外的生産性格差が2倍であるとき，甲国に対する日本の国民的生産諸力格差は両部門の平均に決まり，甲国に対する日本の国民的生産性格差は3倍に決まる。これを反映して金1gの国民的労働量は日本では金1g（1000円＝10ドル）＝2日，甲国では金1g（10ドル）＝6日となることが示され，これによって国際価格が決定されることが示されている。商品の価格は，商品1単位の価値を金1gの価値で割り，金何gかを求め，これを価格標準に従って表現したものである。

この場合，甲国の日本に対する対外的生産性格差を見ると，

A部門の対外的生産性格差4倍＞国民的生産諸力格差3倍＞B部門の対外的生産性格差2倍

となることにより，国民的生産諸力格差よりさらに対外的生産性格差が大きい

表 7-5　生産性の上昇と国際価格

|  | A商品1単位 | | | B商品1単位 | | | 金1g | |
|---|---|---|---|---|---|---|---|---|
|  | 国民的労働量 | 金量 | 国際価格 | 国民的労働量 | 金量 | 国際価格 | 国民的労働量 | 価格標準 |
| 日本 | 12日 | 12g | 12000円<br>(120ドル) | 20日 | 20g | 20000円<br>(200ドル) | 1日 | 1000円 |
| 甲国 | 120日 | 20g | 200ドル<br>(20000円) | 40日 | 約6.667g | 約66.67ドル<br>(約6667円) | 6日 | 10ドル |

注：事実上の為替平価1ドル＝100円

　日本のA部門の商品が対外比価のうえで甲国の商品より安くなり，輸出部門となり，また国民的生産諸力格差より対外的生産性格差が小さい日本のB部門の商品が対外比価のうえで甲国の商品より高くなることを示している。このように国際間ではその国民的生産諸力格差によって貨幣の相対的価値（貨幣金1単位が代表する国民的労働量）が決定される結果，国際的に意味をなす生産性とはその部門の絶対的な生産性格差ではなく，対外的生産性格差から国民的生産諸力格差を控除したものこそが個別部門の国際的な固有の生産性といえるのである。日本のA部門は国民的生産諸力格差よりもさらに対外的生産性格差が大きいので，国際的に見ても生産性が高く，国際価格が低く，国際競争力をもつのである。他方B部門は国民的生産諸力格差よりも対外的生産性格差が小さいので，絶対的生産性が高くとも，国際的に見ると生産性が低く，国際価格が高くなり，国際競争力がないのである。

　次いで，このような状態から日本の国民的生産諸力が上昇し，甲国の国民的生産諸力は変化しなかったとしよう（表7-5）。日本の両部門の生産性上昇率に違いがあったと想定し，ここでは簡単化のため，日本のA部門の生産性は2.5倍に上昇したが，B部門の生産性は変化しなかったとしよう。甲国の両部門の生産性は変化せず，したがって国民的生産諸力と貨幣の相対的価値も変化しない。

　金1gの国民的労働量は以前の金1g＝日本2日＝甲国6日から，日本のA商品の生産性が2.5倍上昇した結果，甲国に対する日本のA部門の対外的生産性格差10倍と，同じくB部門の対外的生産性格差2倍の平均に国民的生産諸力

格差が決まり，甲国に対する日本の国民的生産諸力格差が6倍に変化し，これを反映して金1gの国民的労働量が決定され，日本では金1g(1000円＝10ドル)＝1日，甲国では金1g(10ドル)＝6日となる。

日本の両部門の生産性上昇率を比較すると，

A部門の生産性上昇率2.5倍＞B部門の生産性上昇率1倍

（A部門の生産性上昇率がB部門の生産性上昇率より高い）

甲国は両部門とも不変。

この日本の生産性が上昇した後での甲国の日本に対する対外的生産性格差を見ると，A部門の対外的生産性格差10倍＞国民的生産諸力格差6倍＞B部門の対外的生産性格差2倍となる。

このようにして生産性上昇率が高かった日本のA部門は，国民的生産力が2倍に上昇し，貨幣の相対的価値が金1g＝A国民的労働1日と2分の1になったにもかかわらず，これを上回る2.5倍の生産性上昇率であったので，国際価格は12000円（120ドル）より低下し，国際競争力は以前より強くなった。一方B部門は生産性に変化はなかったのであるが，国民的生産力が2倍になり貨幣の相対的価値が2分の1に小さくなった結果，国際価格は倍の20000円（200ドル）に上昇し，さらに国際競争力は低下することになる。このように特定の部門が突出して生産性を上昇させれば，その部門の国際価格は低下し，国際競争力はますます強まることになるが，反対に生産性を上昇させたとしても，この輸出部門の生産性上昇率にはおよばず，その結果国民的生産諸力の上昇率を下回る生産性上昇率であった部門はますます当該部門固有の国際的な生産性は低下し，国際価格は上昇し，国際競争力が低下し，輸入品に苦しむことになる[15]。

日本の輸出産業の国際競争力の強さは，日本の産業部門間の生産性上昇率の違いを原因とした対外的生産性格差の相違を示し，産業構造のアンバランスを意味しているのである。その一方で，農業，繊維のような国際競争力のない部門を生むのである。その意味では日本の輸出産業の国際競争力の強さは，日本のアンバランスな産業構造を明示しており，産業間の不均等な発展の結果として，貿易に依存せざるをえず，外国の経済状態に強く影響されざるをえない日本経済の脆弱性を一方では暗示しているのである。農業，繊維のような国際競

争力のない産業の問題を考えるときには、単に農業、繊維の生産条件における外国との比較では不十分であり、他の部門との関係、日本資本主義の発展の矛盾の発現としての農業、繊維問題ととらえなくてはならないのである。

現象的には、生産性を増大させた部門は輸出を増大させ、その国民的生産諸力の上昇に対応して外国為替相場が上昇すると、国民的生産諸力の上昇よりも生産性を上昇できなかった部門は為替相場の上昇を当該部門の生産性上昇で相殺することはできず、対外比価が高くなり、国際競争力を失うように見えるのである。その結果、対外的生産性の格差がきわめて大きい少数の部門のみが輸出部門として強い国際競争力を持ち、輸出が促進されて、当該部門は輸出に大きく依存する経済構造、特化型貿易構造をつくりあげることになる。

## 第5節　日本の輸出と国内需要

日本の大企業が国内よりも輸出中心となり、また海外生産で多国籍企業化すると、これら多国籍企業にとっての需要は、国内需要よりもグローバルな需要が中心となる。国内における有効需要を生み出す福祉や社会資本関連の公共事業への財政支出および最終消費財需要を生み出す雇用者所得である賃銀は、海外で生産し、グローバルな市場で競争する個別的企業にとって単なるコストとして削減、切り下げるべきものとみなされる。こうして国内需要は減り、ますます外需に依存するようになる。しかし、世界市場は国民経済の複合市場であるので、コスト削減のため賃銀や福祉・社会資本整備のための財政支出を削減すればするほど、世界市場での需要は減少し、競争はその分ますます激しくなりますますコストを削減しなければならない。このようにして賃銀コストを引き下げるための労働分野の規制緩和は、低賃銀の非正規労働者を大量に生み出し、これが正規労働者の賃銀を減少させることになり、結果的に賃銀を抑制するように働き、雇用者所得を減らし、労働分配率を低下させるものとして現れる[16]。これは結局、国内需要を減らすことになり、さきの生産性を突出して上昇させた部門はさらに輸出に依存せざるをえない。

この2つの要因が日本の輸出依存度を高く引き上げたのである[17]。財の貿易依存度（名目ベース）を計算してみると、1985年にはアメリカの高金利ドル高に

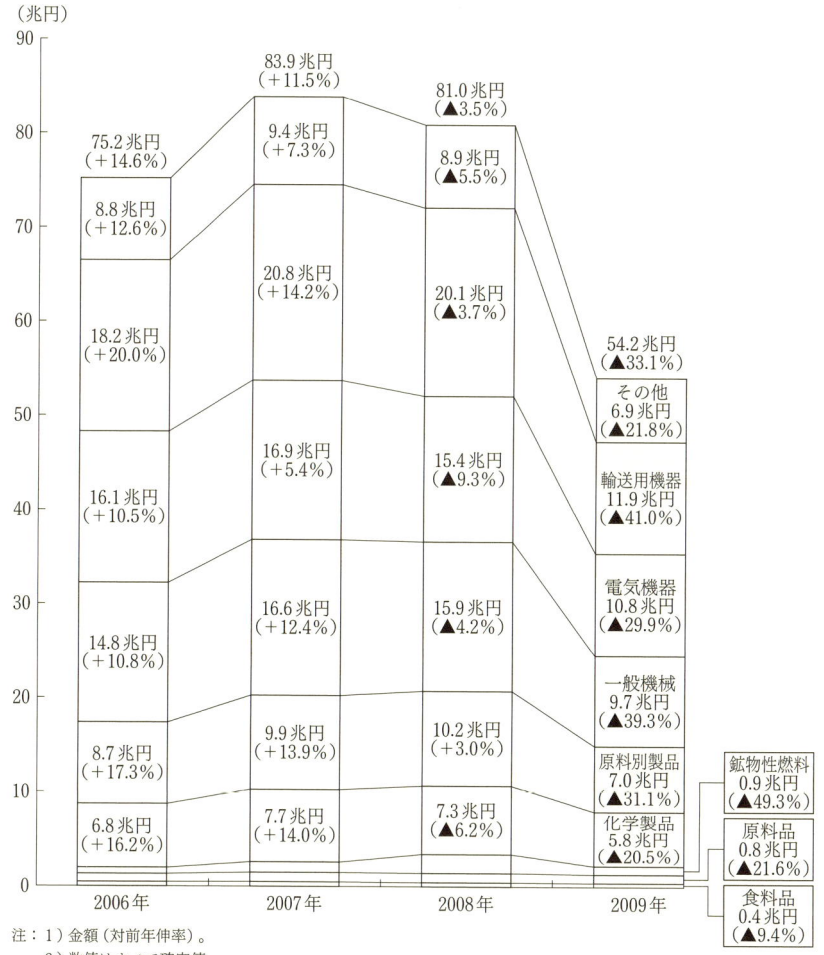

図7-1 日本の品目別輸出額の推移（年ベース）

(兆円)

2006年: 75.2兆円（+14.6%）
- 8.8兆円（+12.6%）
- 18.2兆円（+20.0%）
- 16.1兆円（+10.5%）
- 14.8兆円（+10.8%）
- 8.7兆円（+17.3%）
- 6.8兆円（+16.2%）

2007年: 83.9兆円（+11.5%）
- 9.4兆円（+7.3%）
- 20.8兆円（+14.2%）
- 16.9兆円（+5.4%）
- 16.6兆円（+12.4%）
- 9.9兆円（+13.9%）
- 7.7兆円（+14.0%）

2008年: 81.0兆円（▲3.5%）
- 8.9兆円（▲5.5%）
- 20.1兆円（▲3.7%）
- 15.4兆円（▲9.3%）
- 15.9兆円（▲4.2%）
- 10.2兆円（+3.0%）
- 7.3兆円（▲6.2%）

2009年: 54.2兆円（▲33.1%）
- その他 6.9兆円（▲21.8%）
- 輸送用機器 11.9兆円（▲41.0%）
- 電気機器 10.8兆円（▲29.9%）
- 一般機械 9.7兆円（▲39.3%）
- 原料別製品 7.0兆円（▲31.1%）
- 化学製品 5.8兆円（▲20.5%）
- 鉱物性燃料 0.9兆円（▲49.3%）
- 原料品 0.8兆円（▲21.6%）
- 食料品 0.4兆円（▲9.4%）

注：1）金額（対前年伸率）。
　　2）数値はすべて確定値。
資料：財務省「貿易統計」より。

よる対米輸出増大のため12.8％であったが，その後プラザ合意によってドル高の為替相場が修正されるにつれて，87年には9.2％に下がり，90年代は8～9％台で推移し，アメリカでのサブプライムローンを引き金とする景気回復とともに，2002年になると10.0％に再び上昇し，アメリカの景気上昇とと

表7-6 日本の輸出相手国上位10ヵ国のシェア（年ベース）

|   | 2001年 | （シェア） | 2002年 | （シェア） | 2003年 | （シェア） | 2004年 | （シェア） | 2005年 | （シェア） |
|---|---|---|---|---|---|---|---|---|---|---|
| 1 | 米国 | (30.0) | 米国 | (28.5) | 米国 | (24.6) | 米国 | (22.5) | 米国 | (22.6) |
| 2 | 中国 | ( 7.7) | 中国 | ( 9.6) | 中国 | (12.2) | 中国 | (13.1) | 中国 | (13.4) |
| 3 | 韓国 | ( 6.3) | 韓国 | ( 6.9) | 韓国 | ( 7.4) | 韓国 | ( 7.8) | 韓国 | ( 7.8) |
| 4 | 台湾 | ( 6.0) | 台湾 | ( 6.3) | 台湾 | ( 6.6) | 台湾 | ( 7.4) | 台湾 | ( 7.3) |
| 5 | 香港 | ( 5.8) | 香港 | ( 6.1) | 香港 | ( 6.3) | 香港 | ( 6.3) | 香港 | ( 6.0) |
| 6 | ドイツ | ( 3.9) | シンガポール | ( 3.4) | ドイツ | ( 3.5) | タイ | ( 3.6) | タイ | ( 3.8) |
| 7 | シンガポール | ( 3.6) | ドイツ | ( 3.4) | タイ | ( 3.4) | ドイツ | ( 3.4) | ドイツ | ( 3.1) |
| 8 | 英国 | ( 3.0) | タイ | ( 3.2) | シンガポール | ( 3.2) | シンガポール | ( 3.2) | シンガポール | ( 3.1) |
| 9 | タイ | ( 2.9) | 英国 | ( 2.9) | 英国 | ( 2.8) | 英国 | ( 2.7) | 英国 | ( 2.5) |
| 10 | オランダ | ( 2.8) | マレーシア | ( 2.6) | オランダ | ( 2.5) | オランダ | ( 2.4) | オランダ | ( 2.2) |

注：ここでのシェアとは，日本の輸出総額に占める各国向け輸出金額の割合を示す。
資料：財務省「貿易統計」より作成。

もにしだいに上昇して，2008年には15.5％を記録している。財の輸出依存度がきわめて高く，貿易自由化の影響の大きさが確認できる[18]。さきに見たアメリカの輸入依存度の高さと対をなすように，日本の輸出依存度が高いのである。『経済財政白書』2007年版でも「これまでの景気拡張局面における実質GDP成長率に対する各需要項目別の寄与率をみると，90年代以降の景気拡張局面においては輸出の寄与が大きく上昇していることがわかる。とくに，今回の（2002年から始まった——引用者）景気拡張局面における輸出の寄与率は，GDPの約6割を占める民間消費や景気の主な要因である設備投資を超える寄与率となっている。これは，景気変動における輸出の影響力がその他の需要項目と比べて相対的に大きくなっていることを示唆している」[19]と指摘している。

2002年から2007年の日本の景気回復はとくに輸出に大きな要因があった。2002年第1四半期を基準とすると実質ベースで輸出は1.81倍，設備投資は1.29倍伸びたのに対して，国内需要は1.08倍，民間消費は1.09倍でほとんど伸びていない[20]。そこで，『経済財政白書』2008年版では「盛り上がりに欠けた国内需要」との見出しで「特に，今回の景気回復では輸出の実質GDP成長率への寄与が大きく，寄与率では戦後の景気回復局面でも最も高く6割を超えている。成長率の寄与では，やはり海外の強い需要増に支えられた成長であった」としている[21]。2005年の輸出額（年ベース）は65.7兆円で前年比＋7.3％であったものが，2006年には75.2兆円で前年比＋14.6％，2007年には83.9兆円で前年比

(単位：%)

| 2006年 | (シェア) | 2007年 | (シェア) | 2008年 | (シェア) | 2009年 | (シェア) |
|---|---|---|---|---|---|---|---|
| 米国 | (22.5) | 米国 | (20.1) | 米国 | (17.6) | 中国 | (18.9) |
| 中国 | (14.3) | 中国 | (15.3) | 中国 | (16.0) | 米国 | (16.1) |
| 韓国 | ( 7.8) | 韓国 | ( 7.6) | 韓国 | ( 7.6) | 韓国 | ( 8.1) |
| 台湾 | ( 6.8) | 台湾 | ( 6.3) | 台湾 | ( 5.9) | 台湾 | ( 6.3) |
| 香港 | ( 5.6) | 香港 | ( 5.5) | 香港 | ( 5.2) | 香港 | ( 5.5) |
| タイ | ( 3.5) | タイ | ( 3.6) | タイ | ( 3.8) | タイ | ( 3.8) |
| ドイツ | ( 3.2) | ドイツ | ( 3.2) | シンガポール | ( 3.4) | シンガポール | ( 3.6) |
| シンガポール | ( 3.0) | シンガポール | ( 3.1) | ドイツ | ( 3.1) | ドイツ | ( 2.9) |
| 英国 | ( 2.4) | オランダ | ( 2.6) | オランダ | ( 2.7) | オランダ | ( 2.3) |
| オランダ | ( 2.3) | 英国 | ( 2.3) | オーストラリア | ( 2.2) | マレーシア | ( 2.2) |

+11.5％と伸びている。そして2007年の輸出総額83.9兆円のうち，輸送用機器が20.8兆円，電気機器が16.9兆円，一般機械が16.6兆円で，この3分野で総輸出の64.7％を占めるほどの特化型輸出構造を示している（図7-1参照）。この分野が今回の金融危機のなかで大きな影響を被ったのである。輸出先では同じく2007年，アメリカが16.9兆円で日本の総輸出額の20.1％，中国が12.8兆円で15.3％，次いで韓国，台湾，香港，タイとアジア諸国が続き，アジアが48％，EUが14.8％を占めている[22]。

日本の輸出に占めるアメリカのシェアは今回の景気回復過程では年々下がっているのが特徴である。2001年には30.0％あったものが，2003年24.6％，2005年22.6％，2007年20.1％となっている（表7-6参照）。それに代わって対中国輸出は2001年には3.8兆円で日本の総輸出の7.7％であったものが，2007年には12.8兆円で3.4倍に，シェアは15.3％と上昇している[23]。この中国がアメリカに対してこの間，さきに見たように輸出を増加させているのである。日本はアメリカの需要増大に応じて，直接アメリカへの輸出を増加させると同時に，アメリカへの輸出を増大させた中国を含むアジア諸国への輸出を大幅に増大させたのである。

このアジアで地域内貿易が増大している。それは結局中間財（部品）貿易が増大しているのであって，最終財の域内貿易が増大しているのではない。「アジアの中間財・最終財輸出のうち地域内向けは50.6％と全体の半分であるこ

表 7-7　財別域内輸出比率（2006年）
（単位：％）

| 最終財 | アジア | 35.4 |
|---|---|---|
| | EU 27 | 67.3 |
| 中間財 | アジア | 64.0 |
| | EU 27 | 69.4 |
| 最終財＋中間財 | アジア | 50.6 |
| | EU 27 | 68.4 |

資料：独立行政法人経済産業研究所「RIETI-TID 2007」から経済産業省作成。
注：A地域の域内輸出比率
$$=\frac{\text{A地域を構成する各国の域内向け輸出}}{\text{A地域構成各国の輸出合計}}$$
アジアの範囲は、日本、中国、香港、台湾、韓国、シンガポール、タイ、マレーシア、インドネシア、フィリピン、ベトナム、ブルネイ、インド、豪州、ニュージーランドの16か国・地域。
出所：経済産業省『通商白書』2008年版データベースより。

とが分かる。しかしながら、最終財についてみるとその比率は 35.4％ に低下する。……最終財では米国向け輸出が輸出全体の 28.1％、EU27 向け輸出が同 23.3％ と、欧米向けの輸出が輸出全体の半分を占めている」[24)]（表 7-7 を参照）。最終消費市場としては、アメリカが高い比率を占めているのである[25)]。これはさきに見た、アメリカの輸入に占めるアジア諸国の高さからもわかる。このアジアへ向けて日本は輸出を増加させてきたのであり、日本のアメリカへの輸出依存はアメリカへの直接輸出をはるかに超えるものである[26)]。アメリカの信用拡大による需要増大の影響は、アメリカへの日本の輸出という経路だけではなく、アジアへの日本の輸出という経路でも波及し、現代のグローバリゼーションのもとでは、アメリカの信用膨張が日本にアジアをとおして増幅して影響し、日本の拡大再生産を促進して消費と生産の矛盾を一時的に覆い隠していたが、アメリカの信用崩壊によって生産と消費の矛盾が日本の過剰生産を事後的に明らかにしたのである。

　この輸出を中心とする景気回復の利益は、国内にどのように分配されたかを簡単に見てみよう。まず企業の経常利益（全産業）は 2002年の 31.0 兆円から 2006年には 54.4 兆円と 1.8 倍に増加している[27)]。他方で労働者1人当たりの月額現金給与総額は、2000年の 35万5474円から、2002年の 34万1898円、2008年の 33万1300円へと逆に下がっている[28)]。その結果、マクロ指標で見ても、雇用者報酬は 97年の 278兆9437億円がピークでその後減少し、2000年には 271兆753億円、2002年には 262兆5361億円となり、景気回復の過程でも 2003年から 2005年までは 256兆円から 258兆円台であり、2006年には 263兆7271億円、2007年には 264兆6704億円となっている[29)]。その結果、労働分配率（人件費÷付加価値額×100）も 2001年の 75.1％ から 2007年には 69.4％ に下がっている[30)]。このため「実感なき景気回復」といわれ、内需を停滞させ、

さきに見たように過度に輸出に依存し，輸出によって国内の生産と消費の矛盾を隠蔽してはいたが，輸出が減少することで過剰生産そして生産と消費の矛盾が明らかとなって，日本経済に大きな影響を与えることになったのである。

2007年には83.9兆円であった輸出額は，2008年には81.0兆円に下がった。それまで輸出を主導してきた輸送用機器，電気機器，一般機械が，それぞれ3.7％，9.3％，4.2％下げている（図7-1を参照）。地域的には北米が15.5％，西欧7.2％と大きく下げ，アジアへの輸出は1.1％の減少にとどまっている[31]。

輸入額は資源価格高騰の影響を受けて，2007年に73.1兆円だったものが，79.0兆円となっている。地域的には中東からの輸入が29.8％増加している。そのため，2008年の貿易収支黒字額が2兆633億円と大きく減少した。年度ベースでは，2008年度の貿易収支は，輸出が前年比16.4％減で71.14兆円，輸入が同4.6％減で71.91兆円となり，1980年以来28年ぶりに7700億円の赤字を記録している[32]。このため，急速に景気が悪化し，企業の経常利益（全産業）も2008年には35.4兆円に下がり，派遣切り等，労働者の大量解雇によって失業率が急激に上昇して，国民生活に大きな影響を与えた[33]。

2009年になると，日本の輸出額はさらに減少し，2007年比で29.7兆円減の54.2兆円にとどまた。アメリカへの輸出は2007年から8.2兆円減少して8.7兆円，アジアへの輸出は同じく11.1兆円減少して29.3兆円，EUへの輸出は同じく5.6兆円減少して6.7兆円と，それぞれ大幅に減少した。中国への輸出は同じく2.6兆円減って10.2兆円に減少したが，他と比べると減少幅は小さかった。

日本の輸出額は，2008年第3四半期の2049.95億ドルから第4四半期には1771.20億ドルへと減少しているが，この第4四半期の輸出額は前年同期比では9.8％の減少で，主要国と比較してみて減少率はさほど大きいほうではなかった。しかし2009年になると第1四半期には1193.26億ドルへと大きく減少し，主要国のなかではロシアに次ぐ減少率となり，さらに第2四半期は1315.96億ドルで，前年同期比で34.0％も減少している。特化型貿易構造のもとで外需に依存する日本経済の脆弱性が如実に現れているといえよう（表7-8参照）。

表 7-8　主要国の輸出額の推移

| | 金額（100万米ドル） | | | | | |
|---|---|---|---|---|---|---|
| | 2008 | | | | 2009 | |
| | 1Q | 2Q | 3Q | 4Q | 1Q | 2Q |
| 日本 | 200,853 | 199,274 | 204,995 | 177,120 | 119,326 | 131,596 |
| 中国 | 305,971 | 360,447 | 407,980 | 354,472 | 245,638 | 276,205 |
| 香港 | 85,236 | 92,171 | 98,795 | 94,451 | 69,644 | 81,376 |
| 韓国 | 99,445 | 114,492 | 115,000 | 93,071 | 74,412 | 90,838 |
| 台湾 | 61,489 | 67,420 | 65,931 | 48,393 | 38,252 | 45,716 |
| インドネシア | 33,746 | 36,650 | 37,272 | 29,352 | 23,029 | 27,044 |
| マレーシア | 47,087 | 54,566 | 55,502 | 42,603 | 33,466 | 36,411 |
| フィリピン | 12,536 | 13,062 | 13,269 | 10,159 | 7,924 | 9,297 |
| シンガポール | 84,274 | 91,343 | 93,217 | 69,308 | 56,632 | 63,276 |
| タイ | 45,176 | 45,361 | 49,203 | 38,106 | 33,181 | 34,641 |
| インド | 47,239 | 48,238 | 47,172 | 35,385 | n.a. | n.a. |
| オーストラリア | 38,510 | 49,326 | 53,650 | 45,019 | 36,978 | 35,977 |
| 米国 | 314,349 | 339,271 | 337,012 | 296,810 | 246,770 | 251,467 |
| カナダ | 112,409 | 124,544 | 122,454 | 97,230 | 73,899 | 74,055 |
| メキシコ | 70,128 | 79,392 | 78,889 | 64,257 | 50,068 | 54,243 |
| ブラジル | 38,690 | 51,955 | 60,215 | 47,082 | 31,178 | 38,774 |
| フランス | 158,855 | 166,415 | 149,639 | 127,636 | 109,252 | 113,787 |
| ドイツ | 378,154 | 403,748 | 374,891 | 307,384 | 259,080 | 256,826 |
| 英国 | 116,741 | 130,918 | 128,472 | 107,718 | 78,586 | 80,562 |
| スイス | 49,305 | 55,671 | 51,271 | 44,088 | 39,983 | 41,585 |
| ロシア | 78,347 | 100,143 | 113,340 | 75,743 | 42,577 | 51,776 |
| 21ヵ国合計 | 2378,540 | 2624,406 | 2658,169 | 2205,387 | (1669,875) | (1795,452) |
| BRICs 合計 | 470,246 | 560,783 | 628,707 | 512,682 | (319,393) | (366,754) |
| ASEAN（5）合計 | 222,820 | 240,983 | 248,463 | 189,528 | 154,232 | 170,670 |

原資料：各国統計。
　　　　カッコ内はインドを除いて算出。
出所：国際貿易投資研究所『季刊 貿易と投資』2009年冬号，2009年12月。

## おわりに

　これらのことが示しているのは，アメリカのドル体制のもとでの世界市場の拡大が限界にきているということである。ドルの国際通貨国特権にもとづいたアメリカの過剰信用による国内需要の拡大と過剰な消費，そしてこのアメリカを最終消費市場として，各国が輸出に依存して経済を拡大することで成り立っ

| 前年同期比（％） | | | | | | |
|---|---|---|---|---|---|---|
| 2008 | | | | | 2009 | |
| 1Q | 2Q | 3Q | 4Q | 合計 | 1Q | 2Q |
| 20.5 | 17.5 | 12.9 | ▲9.8 | 9.5 | ▲40.6 | ▲34.0 |
| 21.3 | 22.3 | 23.1 | 4.3 | 17.3 | ▲19.7 | ▲23.4 |
| 12.5 | 8.5 | 6.4 | ▲1.7 | 6.0 | ▲18.3 | ▲11.7 |
| 17.4 | 23.1 | 27.0 | ▲9.9 | 13.6 | ▲25.2 | ▲20.7 |
| 19.1 | 18.8 | 7.3 | ▲25.5 | 3.6 | ▲37.8 | ▲32.2 |
| 31.9 | 29.6 | 27.9 | ▲5.6 | 20.1 | ▲31.8 | ▲26.2 |
| 19.2 | 28.9 | 21.3 | ▲12.6 | 13.3 | ▲28.9 | ▲33.3 |
| 2.9 | 5.7 | 4.8 | ▲22.3 | ▲2.5 | ▲36.8 | ▲28.8 |
| 21.3 | 26.4 | 21.0 | ▲14.0 | 12.9 | ▲32.8 | ▲30.7 |
| 24.2 | 17.7 | 17.1 | ▲17.6 | 9.0 | ▲26.6 | ▲23.6 |
| 37.2 | 37.1 | 25.2 | ▲12.2 | 20.6 | n.a. | n.a. |
| 23.0 | 39.8 | 47.9 | 16.9 | 31.9 | ▲4.0 | ▲27.1 |
| 17.1 | 18.8 | 17.3 | ▲3.3 | 12.1 | ▲21.5 | ▲25.9 |
| 13.9 | 15.2 | 18.0 | ▲11.7 | 8.6 | ▲34.3 | ▲40.5 |
| 16.4 | 17.3 | 12.3 | ▲12.9 | 7.6 | ▲28.6 | ▲31.7 |
| 13.8 | 32.5 | 38.8 | 6.9 | 23.2 | ▲19.4 | ▲25.4 |
| 20.5 | 21.3 | 13.1 | ▲15.5 | 9.1 | ▲31.2 | ▲31.6 |
| 21.4 | 25.7 | 13.7 | ▲14.7 | 10.7 | ▲31.5 | ▲36.4 |
| 11.7 | 18.3 | 16.1 | ▲9.0 | 8.9 | ▲32.7 | ▲38.5 |
| 20.6 | 31.5 | 21.2 | ▲5.4 | 16.4 | ▲18.9 | ▲25.3 |
| 46.9 | 46.8 | 56.8 | ▲11.8 | 31.4 | ▲45.7 | ▲48.3 |
| 19.9 | 22.4 | 19.2 | ▲7.9 | 12.7 | (▲28.4) | (▲30.3) |
| 25.8 | 28.2 | 29.7 | 0.5 | 20.3 | (▲24.5) | (▲28.4) |
| 21.7 | 24.4 | 20.2 | ▲13.7 | 12.3 | ▲30.8 | ▲29.2 |

ている世界経済の体制が限界にきているといえるのである。アメリカの対外投資ポジションを見ると，2000年に1兆3306億ドルだった対外純債務が2007年には2兆2114億ドルまで膨らんでいる[34]。

それは同時に，アメリカへの輸出によって成長しているアジアへの輸出とアメリカへの直接の輸出に依存することできわめて特化型の貿易構造をつくり，輸出への依存度を高めてきた日本経済の限界でもある。2008年のサブプライムローン証券市場の金融危機から始まった経済危機は，日本経済の特化型貿易構造と過度な輸出依存体質のもろさを，また財政支出に依存した景気対策・有効需要政策の限界を明らかにした。危機を再び繰り返さないためには，特化型貿易構造をバランスのとれた産業構造に変える必要があろう。また，これまでの国際競争力強化至上主義から抜け出さなければならない。特定の産業だけが過度に生産性を上昇させるのではなく，各産業間でできるだけバランスのとれた生産性の上昇を目指すべきである。そのためには農業のような対外的生産性格差が工業部門に対して劣っている部門を保護し，また対外的生産性を他部門にできるだけ近づけるように引き上げる政策が必要であ

る。それは農業のような国際競争力のない産業の対外比価を下げ，国際競争力を高めることにもなる。このようにこれまでの貿易自由化政策をある程度見直す必要がある。そして，国内需要を増大させ，民間最終消費を増大させる必要がある。そのためには賃銀水準をできるだけ引き上げ，家計の最終消費を，債務を増やすことなく増大させ，過度に輸出に依存しないですむようにしなければならない。それは同時に，特化型の貿易構造からバランスのとれた産業構造への転換を促すことにもなろう。

註
1) 内閣府『世界経済の潮流』2007年版，28頁。
2) 金融庁『我が国の預金取扱金融機関のサブプライム関連商品及び証券化商品の保有額等について』2008年6月 (http://www.fsa.go.jp/access/20/200806b.html)。
3) これについては，山田喜志夫『現代インフレーション論』大月書店，1977年，27-28頁を参照。
4) これについては，詳しくは山田喜志夫『現代貨幣論』青木書店，1999年，139-142頁，および拙稿「国際通貨・金融問題と貿易・投資システム」（板垣文雄・岩田勝雄・瀬戸岡紘編『グローバル時代の貿易と投資』桜井書店，2003年）を参照。
5) この点については，平勝廣『最終決済なき通貨制度』日本経済評論社，2001年，182-184頁参照。
6) 山田喜志夫，前掲『現代貨幣論』153頁，二宮厚美『新自由主義の破局と決着』新日本出版社，2009年，113頁。
7) これについては，本書4章を参照。
8) ここでの統計データは $U.\ S.\ Council\ of\ Economic\ Adviser,\ 2009$（萩原伸次郎監訳『米国経済白書 2009』毎日新聞社，2009年）による。
9) 山田喜志夫，前掲『現代貨幣論』140頁。
10) これについては本書第6章第4節を参照。
11) 山田喜志夫，前掲『現代貨幣論』46頁。
12) これについては，井村喜代子『世界的金融危機の構図』勁草書房，2010年，伊藤誠『サブプライムから世界恐慌へ』青土社，2009年を参照。
13) サブプライムローン問題のアメリカの家計消費への影響については，姉歯暁「アメリカの消費から見たサブプライム問題の本質」『季刊 経済理論』第46巻第1号，2009年を参照。
14) 詳しくは，本書第5章第1節を参照。

15) この点については，本書第5章を参照。
16) これについては，二宮厚美「格差社会のなかの新自由主義の破綻」，前掲『新自由主義の破局と決着』所収を参照。
17) 財務省『経済財政白書』2009年版は，輸出依存度として財・サービスの貿易依存度（実質ベース）をとると「80年には8％弱であったものが，2000年には11％程度となり，さらにその後一段と上昇して，2008年には16％に達している」（16頁）と指摘する。
18) 『国民経済計算年報』各年版と財務省「貿易統計」の数値より計算。
19) 財務省『経済財政白書』2007年版，39-40頁。
20) 財務省『経済財政白書』2008年版，12頁。
21) 同上，11頁。
22) ここの数値は財務省「貿易統計」より。
23) 同上。
24) 経済産業省『通商白書』2008年版，9頁。
25) 「東アジア（ASEAN，中国，香港，韓国——引用者）の貿易は，域内の生産分業体制が進み，中間財が貿易で国境を越える頻度が高まっても，最終消費地は米国の消費に依存する限りでは『米国頼み』が基本構造となる」という指摘もある（大木博巳「転換期を迎えた東アジア貿易」，同編著『東アジア国際分業の拡大と日本』ジェトロ，2008年，15頁）。
26) この点については本書第6章，涌井秀行『東アジア経済論』大月書店，2005年，265頁，青木健『貿易から見るアジアのなかの日本』経済評論社，2006年，23頁を参照。
27) 財務省『財政金融統計月報』第689号，2009年。
28) 厚生労働省『労働経済白書』2009年版，37頁。
29) 『国民経済計算年報』各年版。
30) 厚生労働省『労働経済白書』2009年度版，241頁。
31) これについて「アジア域内貿易が中国の一連の財政刺激策から利益を得ている可能性がある」（WTO, *International Trade Statistics 2009*, p. 8）という指摘がある。中国の財政刺激策に限界がくれば，日本のアジア輸出が大きく減少する可能性がある。2010年3月に中国の貿易収支が6年ぶりに赤字となっている。
32) 財務省「貿易統計」より。
33) 「日本においては，今回の危機は2007年まで経済成長を持続させてきた2つのおもな推進力，輸出と設備投資に直接影響を与えた。2009年第1四半期に輸出と設備投資はそれぞれ前年比37％，21％減少した。ある程度，この輸出需要の

急落は，金融危機による円キャリー・トレードの巻き戻し操作のための円高によるものもあった。しかし，それはおもに機械，電子機器，自動車に対する国際需要の急減の結果であり，それは日本の産業の心臓部に打撃を与えた。家計の消費も，資産価格下落の結果としての富の喪失のみならず，雇用の減少と個人所得の減少のため，急減した。この結果，実質GDPは，2009年第1四半期に前年に比べて8.8%低下した」(UNCTAD, *Trade and Development Report, 2009*, p. 4)。

34) B. E. A., *Survey of Current Business*, july 2009.

## あとがき

　本書は，現在の日本を取り巻くグローバル経済の理論と現実，そしてそれにともなう問題点を，国際価値論とドル体制のもとで過剰生産の処理形態の変化の視点を中心に論じてきた。その課題に十分応えられているかどうかは読者諸氏の判断に委ねたい。

　一時期華々しかった国際価値に関する論争もいまではほとんど取り上げられなくなり，国際価値論の不毛性がいわれて久しい。忘れ去られたかに見える国際価値の問題を取り上げたのは，少なくとも現代のグローバル経済の深層には国際価値の問題があるとの思いからである。現実の問題にそって，国際価値論の視点からグローバル経済を理論的に分析することの意味は大きく，有効でもある。国際価値論で問題となっている概念を，丹念に現実との関係で分析，考察，さらに実証することをとおして，グローバル経済の基礎理論としての国際価値論の現代的な意義を再認識する必要性がある，と筆者は考えている。現実の問題を見る視点から，各概念を再構成し，概念と現実との接点，および各概念が現実の問題のなかでどう現象しているのかを意識して，国際価値の問題を再検討するならば，実り豊かな新しい視角が生まれるであろう。

　国際価値をめぐる論争には，本書で取り上げた問題以外にも多くの論点があるが，本書では，文脈上必要な限りでしか取り上げることができなかった。とくに工程間分業を国際価値論の視角から分析する方法はこれまでの研究ではなされておらず，理論的実証的にさらに一層深める必要があると考えている。

　本書が研究の対象としている現実の問題は日々変化しているが，その分析方法，理論，視点は十分に意味のあるものと考えている。読み直してみると不十分な点も多く見られるが，それらは今後の課題としたい。

　本書はこれまでの研究が土台となっている。上梓にあたって必要な加筆・修正をしているため，必ずしも一致しないが，以下に挙げておく。

　　第1章「金と価値規定」國學院大學大学院『経済学研究』13輯，1982年。

第2章「国際価値と金」國學院大學大学院『経済学研究』14輯, 1983年。
第3章「国民所得と労賃の国際的格差」國學院大學栃木短期大学商学会『國學院商学』2号, 1993年。
第4章「世界市場の拡大とドルの減価」國學院大學栃木短期大学商学会『國學院商学』10号, 2003年。
第5章「グローバリゼーションと1人当たりの国民所得, 賃銀格差」, 秋山誠一・吉田真広編『ドル体制とグローバリゼーション』駿河台出版, 2008年。
第6章「ドル体制と日・米・東アジア貿易」國學院大學栃木短期大学商学会『國學院商学』17号, 2008年。
第7章「世界金融・経済危機と日本経済」『國學院大學栃木短期大学紀要』第45号, 2011年。

## 秋山　誠一
(あきやませいいち)

| | |
|---|---|
| 1954年 | 神奈川に生まれる |
| 1977年 | 立教大学経済学部卒業 |
| 1986年 | 國學院大學大学院経済学研究科博士後期課程単位取得満期退学 |
| 1990年 | 國學院大學栃木短期大学商学科助教授 |
| 2001年 | 國學院大學栃木短期大学商学科教授 |
| 現　在 | 國學院大學短期大学日本文化学科教授　立教大学博士（経済学） |
| 専　攻 | 国際経済論　貿易論 |

主な業績：
共著　岩田勝雄編『21世紀の国際経済』（新評論，1997年）
共著　板垣文夫・岩田勝雄・瀬戸岡紘編『グローバル時代の貿易と投資』（桜井書店，2003年）
編著　秋山誠一・吉田真広編『ドル体制とグローバリゼーション』（駿河台出版社，2008年）

---

## 国際経済論

2013年4月25日　初　版

著　者　秋山誠一
装幀者　鈴木一誌＋桜井雄一郎
発行者　桜井　香
発行所　株式会社 桜井書店
　　　　東京都文京区本郷1丁目5-17 三洋ビル16
　　　　〒113-0033
　　　　電話　(03)5803-7353
　　　　FAX　(03)5803-7356
　　　　http://www.sakurai-shoten.com/

印刷・製本　株式会社 三陽社

© 2013 Seiichi AKIYAMA

定価はカバー等に表示してあります。
本書の無断複製（コピー）は著作権上
での例外を除き，禁じられています。
落丁本・乱丁本はお取り替えします。

ISBN978-4-905261-12-4 Printed in Japan

山田喜志夫著
## 現代経済の分析視角
### マルクス経済学のエッセンス
マルクス経済学の真価を現実に向かって発揮する理論と方法
A5判・3200円+税

菊本義治ほか著
## グローバル化経済の構図と矛盾
世界経済システムとしてのアメリカン・グローバリズムの実態
A5判・2700円+税

保坂直達著
## 資本主義とは何か
### 21世紀への経済地図
ケインズ派経済学者が資本主義の歴史と理論を再検証する
四六判・2400円+税

H・バーンスタイン著／渡辺雅男監訳
## 食と農の政治経済学
### 国際フードレジームと階級のダイナミクス
農業・農民の変化と多様性，農業の現在とこれからを考察
四六判・2800円+税

森岡孝二編
## 貧困社会ニッポンの断層
日本社会の断層とそこから露呈する日本経済の深層を抉る
四六判・2700円+税

後藤康夫・森岡孝二・八木紀一郎編
## いま福島で考える
### 震災・原発問題と社会科学の責任
社会科学=経済学は「3・11」とどう向かい合うのか
四六判・2400円+税

**桜井書店**
http://www.sakuraishoten.com